与工作室学员开心交流

学员讲座 激情四射

黑溪中学讲座瞬间

马喇中学讲座现场

讲座中的自我陶醉

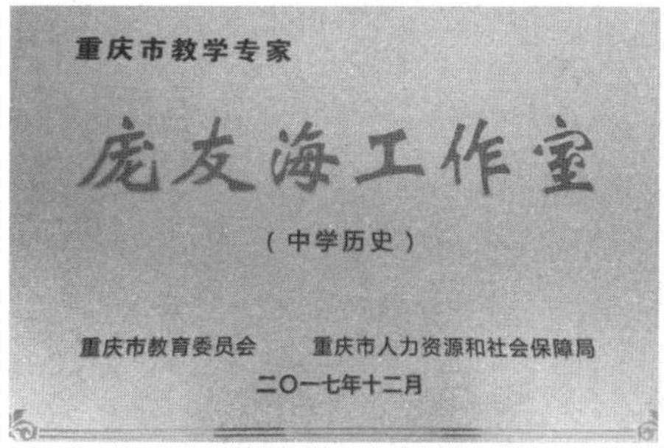

庞友海工作室

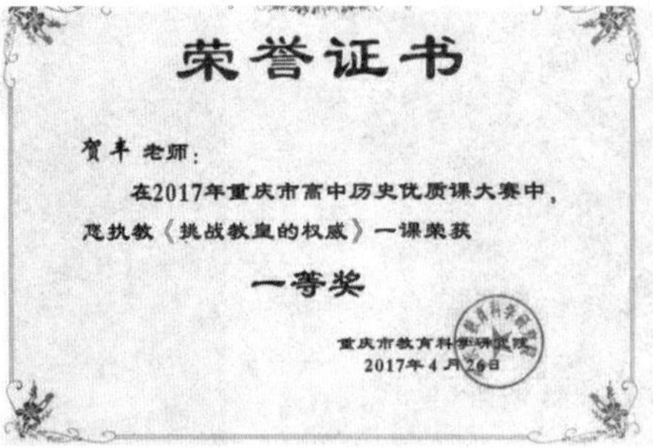

贺丰荣誉证书

黑溪中学支教

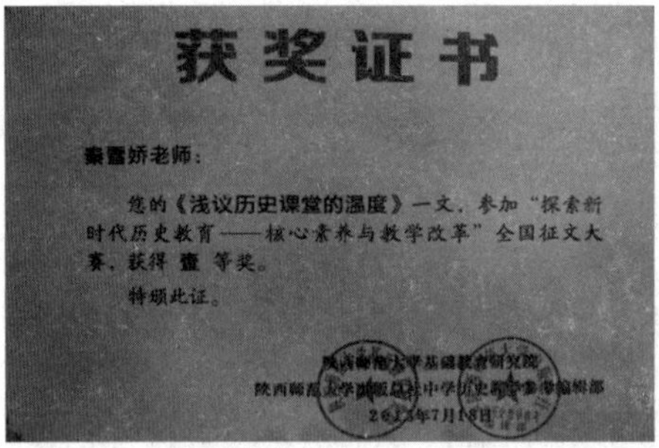

秦雪娇荣誉证书

黑溪中学支教

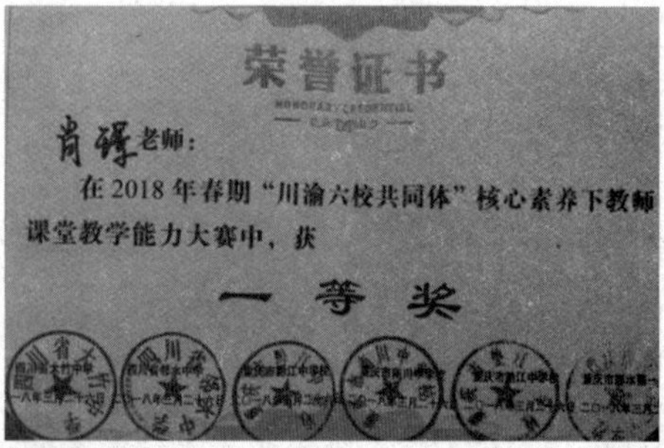

工作室学员向艳秋在宜昌全国学术会议上发言

肖璟荣誉证书

重庆市庞友海教学专家工作室公众号

印刷工业出版分社

本书系庞友海名师工作室第一期研究成果
本书系重庆市黔江中学历史创新基地研究成果

尝试与超越

基于课堂教学的理性判断与反思

庞友海 / 主编

文化发展出版社
Cultural Development Press

图书在版编目(CIP)数据

尝试与超越：基于课堂教学的理性判断与反思 / 庞友海主编. — 北京：文化发展出版社，2020.4

ISBN 978-7-5142-2964-6

Ⅰ.①尝… Ⅱ.①庞… Ⅲ.①文科（教育）—课程—教学研究—高中 Ⅳ.①G633.302

中国版本图书馆CIP数据核字（2020）第032631号

尝试与超越：基于课堂教学的理性判断与反思

主　　编：庞友海

责任编辑：张　琪　　　　责任校对：岳智勇

责任印制：刘贝贝　　　　责任设计：侯　铮

出版发行：文化发展出版社（北京市翠微路2号 邮编：100036）

网　　址：www.wenhuafazhan.com　　www.printhome.com　　www.keyin.cn

经　　销：各地新华书店

印　　刷：北京政采印刷服务有限公司

开　　本：787mm × 1092mm 1/16

字　　数：302千字

印　　张：16.75

印　　次：2022年6月第1版　2022年6月第1次印刷

定　　价：45.00元

I S B N ：978-7-5142-2964-6

◆ 如发现任何质量问题请与我社发行部联系。发行部电话：010-88275710

编 委 会

主　编：庞友海

副主编：肖　璟　秦雪娇　向艳秋

贺　丰　刘承委　李英瑜

教学改革的风采之路

（代序）

庞友海老师负责的名师工作室专著出版，可喜可贺。应邀为这部专著《尝试与超越——基于课堂教学的理性判断与反思》作序，深感荣幸。

《尝试与超越——基于课堂教学的理性判断与反思》是庞友海名师工作室的优秀研究成果，也是黔江中学成立学科名师工作室五年以来的第一部专著成果。著作收集了工作室7名成员近五年以来课堂教学相关作品114篇：有真诚深刻的课堂教学反思、有切中肯綮的听课评析、有一针见血的试卷分析、有深入浅出的教材解读、有含英咀华的读书感悟、有别具一格的教学设计、有大胆创新的教学模式探究。这些作品汇聚了工作室成员成长的点点滴滴，值得学习与借鉴。

细细品味这些作品，跟随工作室成员"读书习惯化，思考理性化，写作常态化"的研究脚步，品读他们基于课堂教学的尝试与反思；领略他们在教学改革道路上执着追求的风采；感受他们以工作室为平台互助共享、共同成长的愉悦，便深感"薪火相传"的良性学术生态已在黔江中学这片热土上日渐成熟。一批学者型的青年教师正在庞友海老师等"识途老马"的带领下迅速成长。

百年大计，教育为本；教育大计，教师为本；教师大计，质量为本。一所好学校必须有一支高素质的教师队伍，这是学校高质量可持续发展的核心竞争力。2013年9月，黔江中学成立了语文、数学、外语、文综、理综5个名师工作室，加强学习型、研究型师资队伍建设，推动我校课程与教学改革，以期让黔江中学在新一轮课程改革和高考改革的浪潮中始终保持领先，继而跻身重庆市特色示范高中和中华名校。

经过五年发展，学校名师工作建设卓有成效。特别是历史名师（文综）工作室在庞友海的带领下，沿着"学会、会学、会用"的思路扎实开展工作，工作室成员教学能力和教学业绩明显提升，教育科研硕果累累：名师工作室共计发表文章20多篇，其中全国中文核心期刊4篇，承担市级课题3个。2017年5月，庞友海名师工作室被评为重庆市首批教学专家工作室，耀眼于重庆教育界，在全国亦享有一定知名度和影响力。

庞友海名师工作室取得如此优秀的成绩，离不开全体工作室成员的勤奋努力，更离不开庞友海老师的引领示范。《尝试与超越——基于课堂教学的理性判断与反思》既是他对名师工作室建设经验的总结，也是对年轻教师的希冀，更是黔江中学“厚德、博学、善思、笃行”校训的具体诠释。

期待庞友海名师工作室培养出更多的“学者型”教学名师，也祝愿早日建成全国教学名师工作室，为黔江中学的课程与教学改革做出更大贡献。

重庆市黔江中学校长兼党委书记：郑小波

2018年10月10日

打破常规　超越自我

（自序）

拙著即将付梓，但一直瞎忙，序一直拖着没时间动笔，趁这次（指国庆前一周在重庆开会、培训）外出学习的机会，忙里偷闲把它完成了。

本书是工作室第一期成果集。工作室成立于2014年秋，取名为“黔江中学庞友海名师工作室”，周期三年。成员主要来自学校政史地三科有潜力的青年教师，共6人，其中历史3人，政治2人，地理1人。其实，学校成立这个工作室是比较仓促的，没有明确的培养目标，也没有具体的考核细则，学员由学校指定，既没征求导师的意见，也没征求学员的意见，我戏称为“包办婚姻”。后来，我打破常规，自行决定接收了向艳秋和肖璟两位年轻姑娘，这样工作室就增加至8人。后来1人调离学校，1人退出工作室，坚持到最后还是只有6人。在工作室启动会上我明确告诉大家：工作室不养闲人，也不养懒人，得学会学习，学会思考，学会坐冷板凳……重点是培养研究能力。具体讲，就是成为未来的重庆市特级教师、重庆市名师、正高级中学教师。怕吃苦者尽快退出……。我从来就这样，说话直来直去，不会转弯抹角，要求严格，不知世故，这可能也是搞学术研究的人的“通病”。正如骨干学员刘承委在一篇文章中所说：“平时和蔼可亲的庞老师怎么会说出这么‘伤感情’的话？说话如此不留情面，没想到日后庞老师说话不留情面的地方比比皆是，不给弄虚作假的人留情面，不给假仁假义的人留情面，同时也不给自己留情面……”天生性格如此，同时也秉持“严是爱、宽是害”的传统观念，因我不是把他们当成工作室的一般学员，而是把他们当成自己的儿女，在他们身上寄托了我的教育希望，这也是我承认组建名师工作室的初衷。所以，在成立之初，我的目标定位较高，方向重在教育科研方面，这是根据工作室的组成及自己的特长来确定的。工作室来自历史、政治、地理三个学科，从专业的角度讲，地理和政治我都不可能真正起到指导作用，而且我认为，既然取名名师工作室，就应该是搭建平台、让志同道合者成就梦想（名师）的地方，而不是培养一般的教学骨干（是教研组干的事），更不是帮助他们站稳讲台（是入职培训干的事）。这也是我单独吸收艳秋、肖璟两位好学上进又有灵气的两位姑娘的原因。

大方向定了，又根据每个学员的特长有所侧重，大概分三类：教学表演型、教学能手型和教育科研型。教学表演类，主要侧重于上好优质课、研究课方面进行培养，能代表学校参加各类竞赛；教学能手型，主要侧重于课堂教学、高考研究方面培养，主要任务是培养尖子生，提高学校升学率；教育科研型，主要侧重于论文写作、课题研究方面进行培养。经过三年的培养，成为区级骨干老师，部分学员能成为市级骨干教师培养对象。具体的培养思路：按“学会—会学—会用”步骤有序推进。第一年“学会”，主要是打基础，加速知识储备，在导师指导下，学会读书、知道读什么书、怎样读书等。第二年“会学”，具备一定的独立思考及判断能力，在导师的督促下，读书成为“常态”，具备一定的问题意识并寻求独立解决。“会用”是最后一年，综合能力有较大提高，并能将所学知识运用于教育教学实际，力争每个成员成为区级学科骨干，并在公开正规刊物发表教研文章1–2篇。三年过去了，当初制定的目标基本实现，所有学员都成了黔江中学的顶梁柱，秦雪娇、向艳秋、刘承委、贺丰成了骨干学员，在重庆市乃至全国都开始有了一些影响力，肖璟参加川渝六校联盟现场课堂大赛荣获一等奖，也是学校参加这类大赛唯一一等奖获得者。

大方向有了，思路也有了，接下来就是具体做法及行动。工作室理念：独立思考、个性发展、超越自我、永不满足。要求每人订阅1–2本专业杂志，随时了解专业发展态势，更新专业知识，提升把握教材和高考的能力。每人每周精读一篇教育论文并写出读后感，在工作室创办的“名师工作室论坛”上交流，导师对学员撰写的读后感写出点评。还要求每位学员每月写9000字以上的读书笔记或读书心得等。以上措施旨在让学员不断更新专业知识、拓宽教育理论视野、提升综合运用知识的能力。每周组织一次集体听课活动，听课后不进行集体评课，而是要求授课者写课后反思，听课者写出评课稿，并在“名师工作室论坛”上发表，学员之间开展批评与自我批评，导师对每位学员的评课稿进行点评。目的是训练独具个性的思维能力和观察能力，提升综合素养，特别是理论与实践相结合的能力，为论文写作打下基础。这项工作坚持得较好，学员都经历了痛苦的磨炼，从无话可说到有话可说，从有话可说到有一定中心和个性的评课稿，一步一个脚印走到今天，实属不易！为了起示范带头作用，导师常常是第一个写出评课稿。我的社会事务较多，有时因事耽误，写完评课稿已经是凌晨1点钟了。榜样是最好的教育，学员也因此感受到一些压力，但更是一种动力。这个过程是有点苦，但挺过来后，苦尽甘来，便是一种幸福，有一种超越自我的成就感，这是学员们的共同感受。

在工作室成立之初，虽大方向明确，但具体怎么操作？是否可行？结果怎样？其实我并没有底，因无现成经验可借鉴，是摸着石头过河，一切都是在实践探索中逐渐明晰起来，不存在最初的“顶层设计”蓝图，故取名“尝试”。想通过我们的尝试实现超越自我，最终达到我们的目标。事实上，也产生了我意想不到的效果，故取名“超越”。我的专业是历史，但学员并不全是历史专业，涉及政治、地理学科，还有一个是外语专业，这种跨界带徒弟我不敢说是唯一，但肯定在全国是不多见的，这种尝试更是需要勇气。让我欣慰的是，学员进步之快及产生的影响，超越了我的预期目标。具体表现在：一是有了自信，改变了我不行、我们不如别人（指发达地区）的观念；二是初步养成了读书的习惯，将读书作为生活的一部分，自觉更新自己的知识；三是打破了对教育科研的神秘感，初步有了研究意识，开始将教学与研究结合起来；四是初步有了批判精神，学会独立思考，不再人云亦云。这些进步是我当初没有想到的，真正达到了超越自我的目的，这也是书名大标题的含义之一。而这一切都主要是通过课堂教学的诊断及反思来实现的，故小标题取名“基于课堂教学的理性判断与反思”，这就是本书书名的来历。全书按个人专集依序集中编排，共收录了114篇文章。其中导师最多42篇，肖璟13篇，秦雪娇16篇，向艳秋10篇，贺丰10篇，刘承委14篇，李英瑜9篇。这114篇文章中多数是评课稿，少部分教学论文、试卷分析和教学反思等。为什么评课稿最多？实事求是地讲，这批年轻人的专业知识、课堂教学都不错，但文字功底普遍较差，缺乏论文写作的意识，而成为研究型教师的前提，必须具备较强的驾驭文字的能力。怎么办？我认为写评课稿和教学反思是最好的办法。可以达到练笔、思维训练、拓宽知识面和提高理论修养等多方面的作用。除肖璟参加英语组听课，只交评课稿外，其余人员都集体听课。听课时精力必须高度集中，用批判性思维对授课者的课堂进行诊断，同时还得查阅相关知识及教育理论，特别是听不同学科的课，要写出有一定水准的评课稿，是非常困难的，就包括我这个导师都有一定的难度，所以不管是学员还是导师，都是一次挑战。但更是一次机遇，达到人文学科“大综合”的效果，实现了相关学科、相关知识的融通，丰富了知识结构，从而改变了专业内内行、专业外外行的现状。

工作室第一期于2017年秋结束，同年秋第二期启动，人员增加到10人（原6人除李英瑜加入刘贵涛黔江区名师工作室外，其余5人都进入了第二期），全部是自愿报名，后又增加到13人，工作室也由“黔江中学庞友海名师工作室”升级为“重庆市庞友海教学专家工作室”（市教委和市人力社保局授牌），成为重庆市首届十大教学专家工作室之一。工作室成功升级，说明我们的工作不仅得到学员和学校领导老师的认可，也得到上级主管部门的肯定。这也从一个侧面反映我们第一期的探索是有效的，是值得总结的，并通过我们的总结给读者一些启示和感悟，让更多人受益，这是我出这本集子的初衷。看工作室越来越活跃，成果不断涌现，朋友们向我祝贺的同时，也不断向我打听其秘诀。其实根本没什么秘诀，对学员我从来不讲具体怎么做，只设目标和要求，具体怎么做是学员自己的事，强调要有自己的个性，不合要求便打回去重做，有时一篇稿子打回4–5次才过关，批了再改，改了再批，如此循环反复。如果要问我的培养方法，可称为“苏格拉底式”培养法，即不断督促他们去思考问题、解决问题，我实际上就起到一个“助产婆”的作用。每一个学员都是一座埋在地下未开采的金矿，我只是一个挖开泥土的普通矿工，让发光的金子尽快进入人们的视线，这就是我的秘诀！

拉拉杂杂写下以上内容，好像有些跑题了，打住吧，以免跑得离奇。是为序！

于黔中乐其书斋：庞友海

2018年10月3日

目录 CONTENTS

庞友海 专集

肖璟 专集

秦雪娇 专集

向艳秋 专集

贺 丰 专集

刘承委 专集

李英瑜 专集

庞友海专集

2015年春，学校成立黔江中学庞友海名师工作室，成员以3年为一个周期，从政治、历史和地理、英语4个学科中挑选优秀年轻人组成，我是这个工作室的主持人。我确定了培养方向——研究型教师，力争让这个平台成为年轻人成就梦想的舞台。为此，我还制订了“读书、思考、写作”基本发展方向，采取集体听课，但不统一评课，而是采取授课者写反思，听课者写评课稿的形式，一方面可以起到帮助学员练笔的作用，另一方面可以训练学员们的思维，促进他们的个性化发展。为起到示范带头作用，我常常是第一个写出评课稿，本专集选择了我这个周期的32篇评课稿，10篇论文，除部分篇章外，多数都未公开发表，现收入本书以飨读者。

名师工作室第一期总结

本工作室初期有8位学员，他们是：贺丰老师、秦雪娇老师、刘承委老师、周通老师、秦密林老师、李英瑜老师、向艳秋老师和肖璟老师。其中向艳秋老师、肖璟老师是经我考查后单独吸收的，其余都是学校安排，虽没有征求我的意见，但也是我基本认可的。总体来讲学员们基础较好，工作积极主动，也有一定的研究能力和发展潜力。这8个人中，秦密林因工作调动离开，周通因不能适应中途退出，其余6人都坚持下来。

一、工作室最初设想

工作室以3年为一个周期，按“学会，会学，会用”步骤有序推进。第一年要求“学会”。主要是让学员打基础，加速知识储备，在导师指导下，学会读书，知道读什么书、怎样读书，等等。第二年要求“会学”。学员应具备一定的独立思考及判断能力；在导师的督促下，使读书成为“常态”；学员应具备一定的问题意识并寻求独立解决。第三年要求“会用”。要求学员综合能力有较大提高，能将所学知识运用于教育教学实际，力争每个成员成为区级学科骨干；要求学员在公开正规刊物发表教研文章1～2篇。优秀学员可成为下一周期工作室重点培养的对象。

二、工作室理念

学会读书，独立思考，个性发展，超越自我。

三、工作目标

近期目标：拓宽知识视野，掌握基本研究方法。

中期目标：探索有个性的课堂教学模式，提升综合能力。

最终目标：做一个有尊严、有幸福感的教师。

注：本工作室周期为3年，所选人员都是有潜力的青年教师，且年龄多在30岁以下。工作室按所选教师特长分别制订个体发展方案，大概分3类，即教学表演型、教学能手型和教育科研型。教学表演型，针对如何上好优质课、研究课方面进行培养，主要任务是培养学员能代表学校参加各类竞赛；教学能手型，针对课堂教学、高考研究方面进行培养，主要任务是培养尖子生，提高学校升学率；教

育科研型，针对论文写作、课题研究方面进行培养。经过3年培养，学员基本能成为区级骨干教师，部分学员成为市级骨干教师培养对象。

四、工作内容

1. 拓宽视野，提升教育教学起点

（1）每人订阅1～2本专业杂志，随时了解本专业发展态势，更新专业知识，提升把握教材的能力。

（2）每人每周精读一篇教育教学论文，写出读后感发表在本工作室创办的“名师工作室论坛”上。所读论文由导师指定，导师将对学员的读后感写出点评。

（3）寒暑假每人读1～2本专业著作，写出读书心得发表在“名师工作室论坛”上。

以上措施旨在拓宽学员的专业和教育理论视野，通过写读后感提升学员综合运用知识的能力。

2. 提高驾驭课堂的能力及审美辨别力

每周集体组织一次听课活动（除肖璟参加英语组的听课活动外，其余都统一行动）。课后授课者要写出课后反思，听课者要写出评课稿（除特殊情况外，导师会在第一时间将自己的评课稿发表于论坛）发表在“名师工作室论坛”上供大家借鉴参考。学员之间进行批评与自我批评，导师将对每个学员的评课稿进行点评。每个学员要不断学习，提升自己的评课质量。反思和评课稿件要逐渐提升到理论高度去认识。

3. 建立博客

每个人都要建立一个博客，养成撰写博文的习惯，起到练笔的作用。要求每周至少更新一次。读书心得、听课点评、说课、教学反思、教学设计、教研论文等均可。

4. 养成写读书笔记的习惯

每个月必须完成6 000字以上的读书笔记，即平均每天200字左右（由于第一年完成得较差，第二年降低标准，在原来基础上减少3 000字/月）。读书心得、名句摘抄、课堂反思等均可。

5. 完成教学设计

每人每年要完成一篇较高质量的教学设计。可参考本学科专业杂志，但必须有自己独到的地方，不能抄袭。教学设计的资料来源要列出参考书，并附上每个内容设计的目的及依据等。

6. 每人每学期撰写一篇教研论文

力争在省级以上公开刊物发表1～2篇教研论文，在校级刊物发表2～3篇教研论文。教研论文题材必须是来自教材、学生、课堂教学或高考试题等。要求以小见大，反对管中窥豹，反对“假、大、空”的说教文章。导师负责论文的审阅和推荐。不能公开发表的在“名师工作室论坛”上发表。要求每人撰写两篇高考评论文章，在高考结束后一周内完成。可以对全卷进行评析，也可以针对某一个试题进行评析。字数不限，但必须言之有理，论之有据。导师将对每篇评论文章进行认真审阅。若质量较高可推荐给公开刊物发表，或在校刊上发表。

7. 每人参与原创试题的命制

贺丰老师、秦雪娇老师、向艳秋老师、刘承委老师、李英瑜老师按高考题量每人命制一套试题，其余人员至少命制六套，即一个材料题，5个选择题。材料题要求采取时事热点隐性介入的方式，以体现时代性。但必须讲求科学性，不能为了时事而时事。

8. 导师每学期为学员举办一次讲座，要求人人参与课题研究

其中，秦雪娇老师、向艳秋老师、肖璟老师、刘承委老师参与了重庆市高中促进计划重点课题研究；贺丰老师、向艳秋老师参与了徐子德主持的精品课程和市级课题《地方史校本电子教材开发与应用》的研究，并担任主研究员。

五、工作成效

1. 工作室自成立之日起，每周组织一次集体听课活动

这项工作一直开展得较好，学员基本都能完成评课任务。每个成员都有一定的进步。从没有话说，到有话可说；从有话说，到有一定中心和个性的评课。但教学反思方面学员表现相对较差。

2. 学员积极参加“一师一优课”活动

其中贺丰老师、肖璟老师获得部级“优课”，刘承委老师、向艳秋老师、李英瑜老师等获得市级“优课”。

3. 学员积极撰写教学论文，提升写作能力

公开发表的文章：秦雪娇老师与向艳秋老师合作完成的《政治史易混易错概念辨析与点拨》发表在全国公开刊物《试题与研究》2017年第26期；刘承委老师撰写的论文《三言：政治教师的责任与担当》发表在中文核心期刊《中学政治教学参考》2015年第8期；刘承委老师、李英瑜老师所撰写的2015年重庆试题评析发表在《试题调研——2015年高考专辑》上；贺丰老师的《2015年重庆高考历史试题解析》发表在《试题调研——2015年高考专辑》上。工作室7个成员（秦密林中途调走），有6个在校刊上发表了文章，分别是贺丰老师、秦雪娇老师、李英瑜老师、刘承委老师、向艳秋老师、肖璟老师，占比达85.7%，是学校5个工作室中发表文章最多的。

工作室在探索中前进。反思走过的路，有不少值得肯定的地方：如集体听课，授课者的课后反思，听课后写出评课稿并发表于论坛，等等，都得到了较好地落实，都有不同程度的进步；学员读书意识都有所增强，都有了一定的调研意识，一半的学员有了自信心。也有值得改进的地方：一是发展不平衡，部分学员惰性严重，不能按时完成工作室布置的任务；二是部分学员读书缺乏兴趣，知识储备不足；三是学员文字功底有待提高，需要在此方面加大力度。

“三史”：一个优秀历史老师应具备的基本素养

今天（5月4日）下午，我在高二（10）班听了贺丰老师的一堂课。在点评之前，我先谈谈一个优秀历史教师应具备的基本素养。关于基本素养，从不同的角度去分析可能会得出不同的结论，但从专业角度看，我认为，一个优秀的历史教师必须具备“三史”。所谓“三史”，是指“史观、史料、史识（论）”。它是历史研究的基本方法，也是一个优秀历史教师必须具备的基本素养。

“史观”，是观察与解读历史的基本模式，是人们对社会历史的根本看法、总的观点，是史学工作者从事历史研究的基本方法。改革开放以前，受“革命思想”的影响，阶级斗争成了推动社会发展的直接动力，在史学研究领域，自然也只有“革命史观”了。改革开放后，史学研究呈现百花齐放，史学家们用新的视角去研究历史，出现了现代化史观、整体史观、社会史观、文明史观等。近10年来，“史观”被运用于高考试题的命制，拓宽了命题的思路，命制出不少经典试题。近年来，高考试题还出现多种“史观”的综合运用。所以，作为一个优秀的历史教师，必须掌握基本“史观”，学会有意识地引导学生用多种“史观”去分析历史现象、历史事件，这样才会立于不败之地。

“史料”，即历史材料，是进行历史研究的依据，也是历史教学不可缺少的资源。按照“史料”的价值不同，可分为第一手“史料”（直接材料、原始材料）和第二手“史料”（间接材料）。第一手“史料”在历史发生时产生，可直接作为透视历史问题的材料；第二手“史料”是指后人运用第一手“史料”所做的研究及诠释。教学中引用“史料”要注意几点：一是准确，即要辨别真假；二是有效，要能说明问题，服务教学；三是恰当，不能过多，也不能过少。杜绝无效史料或杜撰史料。

“史识”，是指修史的见识，即在一定史观指导下，通过对材料进行分析所得出的科学结论。我们常说，“史论结合、论从史出”，从材料中得出的结论，一定程度上反映了教师的“史识”。我们强调学生要有创新。其实，教师创新是学生创新的前提，因“以其昏昏”，怎能“使人昭昭”？历史教师的创新，更多体现在“史识”的层次。除上面“三史”外，“史实”也是必不可少的。“史实”即历史事实。在教学中引导学生运用所学知识（“史实”）分析问题，这是教学中常用的方法。

按上面的标准我们再来看看贺丰老师这堂课。这节课讲的是凡尔赛体系，其实新课就讲了一个“国际联盟”，内容少，但可以看出授课者不凡的功底——“史料”选择精当，“史识”独到。问题、结论均来自材料（或教科书），结论自然而有效。此节课围绕“国际联盟”讲了3个问题：一是国际联盟的背景。引导学生通过看书得到结论，即之所以建立国际联盟，是对战争的反思，希望和平。反思有人民的反思、资产阶级的反思、政治家的反思。二是国际联盟的任务。从国际联盟的条文中得出“国际联盟”的任务是维护和平，促进国际合作。三是国际联盟的影响。这是本节课的重点，用时最长。采取辩证分析的方法，肯定了国际联盟积极的一面（这常常是被忽略的，因为人们一般都对国际联盟持否定态度），并用事实进行说明，且特别肯定集体安全这一点。贺丰老师将重点放在局限性的分析上，引了3段材料，分别来自“国际联盟”材料的第八条、十六条、二十一条，最终对3段材料分析得出结论：一是缺乏约束力；二是缺乏强制力；三是要维护大国利益（牺牲弱小民族）。这些结论都是通过对材料中的关键词的分析自然得出的。为了证实其局限性，贺丰老师还举了一些学生比较熟悉的例子进行说明。如“九一八”事变后，“国际联盟”派的调查团，等等。这些是本节课的亮点，也反映授课者不凡的专业功底。要说值得商榷的地方，在我看来，“史实”的运用上较弱。可以借助学生比较熟悉的“史实”进行引导分析，得出相关结论。如建立“国际联盟”是美国提出的，但美国却没有参加，这说明什么（局限）；当时真正最具实力的国家是美国和苏联，但这两个国家都不是“国际联盟”成员国，却能执行国际仲裁；国际联盟从提出到建立时间很短，怎样形成共识；怎样代表大多数国家的利益和愿望，等等。应该说这些都是能培养学生发散思维的地方。前面的内容可以再压缩一点；一节课只讲一个问题，容量还是偏少。

教师反馈：谢谢庞老师的意见，“苏俄”这个实际上是要讲的，可在维护大国利益的后面紧跟着问，“如果维护英、美、日、法这些大国的利益，他们最不希望看到谁进入‘国际联盟’”？然后让学生看书，看他们是怎么做的，因为当时时间比较紧，就没说……第三个点确实没想到，11天的东西能代表多少民意是个问题！

个性：课堂教学的生命

昨天，石柱中学文科综合的老师来我校教研，工作室分别在高二、高三安排了一堂历史课，由本工作室成员秦雪娇老师、贺丰老师分别执教。总的来讲，我是很满意的，反映了工作室的理念，也是我向来所倡导的课堂教学，即追求教学个性。个性，是一个优秀教师必备的品质，反映一个教师的专业功底、综合素质，也反映一个教师的教学思想及课堂追求等。在工作室成立之初，我就把“独立思考，个性发展”作为工作室的理念，用自己一路走来的实践和感悟来要求学员，尽量让他们少走弯路，缩短路程，尽快通向成功之路。有学员理解为复制出若干个“我”，其实这是误解。若是简单地复制出若干个“我”，那是失败的。我们需要的是让每一个学员成为有个性的自己，这种个性是独一无二的，不可复制的。形成稳定的个性，是一个创新型教师走向成熟的标志，这种个性，也是课堂教学的生命所在。按这一标准去衡量这两节课，尽管都有一些值得改进的地方，但不可否认，都闪现出个性的特质，这种特质，是课堂闪光的地方。下面具体说一说。

先说说雪娇老师的课。雪娇老师上的是《中国古代的科技成就》。这个内容是不太好讲的，要上出特色尤其不容易。前半节课我还有些担心处理得不大好，但到后半节课就让人眼前一亮，给人耳目一新的感觉，将听课老师都引入了高潮。其独到的思考，理性的剖析，足见“史识”功力。（注：我还没有看到有这方面的文章，当时建议她再思考加工一下，独立成文，可以发表。让人高兴的是，这篇文章已经通过《中学历史教学》杂志审核，将在2018年第8期或第9期刊登。）雪娇老师在讲到活字印刷后，提出了一个问题：活字印刷是否要取代雕版印刷？但结论与学生的想法大相径庭。结论是：从活字印刷发明到近代，雕版印刷一直是主流。然后雪娇老师提供一段材料来印证；接着又抛出一个问题：为什么是活字印刷代表中国科技成就，而不是雕版印刷？引导学生分析其原因，可谓丝丝紧扣。关于四大发明，雪娇老师设计了一个问题：（中国古代世界级的科技成就那么多）为什么是四大发明？学生思考回答后，雪娇老师介绍其来历，引导学生分析其目的。这样水到渠成得出结论——主要是对世界影响而言的，不只是本土影响。最后总结：同一个材料，结论有别，这与立场不同有关。

再谈谈贺丰老师的课。贺丰老师上的是“美国1787年宪法”。贺丰老师上美国史课有他独特的优势，因他是美国史研究生毕业，加之独特的贺氏幽默，别有一番滋味。课堂各个环节之间连接巧妙自然，教者对整个内容的把握及材料的运用独特而娴熟。开头利用上节课内容，即英国政治的特点通过类比的方法，引出本节内容。然后提供一则有关“邦联条例”的材料，在此基础上提出一个问题：从“邦联条例”看美国政治有什么特点？在学生回答的基础上，依次提出：什么叫邦联？为什么不叫行政首脑？怎么解决美国的问题？什么是联邦？它如何解决问题？……采取穿线的方式一个问题连接一个问题，步步深入。整个过程都不是枯燥的说教，而是用材料去印证。要么提供新颖材料，要么利用教材上的内容；教材也不再是教材，而是成为解决问题的学材。这些都是可取的。但作为贺丰老师来讲，我对他有更高的要求；就这节课而言，也还有很多发挥的空间，还可以从更深的层次去探讨一些问题。如从“1787年宪法”可以看出美国政治家怎样的政治智慧？这对美国及世界产生了什么积极影响？从中说明了什么问题？对我们今天的政治改革是否有可借鉴的地方？又如美国出现这种体制的根源是什么？如何评价？等等。通过这种方式可以让学生认识到体制是适应国情的选择，衡量体制的标准是生产力，并感悟到任何体制都会存在一定的局限，如何完善，只有通过不断改革。这是推动社会不断进步的保障。

附：除历史外，政治、地理课，都有本工作室成员上课。在之后的交流中得知，他们都被给予较高的评价，学校领导也对本工作室成员的进步给予了充分肯定，这都使我感到欣慰。

举一反三：试卷评析追求的目标

今天下午（3月21日）在高三（15）班听了承委老师的一堂政治课，内容是评讲试卷。一般认为，讲评试卷没有什么可听的，因此，这种课不太能引起老师们的重视。其实，试卷评析课是非常重要的，一堂高质量的试卷评析课，不仅解决学生试卷上的疑难问题，还会帮助学生达到“通畅”的作用，即帮助学生走出相关知识的误区，学到解决问题的方法（技巧），悟到为人处事的道理，激发克服困难的斗志，等等。对一般老师来讲，不能用这个去要求他们；但作为本工作室的成员，应该将其列为自己奋斗的目标。对高三教学来讲，效率和质量应放在第一位。因此，我将今天评课的题目定为“举一反三：试卷评析追求的目标”。

举一反三，是对学生政治高考的基本能力要求。换句话说，不做到这一点，高考成绩很难达到理想的预期目标。那么，让我们先看看高考政治学科的基本能力要求是什么。

一、获取和解读信息的能力

最低层次，要求学生能够从题目的文字表述中获取回答问题的信息，能够从图、表等形式中获取回答问题的信息。最高层次，要求学生能够准确和完整地理解并整合所获取的信息。

二、调动和运用知识

最低层次，要求学生能够根据题目获取讲解的信息，并运用相应知识（经济、政治、文化、哲学等）做出必要的判断；能调动和运用自主学习过程中获得的重大时事和相关信息。最高层次，要求学生能够展现检索和选用自己“知识库”中有关知识、基本技能的能力。

三、描述和阐释事物

最低层次，要求学生能够用简洁的语言描述经济、政治、文化、哲学等学科所涉及的基本概念和观点；要求学生能够运用历史的、辩证的观点和方法，比较和解释有关政治、经济、文化等现象，认识事物的本质。最高层次，要求学生能够综合阐释或评价有关理论问题和现实问题。

四、论证和探究问题

最低层次，要求学生根据信息，调动和运用相关知识和技能，发现或者提出体现科学精神和创新意识的问题；综合使用题目提供的信息、课堂学习或自主学习获得的知识、方法，提出必要的论据，论证和探究问题，得出合理的结论。最高层次，要求学生通过顺畅的语言、清晰的层次、正确的逻辑关系，表达论证、探究的过程和结果。

从以上政治学科的四大能力要求可看出，学生要想在高考中立于不败之地，必须做到“通畅”，即知识学活，会读书、会思考、会运用。政治高考不是考查学生记忆的多少，而是考查学生思维的层次。因此，教师在试卷评析中就应围绕这一中心展开，让学生走出知识、思维的误区；引导学生掌握答题的技巧，学会分析高考的动向和要求，从中悟出新的道理，获得解决问题的钥匙（方法）。这些要求是否过高？对一般学生来讲，是高了一点，但对这个班学生是正常的要求，因这个班是实验班，也就是说是集中了全年级的“精华”，也寄托了学校的期望。根据这一要求我们再看看承委老师的这节课（我坐在后面，看不到PPT上展示的内容，事先也没有得到试卷，不能说出具体内容）。

1. 评讲有选择性和针对性，提高课堂效率

时间就是效率！优秀教师与一般教师的区别之一就是能准确把握学生，做到该讲的讲，不该讲的不讲，有人总结为“三讲三不讲”。“三讲”是指要讲易混点、易错点、易漏点；“三不讲”是指学生已经会的不讲，通过自己学习能解决的不讲，讲了还是不会的不讲。这节课承委老师重点讲主观题（大约用了35分钟），选择题只讲了两道题。讲的过程中重点又突出了易错点和（解题）方法，避免了漫天撒大网的低效课堂。

2. 注重方法的引导，增强辨别力

开头从分析题目入手，引导学生从题目、材料中提取信息，处理信息，辨别正误；教学生如何抓关键词，如何与所学知识（哲学、经济、政治、文化等）建立联系以及辨别答案的层次等，较好地体现了能力（一）和要求（二）。在指出答案带有普遍性的问题后，让学生明白：大而空不行，必须具体落实在知识点上，即使发散也不能大而空。然后总结答题方法：先总（原理），再具体阐释，即先宏观，再与该题相关的下属知识点相对应回答。较好地体现了能力层次（三）的要求。

3. 引用个案分析错因，强调答题技巧

课堂上提供了多份学生答案，让学生指出其问题。这些问题中，有的是答案重复累赘、缺乏层次；有的是答案太多、书写马虎（让阅卷老师没心情看）；有的答案较完整，但书写质量差；有的答案太随意；有的句子不通、逻辑混乱……最后教师总结得分技巧：（答案）要层次化、综合化、要点化（简洁）、整洁化、系统化、（书写）规范化。

总的来讲，这是一节比较成功的讲评课，没有固化在试卷之内解决知识，而是引导学生跳出试卷，学会解决问题的方法；不是局限在让学生获得答案，而是尽量让学生知道错因，避免类似错误重犯。作为一个走上教学岗位才几年的年轻教师，实属可贵！当然，任何人都不可能尽善尽美，现对此提出一些值得思考和改进的地方。

（1）所引个案（问题）好像都不是来自该班，其针对性就大为降低了。所引问题可能在全年级有一定的普遍性，在其他班是适合的，也是必要的，但该班是实验班，一些低级的错误可能很少犯（或不存在），如果真是这样，作为个案就值得商榷了。（从答案看）这个班带有普遍性的问题究竟是什么？如何解决？这样的评析才更有针对性。

（2）是否可以考虑让学生讲（不说全部，至少可以让学生讲一部分）。我看答案事先已经发给了学生。发答案给学生的目的，是促使学生有意识研究答案，而不只是知道对错。这对实验班是完全可行的。让学生评讲，可事先布置要求。如对该问题你是怎么理解的（是否有偏差，导致偏差的根由是什么），最容易犯什么错（相近问题或概念干扰），（与参考答案相比）你的答案有何差距，你对参考答案是否有疑惑（或改进建议），等等。抽学生讲也要有针对性。主要抽两种学生：一是抽知识上存在问题的学生（看是否真正掌握）；二是抽拔尖学生（提升其综合能力，促使其养成自觉研究的良好习惯）。让学生讲有几个好处：一是促使学生深思考；二是便于教师及时发现问题，及时纠正引导；三是训练学生的表达和听的能力（听取别人发言）。

（3）是否可适当增加一点拓展性训练。整个讲评，在审题、帮助学生走出误区、讲述答案技巧方法等方面还是不错的，但作为实验班，我觉得在解决这些问题的基础上，可以增加一点拓展性训练，以拓宽学生视野，挖掘学生研究的潜力，形成良好的学习习惯。我所说的拓展性，一是在教师讲解时拓展（现在当然也有，但我认为还可适当加强）；二是选择一道比较典型的题，让学生改编，即做变式训练，并让学生说说改编意图（考什么，答案要点是什么，易错易混在哪，等等），让学生得到更高层次的训练。

举一反三：再谈试卷评析追求的目标

我在高三（2）班听了一节瑛瑜的地理课，内容是“二诊”试卷讲评。本节课只讲了主观性试题。地理不是我的专业，我无法从专业的角度进行点评。单从试题讲解看，瑛瑜的知识功底及口才都不错，应该是到位的。但我认为，不能为了讲题而讲题，应该跳出试卷，引导学生举一反三才是授课老师（特别是高三的授课老师）课堂讲评的追求目标。什么是跳出试卷，举一反三的课堂讲评？或者说，如何才能跳出试卷，举一反三地讲评课堂？

（1）引导学生分析命题者的意图。为什么命此题？其目的是什么？考查什么（知识、能力或思想等）？文综高考一直强调关注社会、学以致用的命题理念。引导学生学会分析有助于他们对高考试卷进行理解和把握（至少对尖子生能起到此作用），有助于答题准确和有针对性。如试卷中第13题涉及“新丝绸之路”。肯定地讲中国倡议设立的“亚洲基础设施投资银行”，就是专门为“一带一路”量身打造的。学生只要理解这一点就不至于偏题了。第14题涉及污水处理（截污导流）和自然灾害（泥石流），这是考查学生运用所学知识解决现实生活中实际问题的能力，针对性非常强。

（2）列举试卷中常见错误（答卷中出现的问题）：为什么会出现这些错误？是知识性的，还是审题或是其他？针对此题还容易出现什么偏差？如何防止？

（3）这道题还可以从什么角度去考查？若变一个方式提问，该如何回答？答题的重心有何变化？考查的意图有何变化？

（4）能否总结出此类题的答题技巧、方法？或如何做到少失分（涉及学科思维的渗透）？

特别是现阶段，离高考只有一个多月了，上课、评讲都不宜面面俱到，因此必须真正做到精讲，导法（答题、看书），让学生领悟、感悟，辨明方向，才是最主要的。

关于《美苏争霸》一课的一点看法

我在高二（18）班听了红梅老师的一堂课，内容是选修中的《战争与和平》中的专题五《美苏争霸》。从高考角度讲，这个考点早已淡化，大概有如下原因：一是苏联解体20多年了，两极格局已成历史；二是和平与发展是当今世界的主题，显然，争霸不符合时代发展的趋势和潮流；三是改革开放后，中国国内形势开始步入正常化，政府致力于经济建设，意识形态逐渐淡化。所以从高考角度来说，教师没有必要按传统的思路进行详讲；但从学生能力培养的角度看，若有好的思路和新的材料，或借助材料创设新的情境对学生进行有效训练，也是值得肯定的。从这节课看，红梅老师是花了功夫的，有闪光的地方。

一、提供了一幅直观形象的美苏核弹头数量对比示意图

图中反映了多种趋势，教师让学生指出其中的一种趋势并说明其形成的历史原因。这是一道非常有价值的图像式材料题，不但可以考查学生相关基础知识及多种能力，如提取并处理有效信息的能力、综合分析能力等，还可以引导学生探索此类试题的解题技巧，优化学习方法。此题不知是红梅老师的原创，还是从资料上找的。不管是原创还是现存的，都是值得肯定的。因此题与全国卷高考41题相似，代表高考中的一类题型，最能反映历史学科的特点，能有效考查学生的历史研究潜力和基本的历史素养。但遗憾的是，红梅老师处理得不够好。可能因紧张之故，毕竟有那么多老师听课。其实，在解决这个问题之前，红梅老师已经布置学生看书，大概就是为解决这个问题。她也抽学生回答了。学生答题的思维有些混乱，或者没有回答在点子上，或者贪多求全。导致这些情况的原因，主要是学生思考方法欠佳及知识迁移存在问题。从图上看，其趋势主要有：从20世纪60年代后期到80年代中期，美国拥有核弹数量基本稳定，苏联迅速增加；80年代末、90年代初之后，美苏拥有核弹数量都大量减少；从50年代到60年代中期，美

国拥有的核弹数量远超苏联……红梅老师在引导学生准确分析趋势后，让学生联系所学知识分析原因，自由而充分地发言，发表自己的看法，再根据学生回答的情况进行针对性的点拨或纠正，指出学生存在的误区和问题。这样用问题做引领，引导学生归纳总结、分析、解决问题，既有利于实现教学目标，又有效锻炼了学生的历史思维能力。选修课程知识，在高考试题里只有一道选做题（主观题），所以，红梅老师这样做也是符合现实实际的。

二、提出5个问题让学生探究

这5个问题是：

（1）从美苏争霸的过程看，决定其战略调整的决定性因素是什么？

（2）争霸对中国有影响吗？争霸的3个阶段中美苏对中国的政策如何？为什么？

（3）争霸给世界和美苏两国带来了怎样的影响？

（4）争霸带给人类的历史教训是什么？

（5）通过以上问题的探究，我们可以得到什么启迪？

这些问题都是有思维含量的，不是随口能答出的，但也不是什么可望而不可及的深奥问题，应该说都符合学生的就近发展区。这说明教者不仅有自己的独立思考，而且还能把握好“度”，实在是难能可贵！但问题偏多，一节课不可能解决这么多问题，又想完成教学任务，所以其在处理的时候就显得有些匆忙。与其如此，不如减少数量，在质量上下点功夫，效果可能会更好。

初高中衔接是高一历史教学必须解决的问题

昨天下午在高一（9）班听了艳秋老师的课。在评课之前先谈谈高一历史教学要解决的问题。高一学生进入高中不到两个月，他们的思维、方法、思想等都还停留在初中阶段，所以，做好衔接工作是课堂教学的重要任务，也是完成教学任务的基础。从内容上看，初高中历史教材不像其他学科差别那么大，但因此而认为高中只是增加一点内容，那就错了。初高中的差别：一是初中历史重在识记，主要是对学生形象思维的培养；高中历史重在理解，主要是对学生逻辑思维的培养。二是初中重在让学生知道“是什么”；高中不仅要知道“是什么”，更要明白“为什么”，“知其所以然”。三是初中学生主要应对会考，掌握好教材就能解决；高中学生面对的是高考，“理在书内，题在书外”，教材只能当作传授知识的载体、材料，是学本。四是初中学生可塑性大，自觉性、辨别能力相对较差，教师有一定的“天然权威”可以用“灌”的方式去完成教学任务；高中学生有一定的鉴别能力，教师的权威更多得靠自己的学识和人格去维护，学生需要用理性去思考问题，因此教师必须用“导”的方法去完成教学任务。鉴于初高中的上述差异，要让学生在高一尽快完成过渡，教师在教学方法上就得采取“衔接法”，既要继承初中生感兴趣的“故事法”（或“趣味法”），又要渗透高中阶段的要求，培养学生提取信息的能力及方法，辩证分析能力、发散思维，等，使其养成“史论结合、论从史出”的思维习惯。

按照这一要求，我们再来看看艳秋老师这节课。实实在在地说，艳秋老师备课是下了一番功夫的，其设想和思路也不错。其流程大概是：现实—历史—启迪—历史—现实—启示。也尽量故事化来激发学生的兴趣，用中（李鸿章）日（福泽渝吉）对比来培养学生的分析能力，发挥“史鉴”功能的作用，引用的材料也比较恰当，反映了高中历史教学的基本能力要求……但事与愿违，没有达到其预期目标，没有完成其预先的设想。可能是紧张之故打破了计划，或许是教学设想不合这个班的实际，可能两者皆有。对于才进校不久的高一学生来说，有些要求可能确实高了一点，这样师生之间的信息不对称，难免出现脱节的现象。不要紧，总结教训下次再来就是了。大凡成功人士都有过失败，都有过人生的低谷，一节课算不了什么嘛！

这节课的内容是“甲午中日战争”。这场战争在近代影响很大，不管对中国还是日本。不管从对学生教育的角度还是高考的角度，这都应作为重点讲解。但教材写得又非常简约，这就需要我们教师去补充和设计。如何引导学生把握？可从4个方面多角度分析：背景分析、失败原因、条约危害、战争影响。教师教的也基本是这4个方面，但在详细处理上还值得思考。可采取教师讲解与提供材料和学生分析相结合的方式以问题为线前后贯穿。“背景分析”，可能更多需要教师去引导分析；“失败原因”，提供材料由学生分析为好；“危害”，可利用教材内容发问，引导学生思考得出结论；“影响”是这节课内容的延伸，可采取提示方式引导学生分析。这样综合运用多种方法，师生进行双边活动，把握得好基本能达到预期目的。

最后提醒几点：

（1）一节课的要点应写在黑板上，让学生对一节课的内容有一个清晰的整体印象。

（2）有关“洋务派到德国考察”一段材料，用于失败原因的分析可能更好。

（3）关于李鸿章签订条约的责任问题，最好不要持定性的态度，否则会造成学生定势思维的形成。

教师反馈：谢谢庞老师！谢谢您的鼓励和宽容。我下来以后也在想，是不是在初中待久了，还没绕过弯儿来？现在回想当时的情形，好像也不是很紧张，倒是很“况”。按理说已经参加工作几年了，不该出现这种状况。承委老师说得好，还是我自己没有把格局放大，没有把格调提高。这堂课对我来说也可能是一种“意外的收获”，让我看到了和工作室其他几个学员的差距。值得高兴的一点是，我还保留着对教学的热情和初心，甚至还有点“天真”“幼稚”。

对“区域可持续发展”一课的点评

今天（11月25日）下午，名师工作室组织听了李英瑜老师的课。我是第一次听英渝的课。地理不是我的专业，我无法从专业的角度进行点评，但作为工作室的负责人，也得从“内行看门道”的角度说两句。进入正题之前，先让我们探讨一下，究竟什么样的课才算一堂成功的课。仁者见仁，智者见智。但我认为，不管什么标准，一堂高质量的课应该包含以下要素：

其一，学生在轻松愉悦（不是痛苦）的氛围中掌握知识。也就是说，学生不仅增长了知识，还感受到快乐，得到精神上的享受。

其二，学生不仅掌握了基本知识，还提升了学科学习能力，尤其是学科学习的方法，这既能反映学科特点，也能反映教师的个性化风格。

其三，学生得到新的感悟和启迪（至少部分尖子生），或在教师引导下独立思考、大胆质疑，或学以致用解决了实际问题。

其四，通过内容的巧妙处理，学生产生心灵的震撼。当然对一个年轻教师来讲，用这样的标准去要求他实在有些苛刻，但作为名师工作室的成员，应该这样要求才是。

若按上面的标准来看瑛瑜这节课，应该说迈出了第一步。不要小看这第一步，已经很不错了，其实我们好多年纪较大的教师都没有达到这一步。绕了半天，下面具体谈谈瑛瑜这节课的可取之处。

一、表现出良好的亲和力

用商量的口气、恰当的肢体语言及会说话的眼神与学生进行平等的交流和心灵的沟通，使课堂氛围“活”而不乱。

二、注重师生双边活动、学习方法的引导

整节课学生有自己的空间（不是教师包办），有师生互动，有教师引导下

的方法的总结。如关于区域经济持续发展问题，就是在教师的引导下，按如何分析、基本要素是什么的步骤进行。这实际上既体现地理学科的特征，也是对地理学习方法的引导。

三、对生发问题表现出良好的教学机制

如一个学生在回答一道高考选择题时，提出了与参考答案不同的看法，并说出了自己的理由。英瑜的回答漂亮而又机智："如果不是选择题，我会给你满分！"既肯定了学生的创新思维，也保护了学生的自尊心和自信心，同时又指出了学生的认识误区。

当然也有值得改进的地方：

其一，有一张图涉及德国的鲁尔区，这个地方若借助学生已有的历史知识和语文知识（都德的《最后一课》）进行扩展，将地理、历史、人文融为一体，将会使课堂放出异彩。

其二，开头提问，学生参与不积极，回答不上，有些冷场。不知是问题深，学生回答不上，还是教师没有启发到点子上。可能与师生都有些紧张有关。提出问题后，最好先由学生自由回答，教师再根据学生回答时出现的问题进行针对性的点评。

其三，地理的应用性强。本课讲的是"区域可持续发展"，是否可让学生学以致用？如你觉得你的家乡哪些地方影响"区域可持续发展"？如何实现黔江的"区域可持续发展"？

其四，作为高三复习课，容量偏小，语言还可更精练一点，与课堂内容无关的"口头语"尽量减少。

以上看法仅供参考，希望能起到抛砖引玉的作用。

关于课堂教学的境界

——对今天所听课的点评

在去年新教师培训会上，我说了课堂的3个境界：最高境界，即师生快乐、幸福，内容引人入胜。学生在获得精神享受的同时，理性得到张扬，上了此节，盼望下节。中等境界，即偶尔给学生带来快乐和幸福。学生能配合教师的教学设计，教材知识掌握得较好，但配合的背后更多表现为被动接受；教师多处于自娱自乐之中。最低境界，即师生都感到有些痛苦，师生相互责怪，盼望下课铃声。

这是从大概来讲的，那么落实到政治课，有什么具体表现或要求呢？我这里不想一一阐述，仅就最高境界的政治课应该具有的特点谈谈自己的看法。政治课由于其学科特点，应该有独具特色的学科表现和要求。具体来讲，通过教师独特的课堂设计和巧妙的引领，学生能在掌握基本知识、基本技能的同时，产生情感升华，即对现有制度、社会主义核心价值观等产生心灵的领会与价值认同。这种“认同”不是外在的灌输，而是“内在”的共鸣，不是教条式说教，而是理性的认同，大概相当于我们历史学科所讲的“同情”式理解。从这一标准来看，应该说承委老师的课处于第二层次，努力在向最高境界看齐。作为一个才走上教学岗位几年的年轻教师，能达到这个程度实在是难能可贵！下面就其可取之处略陈己见。

一、师生配合默契，整节课井然有序

开头用问题“如何理解选举权与被选举权”引入，过渡到本节课的重点：政治参与方式，随后引入选举方式的变化及原因。一个问题接着一个问题，不仅让学生知道“是什么”，还让学生通过探究明白了“为什么”。自然、轻松、贴切、清晰、畅通。

二、注重概念的准确，引导落实教材

如关于选举权与选举权力，参与决策与做出决策的区别，等等，在学生容易产生知识误区的地方，事先进行了预防和提醒，使学生对重难点知识得到了较好的把握。在讲民主选举时，引导学生将资料与教材结合，提醒学生注意表述的差异，并分析其原因。这实际上是教学生方法，旨在强调不能脱离教材，不能脱离材料，且结论要持之以据，脱离材料的结论只能是空洞的说教。

如果要向更高目标看齐，下面谈谈我的一点看法或建议。（当然，政治不是我的专业，不一定对，仅作参考。）

（1）学生回答太整齐，缺乏个性。这种整齐的回答我发现基本都是来自教材上现存的东西。当然准确理解教材是基础，但是否可以大胆尝试试错，或鼓励个性化的答案以培养尖子生和发掘学生的创新潜质？我觉得在国防班是可行的，我看学生的思维非常活跃。但都“不越雷池一步”就让人怀疑，学生都这样单纯？

（2）学生对概念的理解应该是到位的，但教师如果能举一些生动的例子来说明会更好，学生印象会更深，也更能说明问题。如关于差额选举和等额选举等，在现实中是有很好的例子的。这样的举例能增加真实感，让学生不会感到是空洞的说教，而是有现实基础。

（3）书本与现实存在着差距，我觉得有时也可以适当引出一些“负面”的东西，引导学生产生正确认识，让学生产生同情式理解，让学生明白，因国情及某些方面的原因，现实与理想有一定差距是正常的，我们正在不懈地努力，而且美好的未来要靠大家共同努力。这样学生步入社会后才不会因反差太大而失落，同时还能产生社会责任感，并从心里立志：民族复兴，我的责任！

以上这些要求标准较高，但我觉得承委老师具有进入这个境界的潜质，先写在这里，一旦有了这一天，不就证明我有先见之明了吗？！

回归+现实：高三后期政治课堂的追求

今天下午（4月12日）在高三复习班听了一节政治课，授课者是高三文综组长赵昌品老师。从课堂讲解艺术看，此课在全区政治学科都属于一流水平，但我今天不单是对这节课的点评，而是从全国高考能力要求及政治学科本身特点，就高三后期政治课堂教学谈谈自己的看法。赵老师课堂教学采取的是串讲，知识梳理非常清晰，提纲挈领，要言不烦，反映了他较为深厚的教学功底。毕竟是文科综合大组长，名至实归！听课时我就在想，如何看待这节课？后期的政治课究竟如何上效果才能达到最佳？前几年重庆高考卷，强调后期要回归教材。这针对重庆高考是适合的，也是有效的，但对全国卷可能就值得思考了。仅仅是回归教材肯定不能达到高考的能力要求，但政治学科涉及基本原理的运用掌握，回归教材、熟悉原理又是运用原理的前提和基础。为此，我将高三后期政治课的理想模式概括为4个字："回归+现实"。下面结合本节课的内容进行简要分析，供各位参考。

"回归"，即引导学生回归教材，熟悉基本原理和相应知识点。政治的理论性较强，强调原理的准确运用，因此，回归教材有利于学生熟悉原理的内涵，便于学生对原理的准确把握和运用。这一点赵老师做得非常成功。本节课的内容是唯物史观，赵老师将其概括为一个主体，两个规律，三个关系，讲解层次清晰，逻辑严谨，不是"死灌"，而是循循善诱自然推出结论。如讲解"社会存在与社会意识的辩证关系"，先从概念入手，讲解什么是社会存在，什么是社会意识，各自的侧重点是什么，等等，再指出二者的关系。决定作用和反作用，强调社会意识具有相对独立性和不同步性。这样就自然得出从物质决定意识可推出方法：一切从实际出发；从意识的反作用可推出：从社会实际出发制定方针政策，重视社会意识的作用，等等。

"现实"，即联系社会实际，引导学生学以致用。强烈的教化功能是政治学科本身特点所决定的，也是政治学科的使命。但政治作为一门学科（社会科学），也有其科学性，也就是说运用社会科学理论为政治服务。这就要求政治老师不仅要引导学生熟悉理解政治原理，还要引导学生运用政治原理理解党的方针政策，渗透社会主义核心价值观，传递正能量，增强社会责任感。当然，联系现实应自然而贴切，要把握好度，不能为了现实而“现实”。联系现实的好处：一是有利于学生对原理的运用与掌握；二是有利于增强学生的道德感和社会责任感。

从赵老师这堂课的内容看，不少内容是可以与时事热点相联系的，如讲社会存在与社会意识，可以联系十八大以来的相关政策及改革措施等。在课堂上，赵老师也适当联系了一些社会实际，如用改革开放前后的变化来说明一切从实际出发等。但我觉得量有些偏少，有些内容如果用社会实例来反推理论可能学生理解会更深刻，如用生产关系一定要适应生产力等。

从高考对政治学科的能力要求看，主要有4项，即获取和解读信息的能力、调动和运用知识的能力、描述和阐释事物的能力、论证和探究问题的能力。其中，后三项都涉及知识的运用。其实，作为复习，一些基本概念学生是背过的，如生产力与生产关系的关系、经济基础与上层建筑的关系、物质与意识的关系、社会存在与社会意识的关系等，但在具体运用或遇到实例时判断就会出错。如何减少错误？在实践中不断感悟、体验是最好的方法。效率是高三最后阶段课堂教学的第一追求，这种“回归与现实”的结合，我认为是提高效率的最佳选择。在这节课上，赵老师常将经济常识、哲学、辩证法等各板块知识打通，这是比较漂亮的，可促使学生知识的“贯通”，若能用例子引导学生将各板块知识打通会更漂亮。

最后，有点建议或质疑。其一，本节课基本是老师“一言堂”，是否可考虑用问题的方式给学生一席之地？可能是为了“赶进度”，但是，有些内容是可以削减的，不一定都要讲，否则就不存在进度问题了。其二，社会主义的特点是公有制（原话我记不清了，大概是这个意思）。但随着改革开放的推进，对一些传统的观点进行了修正，公有制经济不等于社会主义经济。十八大明确说了，公有制经济与私有制经济都是社会主义经济的重要组成部分。

教学内容生活化、趣味化

——本周听课印象

我听了工作室成员两堂课（本来星期四下午还有一堂贺丰老师的课，但因开会，就没有办法听了，很遗憾）：一个是在初一（6）班听了艳秋老师的历史课；一个是在高二（16）班听了承委的政治课。这两堂课讲得都不错，给我留下了非常好的印象，这两堂课有一个共同点，就是教学内容生活化、趣味化。下面分别做简要点评。

先说说艳秋老师的课。艳秋老师毕业于西南大学历史系，好学上进、有思想，上课有激情，虽工作时间不长，但在学生中口碑极好，文字功底也不错。我看中她的潜力，她是唯一由我自主接收的工作室成员。这次她执教的是初一历史课，课题是《宋代的社会生活》。初中历史我不大熟悉，也没有研究过其课标的要求，但从初一学生的年龄特征及认识规律来讲，历史课应把握如下特点：第一，培养学生形象思维，即用实物再现，启发学生想象。初一学生由于知识视野、社会经验的局限，逻辑思维能力相对较弱，所以应以培养学生形象思维为主。第二，内容趣味性。历史本身比较枯燥，如何将枯燥的历史变得有趣，是教师的本事。这就要求教师必须对内容进行调整、处理，让陈述性句子变成问题式、疑问式，让枯燥的史实在加工后变得故事化。有趣了，学生就喜欢了。第三，语言儿童化。初一的学生都才十二三岁，还没学会“伪装”，爱恨分明。儿童化语言亲和力强，学生易于接受。第四，学科性，即体现历史学科的特点。历史有历史学科的特点和要求，不能上成语文课，也不能上成单纯的故事课。那么学科性究竟是什么？通俗地讲，离不开史料，教师要学会从史料中找信息，结论要有据。根据这一特点，我们再看看艳秋老师这节课，基本是做到位的，是一节比较漂亮的课。具体来讲，有如下可取之处：

1. 从观察入手，教材与图片结合，培养学生的观察力、想象力、分析力

用学生比较喜欢而又熟悉的足球（蹴鞠）运动入手，引入新课，激发学生兴趣；通过引导学生观察图中人物及其衣、食、住、行特征，得出自己的结论。学生发言积极，思维非常活跃，说明教师启发到点子上了，激发了学生的创造力。难得！

2. 让教学内容生活化，学用结合，使课堂充满情趣

如在学完衣、食、住、行内容后，设计了一个问题：假如你是生活在北宋时期的一个南方人，朋友从北方来，请你准备一份“食谱”。还有一个问题，假如你生活在宋都临安，你的朋友从北方来，请结合教材，说说你可带他去感受临安的哪些地方。这样将教学内容运用于社会生活，培养学生运用知识的能力，达到了较好的效果。学生不再死读书，而是将书本知识运用于实践。

3. 创设新情境，让学生的综合素质得到有效锻炼

最后提供了一段模仿宋代社会生活的视频，让学生观察、提炼信息。这节课的内容在模仿视频中展示，可以考查学生的观察力、分析力、想象力、创造力及综合分析问题的能力。

此外，教师始终用亲善的目光、温馨的语言激励每一个学生，让学生一直保持激情，同时，渗透一些初一学生能够接受的史识，使学生的情感、价值观在潜移默化中得到滋润。

如果要我谈不足，有些地方太整齐划一了，不知是事先教师的引导，还是巧合。如教师问：如让你们选择服装选择什么？学生齐声回答："时尚！"这种缺乏个性的回答就让人质疑了。

下面再谈谈承委这节课。承委这节课的内容是"走进文化生活"。这节课也是比较成功的课，可以看出授课者是进行了精心的准备。具体来讲，有如下可取之处：

（1）以教材为载体，不是教教材，而是用教材教。我大概看了一下，不是按教材顺序按部就班地进行，而是根据自己的理解，按一定的逻辑性去组织材料，引导学生分析。

（2）教学内容生活化，在活动中解决概念的内涵。这是本节课的一大看点，开头就用自己的实例抛出问题，然后引导学生联系实际，说出自己遇到的问题，这样自然得出本课要解决的问题：什么是落后文化，什么是腐朽文化。

（3）尊重学生个性，在探讨中传递正能量。这节课师生默契，让学生充分发挥主体作用，同时让学生在生活实例中体验得出结论，不是空洞的说教。如关于落后文化和腐朽文化，从具体实例入手分析了其危害。当然也有值得改进的地方：

其一，有些问题还可以引导学生进一步拓展，对学生的回答缺乏及时应便性的总结。这好像是实验班，学生的基础好，完全可以大胆拓展，让学生在更高的层次得到知识的享受。如有一个问题：为什么社会主义国家仍然存在落后文化和腐朽文化？第一个学生不是按教材回答，得到教师的充分肯定，我认为很好。肯定好不好的标准不应该是答案来的地方，而是是否合理、有据。其实学生有的回答就值得商榷，如学生问的经济不够发达与落后文化和腐朽文化是否有必然联系的问题。

其二，对问题探讨要具体，要有针对性，要符合学生实际，否则就达不到探讨的效果。如最后一个探究：请自我设计角色（导演、节目主持人或宣传组织者），针对日常生活中的某一文化现象，设计自己的活动安排，传播正能量，追求真善美，弘扬主旋律。这个探讨题就过大，面太宽，学生会无从着手。

课堂更应成为学生展示的场所

——就今天历史课所做点评

今天下午在高三（24）班听了贺丰老师的课，课题是：中国外交关系的突破。说实话，单从授课者的讲授看，就我这个教授级中学老师也很难挑出原则性的毛病。贺丰老师的知识功底、口才及对教材的理解，问题的剖析等，都得到同行的认可和肯定，且逐渐在形成自己的风格，这是难得的！就本节课而言，有不少值得肯定的亮点，表现在以下方面：

（1）引用了中华人民共和国成立初期，美国政府给了中国政府一封信，中国原封不动地退回的事来说明中华人民共和国成立之初的外交方针。这实际上强调了知识不仅要记住，关键是要会运用。

（2）引导学生从关键词分析其含义。如分析了为什么是“重返”，对上海联合公报里的“认识”，中美建交公报里的“承认”等，也都分析得非常到位。

（3）设计的问题思维含量较高，且注意将学生所学知识有机融入。如亚非拉国家为什么会支持中国，融入了“万隆会议”精神；为什么中国会重返联合国，融入了和平共处五项原则的内容；还有关于“双重代表权”的问题等也都进行了拓宽分析。

（4）充分利用教材，将教材作为“学本”，引导学生“史论结合”。如美国为什么要避开日本来实现中美关系正常化，引导学生看“专题九（160）”，从中得出结论；中国为什么会重返联合国，引导学生看教材89页的内容；中国在国际事务中发挥越来越重要的作用，引导学生看96页表格说明，等等。这些都是将教材作为“学本”的体现，体现了历史学科的特点。

（5）用曲线的方式反映中国近代以来的关系，这是一个创新。有利于对中美关系进行接通式梳理，让学生有一个全景式的了解。

以上都是从教者方面讲值得肯定的地方。但一边听课，我也一边在思考：作为高三第一轮复习，究竟如何上更有效？课堂上究竟主要是教师的表演，还是主要应是学生展示的场所？我的回答是肯定的，应该成为学生展示的场所。当然，这里“展示”的含义，并不只是好看的表演，而是学生理性思考后的个性展示。教师起导演的作用，从中做出评判，对学生好的一面，及时给予肯定；对有误的地方，及时给予纠正；对不完整的地方，引导学生进行补充。上面的亮点，其实多数都可以交给学生去做。如果是这样，学生的思维能力会得到有效培养。学生的问题，教师可以及时发现，及时纠正，这样岂不更好？！在这个基础上，教师可在拓宽、深分析方面下一点功夫，让尖子生吃得更饱，得到更多精神上的享受。因这是国防班，还是可以考虑的。比如：

其一，有关中国在国际事务中发挥越来越重要的作用，除教材上的表格外，还可以从联合国本身的一些规定方面去分析。

其二，中国重返联合国，说明了什么问题（可得出什么结论）？中美关系正常化所体现的中国传统文化的智慧（如求同存异，和而不同）。中日邦交正常化说明了什么？从上海公报、建交公报内容看中美关系的现状及未来如何？等等。这些都是开放性问题，不在得出结论，重在找到结论的依据。当然教师也不可能都进行分析，可以择其一进行引导，达到举一反三的效果。

教师反馈：谢谢庞老师，这节课不足的地方还有很多。因为作业里面正好有一道这样的题，而且错误率非常高，所以我就抛出了这个问题。果然答“同意”的比较多。我就提示结合这道题来思考。因为晚上要讲这个作业的，不是故意忽略的。国际事务这一块，确实是着墨较少的。

课堂教学：要注意理性思维的激活

我在高二（12）班听了英瑜老师的地理课，内容是有关“东亚——日本”。听后的心得总结为一句话：激活学生理性思维，变被动为主动。这可能是我们很多教师应思考的课堂教学问题。从教师的角度看，是没有什么问题的，尽管地理我是外行，但从教者对教材的熟练把握、教学目标的准确制订（事先打出来的）、富有思维力的课堂问题设计等，既可看出教者的学科功力，也可看出他的努力（经过认真思考），且将教材内容与高考方向联系在一起，紧紧把握高考的方向，讲解也很有激情。但学生的反应总是达不到教师的预期目标。向集体提问时好像回答得很热闹，但向个体提问时都不太理想（是否抽的都是掌握得比较差的学生？可也没有发现有人举手啊），是什么原因？究竟是教师的设计出了问题，还是学生的潜能没有调动起来？我认为二者皆有，但主要是学生的潜能没有调动起来。

从教师的角度看，有很多可取之处，反映了教师的理性思考。如开头写出适合的教学目标，让学生心中有数，明确这节课要干什么。设计的每一个问题都有一定的思维含量，且较为灵活。如“根据地图册归纳东西部的差异”“东亚的亚热带季风气候在北界中日韩三地的分布有什么差异”等等。这些都有利于培养学生的分析综合能力，也是高考基本的能力要求。处理过程中，英瑜老师还注意思考方法、解题方法的渗透。这反映教师明确的高考意识、能力意识。

从学生的角度看，显然没有达到教师的预期目标。从内容看，我认为这节课的内容并不难，死记的内容较多。东亚、日本离我们最近，学生也有一些感性的认识，问题的回答也有一些基本规律，基本都是从地形、气候、河流、经济等方面去分析。教师向集体提问时，师生互动较好，一问一答好不热闹，但抽到个体时就卡了，是有意抽的不能回答的学生吗？好像不是，教师仅抽了一个学生，所以看不出问题，也不会引起学生的注意和重视。这样学生基本都是被动接受，学生没有发言的机会，也很少有真正思考的时间（不知是怕进度完成不了，还是对学生不信任）。

解决的办法：用教师的激情激发学生的思维，将教师的理性思想转化为学生的理性思考。具体办法，将教师抽问与学生的自发回答相结合，调动学生积极思考。教师在学生的回答中发现问题，纠正不合理或错误的地方。学生回答问题经过思考后要有要点、有层次地回答，不能不加思索地脱口而出。

课堂上教师应心中有“物”

——就今天听课的点评

今天下午带领工作室成员到高三（2）班听了一节历史复习课，虽然在论坛公告栏里通告了，但并没有口头通知讲课教师本人。我到后授课者感到很突然，加之刚周考完，忙于阅卷，没有做好准备，所以这节课没有达到目标也在情理之中。若跳出课的本身来看对课的要求，或者说这节复习课给我的启示是什么？一言以蔽之：教师应心中有“物”。这里的“物”至少包含三方面的含义。

一、学生

即教师心中有学生。教师要明确学生的基础如何，学生需要什么，这部分知识学生掌握得怎样，欠缺什么，等等，在全面掌握学生情况后采取“三讲三不讲”原则。讲重点，讲难点，通过讲，帮助学生厘清思路，形成知识网络，提升能力。

二、考纲

即教师心中有考纲。这是第二轮复习。第二轮复习应引导学生将书读博，要按考纲要求进行大胆取舍，不能像第一轮复习那样面面俱到，因时间不允许。

三、高考

即教师心中有高考。这里所谓的“有高考”是指教师应把握高考命题规律，了解：高考对本节的要求是什么？是如何考查的？还有什么地方没有涉及？将会有怎样的发展趋势？

这节课的内容是“古代中国的农耕经济”，若按照上面的“物”要求，单从这节课来看，有不少值得改进的地方：

其一，语言及所讲内容都可以大胆“瘦身”。如井田制、古代的土地制度、农业耕作方式等都可以一带而过，没有必要花太多的时间。

其二，重点及难点不是很明确。依我看，如下内容是不能忽视的：古代水利工程与农业发展的关系，丝绸之路的昨天与今天（我认为应是今年的重点），古代商业发展与生产关系的变更，等等。

当然，在课中我也看到一些闪光点。我认为第一闪光点是教师在授课中抛出了有思维含量的问题，且问题是“生存”的，不是事先刻意准备的，表明教者的问题意识。如在讲商业时，教师突然提出了这么一个问题：“古代实行重农抑商政策，但商业为什么一直发展着。”同时教者很坦诚地告诉大家，自己没有思考过，也不能做出完整的回答。爱因斯坦说过，发现一个问题比解决一个问题重要。要让学生发现问题，首先教师自己要会发现问题。

课堂要有中心和灵魂

——就今天所听历史课的点评

今天下午在高三（2）班听了工作室成员周通的历史课。周通来校不久（五年左右），山东人，陕西师大研究生毕业，应该说专业功底不错，情商较高，给人谦谦君子之印象。上次就“什么才算一堂好课”谈了自己的看法，今天谈谈课堂内容的设计。这里只针对课堂内容设计的侧重点谈谈看法。

首先，授课者要明确这节课要解决的中心（核心）问题是什么。中心问题实际上就是本节课的重点内容，也可能是难点内容。所以，正题的引入、所设计的问题、学生的启发、所引材料，甚至设置的悬念等都要为之服务。

其次，要有贯穿整节课的灵魂，这个灵魂是指富有严密逻辑的内在联系，它既是联结中心内容的线，也是师生心灵沟通之魂。教师通过引导，可让学生有身临其境的感觉，让学生置身于当时的场景去分析问题、思考问题，让学生产生“同情似理解”之感受。按这个要求来看看这节课。这节课的主题是“社会主义建设道路的初步探索”。从听课我感觉到，授课者花了不少工夫：尽量拓宽知识面，避免“一言堂”；启发学生回顾并利用所学知识解决问题，等等。具体来讲，有如下可取之处：

第一，开头用问题的形式引入新课，启示学生回顾所学知识，为本节内容服务。设计的问题是：世界现代史有两条线索，即资本主义和社会主义并行发展，同时提到19世纪中期空想社会主义发展为科学的简要过程。这些内容应该说都与本课密切相关。

第二，注意纵横联系，培养学生的发散思维。纵向联系：讲战时共产主义政策时，与革命之前及革命过程中的相关事件相联系。横向联系：讲新经济政策时，联系了中华人民共和国成立之初，允许多种所有制经济并存的原因及作用等。这些都是可取的。

第三，尽量避免“一言堂”，给出时间让学生思考、看书，尽量与学生进行配合。也就是说，在教师的心里还是想突出学生的主体地位。但也有许多值得商榷和改进的地方：

（1）开头的设计很好，但没有达到与灵魂相联系的目的。也就是说，导语与本节内容有些脱节，如果能将这些导语内容引申为“为什么要探索”就好了（因为是新生事物，没有现存模式嘛），而且花的时间过多。

（2）重点内容的内涵挖掘不够，可能学生印象有些模糊。如“战时共产主义政策”是本节的重点内容之一，也是难点内容。其实题目已暗示了，它是“非常时期的非常政策”。“非常时期”说明当时实行这一政策是必需的，既然是“非常政策”就说明不是正常的政策，更不能长期使用。这里的“战时”也暗含“暂时”之意啊！此外，也可以联系中国的人民公社化运动进行横向比较从中说明这一政策的弊端，让学生加深印象，明白其道理。

（3）最好要让学生带着问题去看书，这样会更有针对性。问题要面向全体，尽量让更多的学生参与，教师可从中发现学生的闪光点和失误，从而及时肯定或纠正失误。比较难的问题要适当启发，拓宽学生的思路。

（4）时间安排上不够科学，课堂容量偏小。这节课的重点内容应该是“战时共产主义政策”和“新经济政策”，且后一内容比前一内容更重要。应引用相应材料作为重点进行引导分析。此堂课前一内容整整花了30分钟，讲新经济政策时只剩下10分钟了，所以只好草草收场。

（5）历史离不开材料，用材料说话，可以培养学生“史论结合，论从史出”的基本论证方法。其实“战时共产主义政策”和“新经济政策”都有很多材料可以利用，但这节课却有所忽视。

历史：重在解释，贵在搭桥

——对今天听课的点评

今天上午听了新老师汪荻的课。之前，我谈过一堂课的基本要求及标准，但对一个走上讲台不到一年的新老师，这种要求是不切实际的。那么，新老师应该达到什么程度？基本标准是什么？换句话说，怎样才算合格？在点评之前谈谈我的看法。

谈课之前先要明白“历史”是什么？答案见仁见智。我比较赞同英国史学家卡尔的说法：“历史是历史学家和历史事实之间连续不断的、相互作用的过程，就是现实与过去之间永无休止的对话。”当然，不可能像历史学家那样去要求历史教师，但历史教师离不开对历史的理解和解释。在评课时常有一句话：该堂课讲解概念准确。“准确”就是指教者对概念内涵的理解符合实际、解读到位。听课听什么？“内行听门道，外行听热闹！”专业人员重在看“道”，即看授课者对历史的理解是否准确。这主要通过授课者的解释传达给听课者。通过授课者的解释，可以看出授课者的基础、史识、表达能力及课堂智慧等，所以我说“重在解释”就是这个道理。

其次，会“搭桥”，即帮助学生理解历史。若上面的问题是“道”，这个问题则是“术”（方法）。经验越丰富，搭桥越高明。新老师我们不能用高明去苛求，但要有搭桥意识。从课堂氛围的营造，问题的设计，师生之间的互动等，可以判断一个年轻老师的潜力。所以我说“贵在搭桥”。

按这个标准我们再来看看汪荻这堂课，推测其前景是有潜力的，具备一个优秀教师的基本素养。其依据如下：

（1）电脑出问题，课件不能运用时没有慌张，而是按预设方案有条不紊地进行，说明有处置突发问题的应变能力。

（2）不是照本宣科或“照（教）案宣科”，而是基本脱离讲稿进行上课，这是难得的。不少执教多年的教师都不能脱离教案。说明基础知识不错，这是成为一个优秀教师的前提。

（3）注意引导学生用回顾所学知识来解决新知识。如涉及“大跃进”和“人民公社化”运动时，都能引导学生回顾初中时所涉及的相关内容，然后过渡到本知识点，起到温故而知新的作用。

（4）运用大量图片、原始材料引导学生理解、分析。如讲“大跃进”时，提供了大量图片，生动形象，让学生产生感性认识，加深理解。同时还提供数据材料并结合教材里的图，让学生分析影响，这是让学生形成“史料”意识，培养“史论结合，论从史出”的基本方法。得出结论自然。

如果说（1）（2）反映“道”，（3）（4）则反映了“术”，这就是我结论的依据。当然是否能成为一位优秀的历史教师，还有漫长的路要走，要通过不懈的努力甚至拼搏才会到达理想的彼岸！就这节课而言，也有值得改进的地方：如《课标》准确理解后的拓展运用方面还得加强；历史分析方面“功力”尚显不足，容量太少。部分说法还有待商榷，如“过渡时期就是指新民主主义社会向社会主义社会过渡”“毛泽东《论十大关系》的发表，表明中国开始走中国特色社会主义道路”（大意），可能是口误，毕竟有那么多人听课，以后注意一下就行。

历史是一门科学

——就今天所听历史课略做点评

今天下午在高二（14）班听了贺丰老师的课。贺丰老师是华东师大美国史硕士研究生，专业知识扎实，知识面宽，见解独到，自学能力强，是学校少有的几个读书种子之一。据我所知，他是学校唯一懂多种语言的年轻教师。课上得好，曾参加重庆市课堂技能比赛获二等奖，获黔江区青年教师高效课堂大赛一等奖。他也是学校少有最具研究潜质、最有希望成为学者型优秀教师的年轻人，所以一直引起我的重视，也是我最看好的学员之一。希望他能在研究上多下点功夫，在广博的同时还要注意精深，形成自己的东西。

简单介绍了授课者情况，再谈谈历史课。首先明白历史是什么？“历史”不是对过去了的事的简单再现，不是单纯的故事，更不是小说，历史是一门科学。马克思说：“我们仅仅知道一门唯一的科学，即历史科学。”“科学”就得按科学的要求去对待、去评判，那么作为“科学”的历史课应如何把握？或有什么标准衡量是否科学？这也是一个见仁见智的问题，没有正确的标准。我认为，科学的历史课应有如下特征：

第一，具有逻辑性，即前后事件、问题之间有内在的逻辑联系，结论是通过严谨的逻辑推理得出。

第二，具有趣味性。科学是有魅力的，没有魅力就不可能取得突破性的成就，这个魅力来源于本身的趣味。

第三，循序渐进，即由浅入深、由表及里去引导学生解决问题。

第四，深入浅出，即用通俗易懂的语言表达出来，让学生产生深刻的印象，并且有所“悟”。因我们的对象是学生。

贺丰老师这节课的内容是“欧洲各国的宗教改革”。按以上特征来看，这节课有很多可取的地方，具体表现在：

（1）开头有悬念，结尾有余音。开头将音乐与图片结合，介绍欧洲教堂，引发学生悬念和兴趣，为教学内容讲解做铺垫。结尾从思想、经济及民主三个角度进行了总结，纲举目张，一目了然，让人回味，给人启迪。我们不求对每一个学生都能产生这个作用，但至少对善于思考的学生来讲是有这个作用的。

（2）课堂教学与课外活动结合，教学内容问题化、条理化、形象化。如上课不久，提了一个问题：天主教与基督教有什么区别？教师略加提示。当学生正准备思考的时候，又马上话锋一转，“这不是我们本节课能解决的问题，有兴趣的同学下去查查资料，探究一下”，较好地将课堂与课外结合。整节课基本都是采取“问题式”，一个问题接着一个问题引导学生思考，深入浅出地讲解，用PPT直观形象地展示图片，得出结论自然。又如提问：长期努力如果不成功，是否会产生对上帝的怀疑？引导学生认识到，在欧洲人的心目中，上帝永远是万能的，永远是对的。

（3）充分利用教材，起到“学本”的作用。如涉及欧洲社会生活的时候，指导学生阅读教材相应内容，尽量引导学生产生身临其境的感觉，领会宗教在欧洲产生的影响。

（4）材料引用“精”而“当”。如关于马丁·路德·金的“因信称义”，卡尔文的“先定论”，引用两段非常好的材料来说明，引导学生去分析，既体现历史学科“史论结合，论从史出”的特点，又达到了教学目标。当然，任何人都不可能是万能的，作为一个刚工作几年的年轻人，也会有不足的地方。具体来讲以下方面值得改进：

一是内容偏多，学生难于消化，重点突出不够。二是学生活动的机会较少，基本是老师包办；“老师思维”代替学生思维较多。三是部分问题提出后没有处理好，而是“顾左右而言他”。如曾有这么一个问题：天主教从政治、经济、思想、社会生活对欧洲人产生影响，这种影响好不好？这是一个很好的问题，处理的方式应该有多种：以让学生“知其所以然”的处理方式，引入新的问题悬念，或深入问题，或总结，为下一问题做铺垫等，但遗憾的是他没有涉及就直接转入其他问题了。

历史味：历史课的突出特点及要求

我听了高一历史老师秦雪娇老师的课。雪娇老师是我的学生，2006年以优秀的成绩考入北京师范大学历史系，毕业后回到母校任教，也是目前学校唯一毕业于北师大的教师，现又是我的徒弟，因此对她比较了解，其专业知识较为扎实，是一个有思想、有追求、有潜力的年轻教师。她善于独立思考，虽然我还没有读到她有价值的论文，但从上一次她对一位年轻老师的课（历史）的点评，基本能看出其不错的学力和史识。前不久，在我忙不过来的时候，她又帮我独立命制了一套原创试题（出版社的约稿），质量不错，特别是两个主观题我尤为满意。

关于历史课，怎样才算一堂合格的课？见仁见智，没有放之四海的标准。

但我觉得，作为历史课首先得有“历史味”，这是由学科特点决定的，是历史学科区别于其他学科的地方。什么是“历史味”？就是能反映历史学科的特点和要求。其基本的特点和要求有哪些呢？我想主要应包含如下几个方面：

第一，求真。引导学生要能独立思考、敢于质疑，不人云亦云。

第二，求根。引导学生探求，不仅要知其然，更要知其所以然，即要打破砂锅问到底。

第三，求趣。充分发挥历史学科故事性这一特点，让学生产生兴趣。

第四，求识。通过学习历史要让学生有所“悟”，即发挥历史的“史鉴”功能……按照这一标准，我们再来看看雪娇老师这堂课，应该说确有不少可取的地方，具体表现在：

（1）讲辛亥革命评价时，不是照本宣科讲教材，而是从问题入手“找出教材中评价辛亥革命的关键词，并说说你的理由”，这实际上体现了“求根”和“求识”的要求。

（2）注重概念的准确。如讲述辛亥革命意义中“结束君主专制”的含义时引用准确概念。这是学生最容易犯错的地方。

（3）注重史料的运用，为课堂教学服务。历史离不开材料，这是由学科特点决定的。课前发了相关补充资料，节省了时间，增加了课堂的容量。

（4）大胆探索，打破常规。如讲五四运动，不是采取传统的“先背景（原因），后经过”这个步骤，而是先引导学生回顾比较熟悉的“经过”，然后用这一内容去推导发生的原因。如让学生从五四运动的口号中去发现问题，这无疑是一个创新的举措，值得肯定。教学有法，但课堂无定法，敢于尝试，应予鼓励。但也有值得商榷和改进的地方。

一是关于提问的方式。应想法鼓励让更多的学生参与，每一个问题都是教师指定一个学生回答，这样不好，发现不了学生的问题。问题抛出来后，最好先由学生自由回答，教师从学生的回答中发现问题，然后有针对性地解决，不要一开始就由教师点名。这实际上也是教师是面向全体学生，还是面向个别学生的问题。

二是问题可以进一步推敲，学生回答时的生成问题要重视。如开头的提问，是否可以改为让学生说出对关键词的“理解”，教师再对学生的“理解”进行针对性的解读或提升？学生认为“民主革命包含在近代史中”，此处可能是学生思想的火花，我也很想听听他的解释，但没等学生说教师就全部包办了，应该说是很遗憾的。

三是在“求趣”与“求真”方面还有待进一步加强。如对辛亥革命的评价、对五四运动背景的分析都还有发挥的空间。

生活化：由地理学科特点所决定

我在高二（12）班听了英渝老师的课，但直到现在才得空写评课稿。这两天特别疲倦，连续两天中午都没得休息，听课也是强打精神。之前听课我会一边听一边思考，课怎么上好？好在哪里？局限在哪里？评课稿怎么写？等等。但昨天听课时头脑基本是空白，现在来写又缺乏激情了，但作为导师自己都不能带头，怎么去要求别人？！地理学科应用性强的突出特点，与社会生活息息相关。这一特点决定了教者在执教时，应尽量将书本知识生活化、情节化、条理化和社会化，让学生感受活生生的地理。这也是高考改革发展的方向。文综高考命题一直强调结合时事热点、学以致用。其实，学科学习也不完全是为了高考，高考仅是为学生成长搭建一个平台而已。在学生一生中，高中阶段虽比较短暂，但对学生的影响很大，所以在引导学生掌握基本知识、基本技能的同时，还应培养学生的学科兴趣、基本的学习方法，使之成为他们未来生活的工具，这才是教育的真谛。根据这一标准和要求，我们再来看看英瑜老师的这节课。应该说课上的还是比较成功的。上课之前英瑜老师给我发来信息说由于国庆后要上公开课，不打算上新课只能上一节随堂课（大概意思是想我们不去听），我回答说就听随堂课吧！这确实是一节随堂课，但从这节随堂课我看到了一节真实的课，没有任何做作，自然而顺畅。其可取之处如下：

（1）结合生活环境，做到活学活用。如在引导学生分析长江和塔里木河在开发治理上的区别后，突然问学生黔江（河）与塔里木河有何相似之处？可以看出，教师事先并没有准备，是临时想到的，这反映出教师的自信和不错的专业功底。从学生方面来讲，不但提高了学生的学习兴趣和运用知识的能力，也巧妙进行了热爱家乡的教育。

（2）分析有条有理，注重引导学生“知其所以然”。整节课基本都是用问题的形式展示，且常常用形象的比喻、生动的生活实例突出问题的解答。如提出问题：西南地区水能资源丰富，为什么开发率非常低？

（3）注重方法的总结，从具体上升到一般（规律）。善于总结是一个优秀教师的基本素质，从这一点看，英瑜老师虽然还年轻，但在教学方面正在走向成熟。如关于“为什么中下游适合发展航运”这一问题，其先是从“能不能”“要不要”“是否有价值”等进行多方面具体分析，再总结思考的角度和内容等。

若说还有什么地方值得改进，大概有如下几个方面：

其一，灌输的意味较浓，基本都是以教师为主体和中心。这大概与教师的启发不到点或与教师怀疑学生能力，又担心完成不了教学进度有关，也与学生随着年纪的增长，参与度越低有关。

其二，美国田纳西河的开发和治理是一个较成功的范例。进行了防洪、航运、发电、供水、养鱼、旅游等全面综合开发和管理。这大概可追溯到20世纪30年代罗斯福新政的措施，若将此联系起来引入新课，对于培养学生的发散思维，开阔学生视野，培养学生的综合能力是很有好处的，或许还能起到意想不到的效果。

“史鉴”功能：历史学科所特有的功能

我在高二（10）班听了贺丰老师的课。这是我上午才做出的决定，并没有提前通知他，他也没有看公告。当我们带着凳子去听课的时候，他惊讶地问：“今天要听课？”

从听课情况可看出，备课不充分，没有把握好要领，整整用了一半的时期回顾上节课的内容。这我都能理解，最近他比较忙。出版社约编教辅书，由于我最近太忙，就交给他完成，他是第一次做这个，时间又紧，所以在备课上可能受到一些影响。但能够不慌不忙地讲下去，也可看出其不凡的功底。

这节课的内容是选修《战争与和平》专题五的第三课：高科技条件下的现代战争。这个专题的重点我认为不在战争过程的讲解，而在于学生对战争的认识。通过原因分析，要让学生认识战争的根源、战争的危害，从而自觉抵制战争，维护世界和平，也就是说，发挥“史鉴”功能的作用。具体来说，学生应有如下认识：

（1）地区冲突的重要根源：西方大国插手。了解西方大国无视弱小民族的生存和发展，证明他们所倡导的人权所具有的局限性和虚伪性。

（2）中东冲突的背景，涉及领土问题、历史问题、宗教问题、民族纠纷和边界问题等，反映了冲突的复杂性，学生应认识到和平道路之艰难而漫长，需要世界人民的共同努力。应该在尊重历史和信仰的基础上找共识，建立互信，而强行推行西方价值观只能使问题复杂化。

（3）伊拉克战争是美国绕开联合国发动的，但最后还是回到联合国的框架内解决。一方面说明联合国作为战后国际组织的建立是比较成功的，任何一个国家都不可能超越它而存在；但另一方面又说明，联合国面临挑战，需要改革。

（4）海湾战争是冷战结束后第一场大规模的局部战争，也是第一场真正意义上的现代高科技战争。这场战争引发了战争观念的转变，对传统战争观提出了挑战，在各国引起了巨大震动。如中国对现代战争观的真正认识可能就始于此。学到此学生应认识到科技不仅是第一生产力，还是一个民族生存发展的后盾。

（5）当失去和平的时候才会真正感受到和平之可贵！当失去亲人的时候，才会感受到失去亲人之痛！中东频繁的冲突不知使多少个家庭失去了亲人！不知给多少个无辜平民家庭带来痛苦！所以我们应远离战争，制止战争，维护和平！……

当然这节课也有不少值得肯定的地方，如用图片的形式形象反映以色列与巴基斯坦的变化，最后用视频的方式进行科普：ISIS恐怖组织的形成发展概况，不仅扩展了学生的视野，还反映了教者平时资料准备之丰富。

谈谈历史课之“魂”

我在高一（12）班听了周通老师的一堂课，近段时间特忙，事太多，没能及时写出评课稿，在此特表歉意。

在谈这节课之前，先谈谈历史课之“魂”。“魂”即“灵魂”。灵魂对于人之重要是不言而喻的：有了灵魂，就会有生机与活力；若失去了“灵魂”，就犹如“行尸走肉”。一篇文章，也会有文章之“魂”，否则就是流水账。散文有“形散而神不散”的特点，这“神不散”其实就是散文之“魂”。同样，一堂课也应有一个“魂”，历史课也有历史课之“魂”，所有的教学活动及材料准备都应围绕这个“魂”并为它服务。那么历史课的“魂”究竟是什么？它是一堂课的核心目标，或是要解决的中心问题。历史课的“魂”是根据教学内容与教学目标来确定，当然也要结合班情实际。优秀历史教师的课堂，妙趣横生、引人入胜，看似随意，但在轻松愉悦的氛围中，不仅让学生掌握了知识，还启发了心智。学生创新潜质得到有效开发，实际上就是围绕“魂”精当处理的结果。

说说难免有些空洞，现以周通老师这节课为例，就如何把握历史课之“魂”谈些看法。这节课的内容是“辛亥革命的历史功绩”。这节课的“灵魂”是什么？换一句话说，应该围绕什么中心去选材，去引导学生分析思考？一般认为是“历史功绩”。确定这一中心后，教师就可选择材料或利用学生所学知识，引导学生分析。从“史观”来讲，可以有多种史观进行运用。若用“近代化史观”去分析其功绩，可得出结论：辛亥革命是中国近代发展的里程碑。可用“（民主共和）观念”、“（临时）约法”、“（中华）民国”去印证。若用“社会史观”

去分析，可得出结论：辛亥革命是比较深刻的社会改革。可用称呼、社会习俗、生活习惯的改观做印证。若用整体“史观”去分析，可得出结论：辛亥革命是世界资产阶级民主革命的组成部分，是亚洲民族解放运动高潮的标志之一，等等，这些都是围绕“历史功绩”在展开。为了让学生认识更深刻，训练其历史思维能力，教师常常出一道题让学生辩论，即辛亥革命是成功，还是失败？并说明理由。尽管学生会有不同的观点，但仍然是围绕“灵魂”展开的思想碰撞，在碰撞中发生思想的火花。

从听课情况看，有以下几个问题要引起年轻教师们注意：

（1）开放性问题，重点不在结论，而是得出结论的依据及论证的过程，即依据是否可靠，论证是否严密。依据可以来自教材，可以是教师提供的材料，也可以是所学知识的运用，还可以是大胆合理的推理，等等，不要一味地只依靠教材，甚至变成变相的死记硬背。

（2）开放性的问题回答时要有明确的观点或态度，要么肯定，要么否定，要么以肯定为主，要么以否定为主。也就是说要有所侧重，不能平均用力。

（3）对辛亥革命不宜过多强调其局限性。将“软弱性”和“妥协性”当作辛亥革命失败的原因，这其实是特殊年代“左”的理论的产物。若将这一事件放在当时的背景去考察，孙中山不与袁世凯妥协行吗？除非不顾人民生命，让所有革命者去当炮灰。说辛亥革命没有调动农民而失败。是的，他们是没有调动农民，但他们不是无产阶级革命家啊，为什么要将别人的任务强求于人呢？

（4）不要轻下结论。如果因辛亥革命失败就得出资产阶级不可能领导中国革命成功这种结论，这是不严密的。若作为政治上的教育需要是可以理解的，但作为历史就不严密了。历史有其特殊性，不能用特殊的一个例子得出带有普遍性的结论。如朱元璋是农民，是否可得出农民领导革命能成功的结论？洪秀全也是农民，是否可得出农民起义不可能成功的结论？究竟相信哪一个结论？历史问题是复杂的，不能将复杂问题简单化。

上面是针对发现的问题所谈，以引起年轻教师的注意。就周通这节课来讲，还是有很多可取之处，较前相比，大有进步。如注意与学生的双边活动，注意引发学生对问题的思考，注重概念的准确性，等等，都是值得肯定的，这里就不一一列举了。

听课后的闲聊

工作室在高二（22）班听了一节晓华老师的政治课，但随后准备月考试题、组卷、审读《百年黔中》第8期等，一直拖到今天才有时间提笔，为此，特表歉意！我与晓华多次合作，他是班主任，我是科主任，他也算是我的“老上级”了，也就是说，近几年，我真正的直接领导，多数时间是晓华。晓华老师是一个组织能力强，智商和情商都非常高、能讨各方人士喜欢的“年轻人”（心理年龄），虽然我经常成为他戏谑的对象，但我们合作很愉快。他是一个值得信赖的人，在学生中的威信很高。他的民主平等式的管理模式拉近了与学生的距离，孩子们都亲热地称他为他“晓华哥”，（据讲，他那聪明漂亮的丫头偶尔也称他“晓华哥”，我没有听到过，但我见过丫头桌子上的名言：老爸是天下第一帅哥！可见他在女儿心中的地位。这是他做父亲成功之地方，也是他最值得骄傲的地方。）这实在让我“妒忌羡慕恨啊”！

上面谈了这么多，该言归正传了。来看看晓华老师这节课。这节课的内容是评讲试卷。评讲试卷常常被老师们忽视。若准备去听课，上课者常常会说，我是评讲试卷，听课者因此而打退堂鼓。其实，评讲试卷最值得听。一堂高质量的试卷评讲，是要花一番功夫的，从某种程度上说，一节试卷评讲课，既能反映一个教师的教学思想（方法），也能反映其综合性的专业素养。在点评这节课之前，先谈谈我对一节高效试卷讲评课的看法。换一句话说也就是试卷评讲该讲什么？有什么原则和标准？一节高效的讲评课，我认为要达到“三动”，即形动（课堂上学生动起来）、心动（思维动起来）、神动（思想动起来）。基本标准要达到厚积知识、破疑解难、方法优化、能力提高、学习高效、心情舒畅。因此，“三讲三不讲”的原则仍然适合试卷讲评课。根据这一原则和标准我们再来看看晓华老师这节课有哪些可取的地方。

（1）针对性强，提高了效率，节省了时间。如客观题课前进行了详细统计，只对学生错得较多的5道题进行了讲评，即1，3，4，7，8题，其余的一带而过。

（2）注重错因分析，师生合作较为顺畅。在讲客观题的过程中，针对学生出现的错误进行提示性反问、启发，引起学生的思考和注意；让学生充分发表意见、争辩，在争辩中明确问题的指向，领悟问题的实质，做出正确的判断；发散了学生的思维，活跃了课堂，让学生在轻松愉悦的氛围中掌握了知识，提升了能力。如试卷第1题，教师开头就问：怎么创新？在学生回答的基础上，不断追问，直到解决。

（3）主观题注重答题方法、思路的引导，授人以渔。如第13题（原题我记不得了），学生最大的问题是审题失误，漏答。此题是一问两答，多数学生搞成一问一答了。题意要求学生对“偏好”进行准确的归纳，“影响”的本意是偏好导致的影响，不是所有读书的影响。学生在积极方面答得较多，消极方面普遍漏答。针对这些问题，教师不是忙于给答案，而是启发性地追问，让学生去感悟、思考、体会，让学生自己得出答案，明白自己错在什么地方，再出现类似的问题怎么解决，应注意些什么，等等。

（4）将思想教育孕育于问题解析之中，没有别扭的政治标签，“润物细无声”。如第15题，依据材料运用“文化生活”弘扬民族精神相关知识，分析说明国人在培植“创客文化”过程中怎样才能彰显中国气派。通过问题的分析，学生可以深切感受弘扬民族精神之可贵，同时又可理性认识到存在的问题。以上都是值得肯定的地方，但本节课也有值得商榷的地方，特提出以供参考：

其一，对错得比较多的问题，是否可以让出错的学生自己说说想法（原来是怎么想的？为什么选这个？现在是怎么想的？能否做出正确解释），这样可能更有利于了解学生的情况，解决问题会更有针对性（因学生有可能还想不通）。实验班，我认为重点不再让学生知其然，而是让其知其所以然。这样会有利于学生形成研究问题、反思问题的习惯。

其二，部分问题的解答不够流畅，缺乏深入的分析和外延的拓展，可能有相当部分学生并没有真正地明朗。如第3题，此题是组合题，难度较大，选项之间较为模糊。解答此题的关键是学生对材料“三日不读书，照镜则面目可憎，对人则语言无味”含义的准确理解。然后教师可引导学生建立材料与所学知识之间的联系（我没有抄下原题，时间长了想不起来了，课堂上我有一些思考，可以引用一些相关事例作旁证进行说明）。

其三，是否可以考虑就地取材，以实现班上的资源共享、优势互补。如第14题，学生得分最高。这应该是一个半开放性的问题，但据晓华在评讲时讲，此题也存在答题啰唆、内容累赘的弊端。我估计还存在千篇一律、缺乏个性的弊端。解决这样的问题我认为最好的办法是展示语言精练、答题完整、有个性学生的答案，这既是对学生创新的激励和肯定，也使学生有了模仿学习的样板。（此题我估计定有答复漂亮的学生）

其四，作为实验班，要在新的高考形势下取得突破，重点不在教师讲多少，而在教师是否会引导学生学会学习，学会思考，学会提问，学会研究。如对比较典型的题，可以引导学生分析此题设计的目的是什么（如命题者的意图、能力等），此题还可以用什么形势命题，命题的侧重点及答案有什么变化，高考在此处是怎么考的，再次出现的可能性在什么地方，应如何对付，等等。

通俗、准确、逻辑：历史课堂的基本要求

——就今天听课所想到的

上次听了艳秋老师的课后，我谈了关于高一历史课过渡衔接的问题。我在高一（12）班听了周通的课，也存在同样的问题。我边听边想，究竟如何才能完成《课程标准》（以下简称《课标》）所赋予的任务，符合高一学生的实际和要求？突然，大脑里冒出3个词语：通俗、准确、逻辑。这是我对高一历史课基本要求的概括。下面做简要阐释。

“通俗”，就是借用各种方法，用学生容易懂的语言深入浅出地表达出来。可用比喻的方式，可用对比的方式，也可借用文字内涵去分析概括，等等。这样学生易理解，可调动他们学习历史的兴趣，起到活跃思维的作用。“通俗”是应让学生感受到语言的魅力，应让学生尽量使用书面语言，不能将“通俗”变成“粗俗”，更不能将脏话带到教室，这样就不是“通俗”，而是“下流”。以今天这节课为例，古代选官制度的变化，对高一学生来说，有些内容比较陌生，也不大好懂。我观察了一下，不少学生虽然认真听了，其实并没有理解，表现有些茫然。其实，若用通俗的语言表达出来，学生是不难理解的。如关于察举制（察，考察；举，推荐），就是通过地方官考察然后推荐给朝廷为官的制度。又如科举制（科，指考试科目；举，指选拔人才），顾名思义，就是设置科目，通过考试选拔人才的制度。这样借用文字含义的分析入手，然后再结合史实或联系所学知识，分析为什么出现这种制度，这种制度是如何实行的，有何作用等逐一延伸开去，学生是不难理解的。

“准确”，就是引导学生搞清概念的内涵，特别是相关概念之间的区别及联系，引导学生去分析辨别，不能想当然。有时要借助一些史料进行说明，既可加深学生对概念的理解，也是对“史论结合，论从史出”基本历史思维的培养。如本节课涉及世官制、察举制和科举制三个选官制度，就可以用列表对比的方法让学生全面掌握其区别及内在联系。在准确理解的基础上，让学生用自己的语言表达出来，不要机械背诵教材定义。同样，对概念的评判也必须是在准确理解基础上的分析。如关于科举制的局限问题，教师给出的答案是：考试科目及内容，大都不出儒家经义的范围，被选拔的多是缺乏进取精神和创新意识的人。我不知这是出自教材，还是出自某资料，或是教师的原创。如果仔细分析，这一结论是不够准确的。根据所学知识可知，科举制的科目较多，其中最重要的是明经和进

士，内容不出儒家经义范围，主要指明经科，笼统回答科举制的局限是不恰当的。“缺乏进取精神和创新意识”是不合实际的，从某种意义上说，参加科举考试本身就是一种进取精神的表现。历史上很多杰出人士，大多是科举出身，创新意识、创新能力都很强，如唐宋时代的八大家，北宋著名科学家沈括，明末宋应星等都是科举出身。从科举制本身来讲，弊端的显现主要是在明清时代实行八股取士，不准自由发挥，严重束缚了读书人的思想。那么科举制真正的局限在什么地方？一是加剧了整个封建时代重人文、轻自然（科学）的倾向，人们在自然科学方面的才能得不到社会的认可，发挥不了作用，甚至遭到扼杀。二是选拔人才的方式比较单一，有重（人文）理论、忽视实用性知识的弊端，可能出现“高分低能”的现象。因分数高未必就一定能力强，未必一定会做官。

“逻辑”，指课堂上要注意引导学生厘清概念之间的内在联系，引导学生探究“为什么”，让学生“知其所以然”。这既是高中学生思维的特点和兴趣所在，也是《课标》对高中学生的基本能力要求。就本课而言，要引导学生厘清世官制—察举制—科举制三者之间的内在联系。在察举制之前，秦到汉初推行过“军功制”，但“军功制”在和平年代是无法推行的，且统治阶级要保证自己的江山永存，必须想法扩大统治基础。这样，察举制就应运而生。察举制在西汉前期是比较正规的，在巩固政权、促进封建社会繁荣方面也发挥了重要作用，但后来变了味，被世家大族所垄断，形成了士族特权，这样察举制就演变为九品中正制。九品中正制是特殊环境下的产物（某种程度上是曹氏政权与豪强势力妥协的结果），这就注定了这一制度是没有生命力的，新政权（隋朝）诞生后，也得考虑如何扩大统治基础的问题，只有将优秀人才吸引到自己的政权中来，才是长远之计，这样，科举制也就应运而生。其中重点是察举制和科举制，特别是科举制，在中国古代实行的时间长，影响大，应作为重点掌握，应让学生明白为什么会出现科举制（背景）。教师通过分析，可让学生明白科举制的出现，是多种因素综合作用的结果，是历史发展的必然，是社会进步的表现，从中掌握一些基本的分析问题方法。当然，由于教材本身的局限，完全靠学生自行解决是有困难的，这就需要教师帮助搭桥，借助学生初中所学知识及教师必要的讲解，帮助学生理解，引导学生分析。然后厘清科举制发展历程（线索），每一过程的内容、原因及内在联系等。最后分析科举制的作用及影响。可借助相关材料，尽量让学生去独立思考。教材上有的要让学生说说他的理解，并能说明为什么。这样学生才会真正地掌握，才会将教材知识转化成自己的知识结构，并转化成能力。

当然，周通这节课也有许多值得肯定的地方，也不可否认这学期来其所表现出来的较大进步和进取精神，之前在我的点评里多次提到过，这里就不再重复了。

效率和容量：高三课堂的考量

我在高三（28）班听了密林老师的政治课。政治不是我的专业，因此不能从专业的角度进行有价值的点评。听课中我一边听课，一边在思考如何看待高三课堂的问题，即高三课堂究竟应以什么为标准衡量（才算一堂优秀的课堂）？

我的回答是：效率和容量。我是从高三的任务和学生的短期目标得出的结论。从长远来说应该是素质，但我们都生活在现实之中，这是中国的国情，也是学生的实情。所谓效率，是指课堂时间的充分利用，实现课堂效率最大化，在有限时间内尽量多地解决学生的短板。"容量"是指在学生能够接收的前提下内容要尽可能地多。也就是说要尽量解决学生不知道的问题、疑难问题、易混淆的问题、重点的问题等。也许密林是想展示一下他的新课改理念让我看，所以在这一点上有所忽略。如开头要求学生合上书和资料整理知识结构，整整用了15分钟。当然，从素质的角度讲，理念不错，迫使学生看书和思考问题，有利于尖子生的成长；将课堂还给学生，充分体现学生的主体地位，有利于学生知识网络的形成，等等。但对时间非常紧张的高三课堂来讲，就值得商榷了，就不可取了，因高三学生有很多问题要解决，尤其是答题的技巧、概念的准确把握、处理材料的能力等都亟待提高，需要教师帮助他们去解决。点（难点、错点、重点）是解决的关键，结构问题可以放在课外整理，或将时间缩短。最后，教师也没有检查，是不是学生都落实了？不得而知。

另外，教师要求学生背高频考点，以上两个问题用去了25分钟。其实没有必要花时间让学生背，只要学生知道就行，重点应放在学生对这些高频考点的深入把握上，可设计情境、问题或易混点让学生去分析辨析。这比背效果好得多，关键是学生要会运用、会做，借邓小平一句话：会考才是硬道理！我看教师都是从宏观上去要求学生，其实微观更重要。总之，重点不在了解为什么重要，而在如何把握（会运用）。

当然，这节课也有很多亮点（主要在后15分钟）：

其一，注重概念的辨析（准确把握），如对矛盾是推动社会运动的根本动力与阶级斗争是推动阶级社会发展的动力的区别，人民群众是创造历史的源泉等概念的辨析。

其二，举例解决哲学观点问题，如经济体制改革与政治体制改革是属于什么规律等。如果能举更多易错典型例子，学生就能更好把握了。

其三，注意引导学生“知其所以然”。如对社会主义时期的矛盾为什么用改革来解决，关于人生价值的实现取决于什么，等等，都得到了较好地处理。

教师反馈：谢谢庞老师的教诲，我也在不断探索究竟采取哪种方式更能实现教学的有效性。

心灵的震撼　前进的心灯

我听了艳秋老师“中国人、民族魂”一课，如果让我用一句话来概括就是：心灵的震撼，前进的心灯！我听了无数课，但能给听众如此大心灵震撼的课，实不多见！整节课我的泪水都在眼眶里打转，全班女同学的眼眶都是红红的，艳秋老师自己也曾多次掉泪，这并不是她有意煽情，而是真情的自然流露。开头用时事热点，纪念反法西斯战争胜利70周年，播放视频，引领学生回顾70年前那场战争给民族带来的灾难，一幅幅惨不忍睹的国耻照片，使每一个听者都感受到心灵之痛，心情之沉重。历史是用史实说话的，为了印证这场灾难的可靠性，教者引用了两个外国见证人的日记（不是中国人，会更客观、更真实），即日本人东朗的日记和一个德国人的日记。在整个课堂处于非常压抑沉重的时候，教师话题一转：希望在哪里？谁是我们的希望？改变民族的命运靠谁？学生们肯定地回答：靠自己！这样，很自然地将课引入第二篇章——中华儿女共赴国难。然后，分别提供学生、农民、知识分子（史学家、音乐家）、国民党、共产党等例子，旨在说明，抗战胜利是所有中华儿女共同抗争的结果。教者提供了几个非常具有感染力的细节：让女生集体朗读赵一曼临死前给儿子的信；让男生集体朗读王建党给儿子的信，这一细节将整个课堂推向了高潮。

英国史学家卡尔说：“历史是现在与过去之间永无休止的对话。”当读了赵一曼给儿子的信后，教师有意回到现实，并提醒女生：“同学们，若干年后你们也会成为母亲，那时再读这封信，其感受是不同的。我现在也是年轻的母亲，母子之情只有做了母亲的人才会感受到……”通过父亲的信，反映一个普通人为了民族、国家的命运舍小家的动人情景，让学生感受到伟大的父爱，使学生从心灵深处认识到“天下兴亡，匹夫有责”的道理。同时，又提供了军人代表张自忠将军给部队的遗言，在引导学生分析后，打出欢庆胜利的激动人心场面，并让学生齐唱陈歌辛的《恭喜—恭喜》歌，让学生分享抗战胜利之乐。

当学生处于轻松娱乐的氛围之时，教者话题又一转，引导学生进行理性思考胜利之后怎么办，让学生明确要铭记历史！铭记什么？为什么铭记？教师引导学生回顾国庆阅兵，并播放中央电视台的公益广告，一个老兵的话："我87岁了，只要我活着的时候，我每年都来看你。"教师向学生反问道："老人百年之后，谁去？"学生自然地回答：我们去！这是学生发自内心的回答，是他们心灵的真诚呼唤，是他们前进的心灯！

——铭记英雄，守护忠诚；铭记历史，为了明天更好！

学生应是置身其中的参与者，不应成为旁观者

——就今天政治课所做点评

按事先的安排，今天下午听了工作室成员刘承委老师的政治课。承委老师从东北师大国际政治专业本科毕业，并非学的教育专业。从这个角度讲，不是"科班"出身，来黔江中学四年，送了一届高三毕业生。说实话，原来并没有引起我的重视，这次安排进我的工作室，直到看了他的课堂教学点评及开会时的发言才引起我的重视。他是一个有思想，爱读书，文笔也不错且很有实力的"潜力股"。希望他能坚持下去，相信他定会到达理想的彼岸！我期待着这一天。下面谈谈这节课。

首先，黑板上写出的标题是"价值判断和价值选择"，我看了一眼学生的教材，好像教材上并没有这个标题，说明他是打破教材体系的独立思考，并不拘泥于教材，这是我说他有思想的见证。没有思想的教师不可能成为真正的优秀教师，可见承委老师具有优秀教师的潜质。

其次，从课件所显示的内容看，设计严密、图文并茂、形象生动。开头将自学任务打在上面，让学生明确任务；用歌曲《学习雷锋好榜样》引入，营造温馨的氛围。接着提问：雷锋精神过时了吗？引起学生的悬念。然后一环扣一环解决"自学任务"。课上很多内容并不是书上现存的，而是来自社会现实的运用，结论大多不是枯燥的说教，而是循循善诱后的自然总结。如关于"扶"与"不扶"为什么会发生变化，教者以人们对动物的态度，人口的变化为例，很自然地得出结论，做到了教材是学本，用教材教，而不是教教材。这点我很欣赏。

但也有值得商榷的地方，我认为最值得商榷的地方，就是师生在课堂上身份的确定，也就是说用什么角色参与其中。作为政治课，不仅是教给学生相应的政治知识，还应承担教化的功能，即情感、价值观的渗透。渗透不应用说教的方式，而应"润物细无声"。如何才能达到？我觉得最好的方式就是引导学生置身

其中，让师生成为当事人参与讨论，这节课的内容本身就是“价值判断与价值选择”，更是实现这一目标的最好课题。但总观这节课，学生基本都是旁观者的身份，因此难免有道德说教之嫌。如有人摔倒了，你会怎么想，会做出什么行为；“扶”与“不扶”为什么会发生上述变化；小悦悦事件；“雷锋精神过时论”的原因，等等，都可以在教师引导下，让学生置身其中自由讨论、自由发言，让学生说真话，然后教师再对学生的观点、“错误”进行引导（当然在现有的社会现实面前有一定的难度），让学生（至少一部分）产生正确的价值观，做出正确的选择，让学生心服。

最后，课堂上要有激情，教师要用激情去增强课堂的感染力，从而达到教学的目的。这节课的内容设计非常好，但我觉得没有达到教者的预期目标，很大程度上就是因为教师缺乏激情导致时有冷场所致。当然这与性格有关，可以试着改变自己，性格也是可以改变的。

教师反馈：我平时上课还眉飞色舞的，别人来听课就“规矩”起来。语言方面比较匮乏，对学生的带动还要加强，尤其是以这种“情感、价值观教育”为主要教学目标时要让学生感同身受，这一点本节课做得欠缺。

学习历史的层次及其运用

今天下午在高一（12）班听了雪娇老师的课，点评前先谈谈历史学习的层次。我常讲，学习历史有3个层次：

第一个层次是“知道是什么”，即要“知其然”。在教学过程中，一是要引导学生弄清历史概念的内涵，明白其意义；二是要引导学生弄清其外延，即相关概念之间的差别及联系。高考试题中的选择题，多需要这样分析。其问题主要表现为：主要是……，其特点是……，反映了……，等等。材料题的第一问也常常是回答“是什么”的问题。

第二个层次是“回答为什么”，即要“知其所以然”。我们常说，历史重点不在于结论，而在于结论的依据。在教学过程中，教师要引导学生“史论结合”分析问题，要有意培养学生的问题意识、证据意识。胡适先生说过：“有一分史料说一分话。”就是这个道理。这是由历史学科的特点决定的，是历史学科区别于其他学科所独有的，也能反映学生历史思维能力层次的高低。历史问题是复杂的，常常是多种因素综合作用的结果，因此，应将之还原到具体的历史环境中去分析。在具体分析时，要注意如下弊端：一是将复杂问题简单化；二是用今天的标准和要求去判断苛求古人；三是思维定式，用传统的习惯或标准去衡量，不知变通。在高考主观性试题中常出现此问题，如“试根据材料信息（或结合所学知识）分析其原因（或说明理由）”。这类问题的分值一般较高，是拉开学生档次、反映学生思维能力的问题，应引起教师们的重视。

第三个层次是“还有什么？”，即通过学习历史“悟”到了什么？这也是历史学科所特有的特点，即“史鉴”功能。在主观性试题里表现为：得到什么启示，从中说明什么问题，等等。

我们按这个标准来看看雪娇老师这节课。首先，应该说基本是成功的。这节课讲的是“现代经济结构的变动”，但教师只涉及民族资本主义的萎缩阶段和破产阶段，然后重点分析了民族资本主义发展的影响因素及判断，也就是说这节课带有总结性质。第一个层次体现得较少，重点放在第二个层次的分析上，每一个问题都引导学生去分析原因。设计的问题有：民族资本主义为什么会萎缩（破产）？分析地图册上的示意图，每条线所代表的经济成分是什么？判断理由并画出洋务经济和官僚资本主义经济的示意图，分析影响民族资本主义发展的因素。对这些问题的分析教师都尽量结合所学知识调动学生的思维去全面分析，充分利用学生的现存资料，如教材、地图册等，并不是死背书本。最大亮点是利用曲线图来分析问题，这是最容易忽视的地方。

其次，注意发挥“史鉴”功能的作用。结束时提出一个问题：近代民族资本主义的发展为今天提供了什么经验和启示？但是因为时间太短，这个问题没有得到很好的解决，课堂就匆忙结束。此外，学生的问题也没有得到解决，如有个学生说的启示是“培养创新能力，防止外资”，不知是教师没有听到，还是没有时间处理了。但有个学生得到的启示是“加强改革开放”就得到了及时回应，这很好。再看，给人感觉问题偏多，真正交给学生分析的时间较少，多数是教师思维代替了学生思维。

教师反馈：谢谢庞老师！“培养创新能力，防止外资”这个问题我的确是没有听到。关于启示的问题下节课可能还得花10分钟左右的时间分析和总结。一节课到底应该设计多少个问题，这个标准该怎样衡量，我到现在还是没有办法把握清楚。还有，一节课中该怎样才能更好地把学生思维调动起来，而不是由我去代替呢？

导师回应：一节课的时间较短，只有40分钟，搞2～3个问题比较适宜。但问题难度要根据班级实际，不能太难，也不能太简单。关于学生思维的调动问题，可先引导学生掌握回答问题的基本方法，即思维的方向，以及从哪些方面去思考。其次，大胆让学生说，说多少不论，没有说到的，后面的同学可及时补充，但要求每一个学生认真听别人说。这样大家一齐努力，就会逐渐完善答案。最后，教师也要认真听学生的回答，正确的给以肯定，错误的及时纠正，并说明错的原因或错在哪里及为什么。

学习哲学三境界：生活化、哲理化、理性化

2015年11月17日下午，听了一节承委老师的课，内容涉及哲学与世界观、哲学与方法论以及哲学与科学的关系。因中午有事没有按时休息，待我醒来已经上课了，开头几分钟没有听到。评课之前先谈谈我对学习哲学的认识。哲学是一门比较抽象的学问，也是一门聪明人的学问，世界上绝顶聪明的人多数都是哲学家，如中国的老子、孔子、孟子、荀子、庄子，古希腊的苏格拉底、柏拉图、亚里士多德，近现代的黑格尔、培根、罗素、马克思、恩格斯、爱因斯坦，等等。一个伟人说过这样的话，一个真正伟大的科学家，也一定是一个哲学家。前中科大校长说过，当物理学家千辛万苦爬到山顶时，佛学大师早在哪里等候多时了……最后物理学大师也感觉自己成了哲学大师。哲学是从具体科学中抽象概括而来，是以具体科学的发展为基础的，具体科学也需要哲学的指导。

因哲学比较抽象，学生难以理解，我认为学哲学应该有“三境界”，即生活化、哲理化、理性化。尽管高三是以升学为最大追求目标，但高中教育还有一功能，为学生未来发展奠基！而达到这个境界，对高考也是有利的。因为全国卷强调独立思考，注重考查学生运用知识的能力。下面先简要阐释“三境界”的特点及要求。

“生活化”，即联系学生熟悉的生活实际，用通俗生动的语言深入浅出地表达抽象的哲学概念（原理），让学生感受到哲学离我们并不遥远，并不是那么高不可攀，从而从心理上产生亲切感（而不是恐惧）。当然，我们所说的生活化，在联系生活实例时，必须是健康向上的积极的东西，要充满正能量，不能用低级趣味的东西去迎合部分学生的从众心理。

“哲理化”，即让学生明白，哲学存在于生活之中，社会生活中处处有哲学。教师要引导学生用哲学思维去观察问题、思考问题、分析问题和解决问题。哲理是一种智慧，是一种生活的态度和习惯。哲理化的语言是智慧的语言，哲理化分析会让人眼前一亮，什么困难、失意、不公都会报以淡淡一笑！说白了，哲理化就是在掌握知识的同时，对学生产生潜移默化的影响，使其形成积极的人生态度。

“理性化”，即表现为独立思考、批判精神、敢于质疑。课堂上理性化的要求，从教师角度讲，是要善于创设环境，提出有思考力的问题，善于调动学生积极思考，等等。从学生层面讲，是要有个性地思考和回答，而不是整齐划一地回答；思考后要说出自己的看法，而不是随声附和；要敢于提出不同看法，敢于质疑书上或老师的结论（哪怕是错的），等等。

按以上标准我们来看看承委老师的这节课。“生活化”这一点做得还不错，关于哲学与世界观的关系、哲学与方法论的关系以及哲学与科学的关系等，都紧紧联系生活实际，尽量让枯燥的哲学概念（原理）生活化。“哲理化”方面相对差一点。不可否认，承委老师自身的思想素质很好，在他身上随时都充满了正能量，可以给学生以良好的影响。但要从哲理化的语言去影响学生的话，还要在知识视野上不断拓宽自己。“理性化”方面则又次之。承委自己的理性思维是不错的，如何将自己的理性思考和方法传授给学生，应是今后努力的一个方向。最突出的表现，课堂上很多问题学生基本上不思考就回答了，且回答得非常整齐，我再一看，多数时间学生是照着书在读，学生回答基本是一次性成功（一个人），没有补充，更无反对意见。

学校要改革，但改革必须与学校实际相结合

今天开行政会，通知我参加，我还以为是听课，原来是介绍有关翻转课堂与微课程，主要由这次外出的高孟菊老师介绍，随行人员补充。我第一个补充发言，因是即席发言，具体怎么说的，已记不准确了，归纳起来大概有如下内容：

第一，翻转课堂与微课程，是课堂教学的一场革命，是世界的发展潮流，也是中国课堂教育改革的趋势。

第二，翻转课堂对我们来说还是新事物，不是很了解，尽管我们听了，但要给大家讲懂，还是很困难的，操作起来更困难。因此，应该派相应人员（领导及老师）到国内搞得比较好的学校去深入了解和学习，然后推行。

第三，不宜立刻全面推行，应该先进行试点，如实验班可以先推行，成功后逐渐推行。

第四，要全面推行，我们的教师、学生、学校环境都不具备其条件。因翻转课堂主要是学校解决不了的问题在家里解决，家里解决不了的问题变成学校解决，需要我们的学生有这样的素质。

第五，我还是坚持我的观点：一个成功的教师，是将教育当成自己的事业

（而不是职业），如此才会认真备课，认真看书充电，提高自己的文化修养。斯如此，不“翻转”课堂，教学效率也会提高，若腹内空空，不读书，翻转得如孙悟空，也是空的。当然，教师也会职业倦怠，学校的任务是为教师提供各种发挥特长的平台，制定鼓励机制，让有理想的教师不断奋斗、执着追求、不懈努力，这才是解决问题的根本。本学期制定了相关政策，是一个扭转风气的契机，为此我还专门就教研部分写了我的看法及建议，但实质部分基本都没有采纳，让我很失望！

要教知识，更要教方法

——对历史二轮复习的一点看法

我在高三（14）班听了贺丰老师的一堂课，先不忙谈这堂课，先谈谈关于二轮复习的一点看法。离高考只有两个多月了，学生急，老师也急。在分数决定一切的应试体制下，如何用最少的时间获得最大的收益，是二轮复习追求的目标。考虑到历史学科的特点、高考的要求及教材本身的弊端，也考虑到这个阶段学生都比较疲劳，传统讲授的方法虽是必要的，但更多的应是引导学生思考，让学生纠错，最大限度地让学生认识高考、把握高考。为此，我认为二轮复习应把握好如下几个方面：

一、帮助学生形成通史体系

教材是专题式，将一个完整的内容搞得支离破碎；而考试，特别是主观题基本是以通史的面貌出现。如果第一轮复习采取通史的体系，可以在通史体系中渗透小专题，纵横联系让学生形成知识网络（我了解到很多名牌学校及一些有经验的特级教师，基本不搞专题复习，也不搞什么二轮复习，肯定是有道理的），把握其阶段特征。其方法可以是教师串讲，也可以提供内容让学生看（根据学生实际，如国防班可以让学生看的，若是普通班，教师讲好）。

二、帮助学生走出知识的误区

学生之所以出错，很多是因为概念内涵及外延的理解上出了问题。有些是属于知识迁移问题，有些是属于运用方面的问题，等等。教师课前应心里有底，在课堂上应有针对性地讲解，或有意让学生出错（试错法），以及时纠正。信息怎么来？可从学生过去的作业、考试或提问中了解。

三、帮助学生提升认识的层次

考试大纲明确提出，历史不是考查学生记忆的多少，而是考查学生“史实”认识的层次以及信息提取及解决问题的能力等，因此，教师应尽可能提供材料、设置新情境让学生进行判断，学会运用所学知识去解决问题。

四、尽可能引导学生领悟高考、认识高考、研究高考、把握高考

把握高考是最终目的。全国卷难度大，但有自身的特点和规律，要想让学生立于不败之地，只有循序渐进地领着学生去感悟它、认识它、研究它，才会真正地把握它。研究高考最佳的办法是研究高考题。让学生认识本章内容中出现过的高考题，这既是让学生领悟，也是让学生认识。在此基础上，教师再分析为什么（考查什么？达到什么目的？），此题能否进行变式训练（变换一个角度或方式进行考查），本章还有哪些方面（考点）值得注意，能否从新的角度设计一道题（或引用比较好的模拟题）让学生得到训练，等等。

对照以上方面，我们再看看贺丰老师的课有哪些可取之处，哪些方面还值得改进。

其一，开头用提纲的形式罗列知识点，中途用PPT展示出本节课的整体认知及史实梳理等，都是用“通史+小专题”的方式呈现，实际上是在帮助学生形成知识网络。但这一点可以布置学生在课外看，一是节省时间，二是作为国防班，多数学生基础是比较好的。教师的主要功夫应用于纠正学生在这部分可能出现的错误，或认识上的误区。

其二，引导学生独立思考、批判性使用资料。如关于“思想解放潮流”这个考点，教师提出了一个问题：我们讲过，但考纲哪一点没有涉及？在对学生的回答进行纠正后，教师指出：鸦片战争时期的新思想，考纲上没有。这一问题其实是在引导学生分析考点、研究高考，也是在教方法。又如资料上有一句话，“国际关系由以欧洲为中心到向两侧转移的变化”。显然这句话是不严谨的。教师明确指出，若单对中国来说有道理，但对于近代国际关系来说就不准确了。这一点反映了教师有着严密的批判性思维，对资料是有鉴别的。关于第一个问题，如果能引导学生进一步分析，从考纲的变化中揭示问题的实质，从中探测命题的走向则更好。第二个问题，如果由学生去思考、回答，教师点拨，对培养学生的发散性思维是很有好处的。

其三，这部分高考题（全国卷）较多，如果选择有思维含量、容易混淆的题作引子，引导学生分析，从中发现问题、纠正问题，并进行深化，效果可能会更好，更有针对性。其实这也是在引导学生感悟高考、认识高考、研究高考。当然，教师在结束的时候也引了一道上海单科试题，此题的思维含量较高，对培养

学生思维的灵活性还是很有作用的。

其四，任何时候都要体现学生的中心地位。这个中心并不一定是要学生说得多，课堂表面上的活跃度高，而是处处从学生角度着想，如学生的问题发现了多少？学生从史实中感悟了多少？学生的思维是积极主动的，还是被动地跟着感觉走（老师牵着走）？等等。这是年轻教师的通病，最后都由自己包办。

教师反馈：感谢庞老师的深刻点评。有关课外看的提议，不太可能实现，因为学校要求不能占用学生的自习时间，在本课的正课和辅导课之外不能有其他作业，辅导课基本用来讲作业和布置练习了……

有的放矢：衡量高三课堂教学的基本标准

工作室主要是历史老师，但也有少部分政治、地理老师。为了让学员学习吸收更多优秀教师的优点，训练他们从多角度去思考问题，提供更多专业性的点评，同时推动学校的教学与研究，工作室要求从本周开始，听全校政、史、地教研组长的课。

3月29日下午，我在高三听了地理教研组长殷美林老师的课。殷美林老师曾获重庆市青年教师课堂大比武一等奖，重庆市说课大赛一等奖，从课堂艺术来讲，是很难挑刺的。但我也无法从专业的角度去点评，想来想去，还是从高考文综地理的能力要求来看这堂课，据此，我将题目定为：“有的放矢：衡量高三课堂教学的基本标准”。

我查了一下，地理的能力要求主要有4项：获取和解读地理信息、调动和运用地理知识、描述和阐释地理事物、论证和探讨地理问题。所谓“有的放矢”，就是按《课标》及大纲要求选取材料，围绕地理学科的能力要求展开教学活动，有意识地引导学生去分析问题、解决问题。本节课的内容是“人口与环境”。按这一要求，我们来看看殷老师的这堂课。

一、纲举目张，巧妙调动学生的兴趣、视点

从开头就可看出，殷老师是一个年轻的“老”教师，年轻是实，“老”是指其处理教材知识的老到。上课开始，其就将本节课的内容用PPT展示出来，清晰又简洁，纲举目张，给学生一个完整的印象，使学生明确本节课的目标及任务。同时，引导学生联系实际（如“放开二胎”政策），进行考情分析，让学生心里有

底，如本考点高考考什么？怎么考？为什么这样考？既调动了学生的学习兴趣，又巧妙地对接上高考的视点，将教材知识与社会现实有机地融合。

二、图文结合，用问题推进的方式达到预期目的

这节课的内容是“人口与环境”，涉及3个核心考点，教师全部采取图文结合的方式展示“靶标”，然后用问题推进教学。如核心考点一，“人口增长和人口问题”，教师提供了人口增长模式图，依次提出了如下4个问题让学生分析：人口增长有哪几种模式？有何特点？标准是什么？模式转换是什么因素引起的？最后，特别提醒学生要注意图的参照系。这几个问题，有效训练了学生的获取和解读地理信息、调动和运用地理知识的能力。

三、注重方法引导，概念精准

高考全国卷重点不在考查学生的知识面，而是考查学生知识认识的深度和运用知识的能力，因此，在教学中方法的引导就显得特别重要。殷老师在这方面是比较重视的，整节课基本都是启发式，引导学生去思考、解决问题。如在课堂上，以2015年高考福建卷的一道题为例，在师生协作完成后，进行了方法总结：要一一对应。第一步，学会找特殊点，第二步……（因不熟悉没记下来）。同时，还指出学生容易犯的错误等。关于概念的精准，在出示人口年龄结构金字塔示意图后，让学生分析其利弊，并特别强调增长率与增长量的区别。这是对地理第三项能力的训练，即描述和阐释地理事物的能力。要求学生用地理学科的术语表述地理事物和现象，描述和解释地理事物的特征；表述、描述和解释地理事物，对地理事物进行正确的定性概括。

四、切入社会热点，引导学生学以致用

文科综合的显著特点就是社会热点的隐性介入，因此，教师在教学中要引导学生关注生活、关注社会、关注国际社会重大问题等。人文地理部分会涉及很多社会热点。如在讲到人口问题时，教师就提出了一个社会热点问题让学生思考目前世界面临什么人口问题，同时以一道高考题为例引导学生分析。这个问题涉及地理第四项能力的要求，即论证和探讨地理问题的能力。书面表达能力对学生考试来说有着非常突出的意义，用词清晰妥贴、层次逻辑紧凑、语言简洁，是高考答案的特点，要让学生在高考中立于不败之地，必须经过长期严格的训练。

综上所述，短短40分钟，教学基本都是围绕高考地理的四项能力要求在进行，基本做到课堂教学有的放矢。但也有值得商榷的地方，现提出供殷老师参考。

其一，教师在抽学生回答时，常出现该学生回答未结束，就有其他学生在说的情况。这是一种不好的习惯，一是对所抽学生不尊重，二是不利于学习别人的

长处和优点。

其二，当学生回答一出现小问题，教师就忙于解答，而不是激励学生克服困难，可能是担心完成不了教学任务吧。提问的目的，是发现问题，激励学生去解决问题，如果长期这样（教师代答），就失去了抽问的意义了。

其三，整个课堂师生配合默契，多数时间是教师问题一出，学生随口就答。这一方面说明该班学生的基础好、教者有方，但也让我怀疑不少问题缺乏思维含量。真正的好问题，必须经过学生理性分析后产生，随口说出答案说明问题太简单。如果所有学生都回答不上也不好，说明问题太难，脱离学生实际。也就是说好问题必须符合学生的“就近发展区”。

再谈一堂好课的标准

我在高二听了一堂刘承委老师的政治课，在点评之前先就一堂好课的标准谈谈看法。当然，好课的标准见仁见智，没有放之四海而皆准的标准，我也曾谈过。今天主要从新课程改革（以下简称“新课改”）的角度谈谈。

首先，教师是站在学生的角度，想学生之所想。关于这一点，应该有3个层次：其一，从学生角度考虑问题，如学生需要什么。其二，该班有何特点，教学设计是否符合实际。其三，学生得到多少，即收获如何。

其次，师生在轻松愉快的教学氛围中度过，不知不觉地完成了教学任务。学习知识的过程是一个享受的过程，这是优秀教师的魅力所在。要做到这一点，一是要求教师有较高的知识功底，在课堂上能做到信手拈来、运用自如；二是要求教师备课充分、设计精巧；三是要求师生关系要融洽、沟通合作要顺畅。

最后，突破传统和常规，有所创新。这是较高层次的要求。“创新”一是指教师的创新，要有自己的独到见解；二是激发起学生的创新，使学生敢于质疑，敢于挑战权威（即使不正确），敢于说出自己超常规的想法。

此外，作为政治课，教师应随时关注国家有关方针、政策的变化，并自然而合理地融入课堂之中，这也是在引导学生关注时事，关注国家大事，同时也是高考的要求。按照以上标准，我们再来看看承委老师这堂课。其中有不少可取之处，具体表现在：

第一，整个设计紧凑，一步步完成课堂教学计划。先是用问题引出本课主题，然后用漫画形象说明为什么要建设社会主义精神文明，再用问题引导学生讨论，最后做小结，使整个课堂形成立体的网络结构，且注意前后知识的融入。

第二，师生配合默契，学生的积极性高涨。教师不是背书，而是一直面带微笑与学生交流。尽管有教师听课，但学生基本没有受什么影响。

第三，对教材进行创造性的处理，大胆质疑。我看了一下，教师并没有被教材顺序所束缚，而是进行再创造，变成问题式，既便于学生接受，也便于教学。同时，还指出了教材的问题，如“文化事业”与“文化产业”相混淆。

以上是值得肯定的地方。值得改进的地方，有如下方面：

首先，本课有涉及国家方针、政策的材料，既是学生应该知道，也是必须了解的大政方针，又是教师渗透思想教育的好材料，但教师却一带而过，没有引起重视。如大力发展教育，我看教材引用了义务教育均衡发展等发展教育的措施。十八大以后，国家关于教育发展有很多大政策、新政策，适当渗透对文科生来讲是有好处的，也是必要的。

其次，在激发学生创造性方面略显不足。我看学生的回答基本没有超出教材，说明学生的创造性思维还没有被完全激发出来。

哲学是一门讲道理的学问

——对今天政治课的点评

我到高三复习班听了一节政治课，授课者是工作室成员秦密林。密林老师毕业于陕西师大政治系（2010年）。他给我的印象是有责任心，进取精神强，在学生中有较好的口碑。工作不久，学校就委以重任（复习班班主任）充分说明了这一点。他有礼貌，为人厚道，情商较高（年轻人中并不多）。但也是有个性的，若遇不公平之事，也会发“虎威”的（我见证过）。我有一个观点，有个性的人，一般来讲都是有本事和比较正直的人。这大概就是我比较喜欢密林老师的一个原因吧。好吧，下面说说这节课。这节课的内容涉及马克思主义哲学，我虽然平时也看有关哲学的书籍，但毕竟不是专业人士，可能点评不到点子上，也不一定正确，仅作参考。

哲学是一门讲道理的学问，是一门给人智慧、让人聪明的学问，世界级的大科学家一般都是哲学家，如爱因斯坦、牛顿、罗素等。因此，上哲学课，我想也应该按哲学的这一特点去引导学生，让学生变的明理、智慧和聪明。我并不是说上一节哲学课学生就变的智慧和聪明了，而是说教师要按这个思路去引导、要求学生。从这个标准看，密林老师这节课有不少亮点：

第一，开头师生互动用图示梳理马克思主义哲学的线索，有利于让学生形成整体印象，构建知识网络，也为本节课做了准备。

第二，用“诱错法”（故意让学生出错）引导学生辨析、掌握易混、易错概念，用直观形象的方法突破了难点，加深了学生的印象。如在讲述“物质与物质的具体形态之间的差别”时，教师以自己为例让学生回答，在学生出错的基础上分析其错因，得出结论。其实这就是在用直观形象的方法解决哲学的“明理”。

第三，根据哲学的特点，采取具体到抽象的方式引导学生得出一般结论。如用对小南海这个地方的印象这个具体例子，说明意识是依赖于物质的，从而得出一个重要结论：世界的物质性原理，即世界的本质是物质的（或世界是物质的）。

当然此堂课也有值得商榷的地方：

其一，教师包办较多，提问仓促，学生没有思考的余地，导致冷场，对此学生也感到有些尴尬。提问后应该给学生思考的时间，回答时最好先由学生自由举手进行回答，教师再按学生回答的情况进行针对性点评。这样可以培养学生思考问题的习惯，让学生有展示自己才能的成就感，否则会形成思维的惰性。

其二，哲学比较抽象，教师不好讲，对学生来说，也不太好理解。若能借助学生已有知识，采取联系对比的方式，学生是否会更易理解。如在讲马克思主义哲学特点的时候，可否引进与马克思哲学相对立的哲学家的观点，如黑格尔的观点；可否引入学生历史课上了解到的相关哲学观点，如智者学派的“人是万物的尺度”或王阳明的“心即理、致良知”等？这样可能更有助于学生认识马克思主义哲学的特点。

其三，哲学来源于生活，可否将抽象的哲学概念生活化，即用社会生活现象解释哲学概念，用抽象的哲学概念去理解社会生活？这实际上是在解决哲学如何让人更聪明、更智慧的问题，也是在教学生独立思考问题、分析问题的习惯和方法。

其四，对复习班来讲，都是学过的，不存在新课。是否可以满足部分尖子生，设置一些难度、跨度较大，又易错的问题让学生分析，借此拓宽知识面，培养学生深度分析问题的能力，以适应高考的高能力要求？

政治：重在理解，贵在方法

我在高二（16）班听了工作室成员刘承委老师的政治课。在点评之前，按我的套路，先谈谈我对政治课的理解，也就是说一堂合格的政治课应该是什么样子。我没有研究过高中政治课标和能力要求，但我想，文科应该是大同小异的。

常说“文史不分家”，其实政史也是不分家的。研究历史的人，需要借助政治学作为武器，特别是哲学观点的运用；研究政治的人，如果熟悉历史，则会如虎添翼。绕了这半天，还是回到正题，高中政治课究竟应该怎样才算合格？这里可能涉及的内容要求较多，不能面面俱到，但我想最基本的要求在两方面：

首先，重在理解。一是教师准确把握概念的内涵；二是学生准确理解概念的含义。也有“理解记忆”之意，这区别于初中时代的机械记忆。按心理发展规律，高中生的知识储存量增大，兴趣转移到内在规律的认识和把握上。同时，高中生面临的是高考，高考主要考查的是能力，即知识的运用，这不是机械记忆能解决的。

其次，贵在方法。方法是“术”，即如何巧妙地将教师的意图传达给学生，如何才能达到事半功倍的课堂效果，如何让学生在轻松愉悦的氛围中掌握新知识、提升能力并得到新的感悟，这是教师的本事，教师与教师之间的差别可能主要在此。所以我说：贵在方法！

按照这一要求，我们再来看看承委老师这节常规课，可以说是可圈可点。常规课才是真实的反映，没有刻意的准备。下面举例说明。

第一，和风细雨、娓娓道来，让学生在轻松愉悦中理解与运用。开头师生一起回顾所学知识，引出关键词“汇率”。然后教师又从其含义、变化、变化的影响等，循序渐进地推进。每一新问题的出现都有铺垫，使学生不感到突然，且都是用学生熟悉的例子进行说明，不是空洞的说教，给学生深刻的印象，并内化为学生自己的认知结构。

第二，通过“试错”达到纠错的目的，从而加深印象。所谓“试错”，就是有意让学生的答案与教师的答案相反，在学生惊讶之余使其领悟、掌握并牢记，这也是本堂课的亮点之一。如关于“外币”与“外汇”的关系，学生回答后，教师提出外币小于外汇！教师一提出，所有学生都惊讶地“啊”了一声。然后教师一一解释，学生豁然开朗。又如提到关于中国对外贸易是“顺差”还是“逆差”时，学生都答是“逆差”，而教师给出的答案却是“顺差”。教师就是通过这种“试错”的方法来纠正学生可能出现的错误，以加深印象、加深理解的。

第三，注重知识的运用，引导学生揣摩命题者意图，这是本堂课的又一亮点。本节课的内容不多，但容量并不小。所以说，容量并不一定是由内容决定的，学生学到的东西才是衡量容量的标准。如果学生没有接收到，容量再多，又有何用？教师在讲汇率变化的影响时，不是采取空洞的教条式说教，而是以人民币升值为例，师生一起共同分析人民币升值在贸易、投资、消费、债务、国际地位等方面产生的影响，联系实际，将教学内容生活化，有效培养了学生解决问题的能力。与此同时，教师又以“制鞋”和“天然气”两个企业为例，提问若人民币升值了，将对这两个企业产生什么影响？通过这个问题的分析，培养了学生解决实际问题的能力。最后教师画龙点睛：不要埋头做题，还要揣摩命题者的意图。这是在教方法。就这一点而言，不少老教师都做不到。

当然这节课也有值得改进的地方。教学是一门遗憾的艺术，教师也是在遗憾中不断成长、走向成熟。一是板书有点混乱，不利于学生结束前的回味和回顾；二是学生多数时间是集体回答，在表面繁荣的背后容易给教师错觉，不易发现学生真正存在的问题。

教师反馈：真正讲完汇率才发现有很多问题，感觉每堂课后都有很多东西要教给学生。后面习题的扩展也很关键，该如何在课堂上教给学生基本知识和基本能力，有取有舍，淡然处之呢？对庞老师提出的优点和缺点，优点没什么感觉，缺点虽然只有两句话，但确实是围绕自己的问题，确实应该注意，并要在实践中改进。

文科综合高考中的异常心理及防治

除广西、广东等部分省市自治区外，全国绝大部分省市都推行文科综合和理科综合的考试方案。综合科的教师普遍反映：最难把握教学的“度”，复习深点怕浪费学生的时间；复习浅了又怕学生不能掌握，适应不了高考。这种心理学生在复习综合科目时也同样存在。因此，考生在综合科目的高考中就更容易出现异常心理，此点应引起广大教师的注意。下面就常见的异常心理及防治做一简析，供参考。

一、考前的“患得患失”心理

高考可以说是目前还保持着的唯一的一块净土，也是目前相对比较公平、公正、客观地选拔人才的方式，因此引起全社会的广泛关注。但社会上有一种不正常的观念，把高考的结果作为衡量学校、学生优劣的唯一标准，家长们也都望子成龙，希望子女考个好大学以光宗耀祖。在这种环境下，很多考生都有一种巨大的、无形的压力。“一定要考好”“考不上怎么办？”“考不上有何脸面见人”等等，这种患得患失心理在综合科目考试前出现，更大的原因直接来自前一天下午的数学考试。一般来说，大部分文科生都怕数学，尤其是在数学考差后，会对综合科寄予很高的希望。因此，这部分考生更容易产生患得患失的心理，使自己很难发挥出正常水平。

二、面对考场肃穆气氛的紧张心理

高考是为高校选拔人才的国家级考试，是一件非常严肃的大事。高考的有关纪律、规章制度、考场的布置等，都使考场有一种肃穆的气氛。对于绝大部分考生来说，都是第一次参加高考，很容易被这种严肃的气氛所感染，加之现在的考场都安装有监控器，一些心理素质较差的考生会显得更加拘谨、紧张，担心有违纪的动作被发现。若这种心境不能很快平复，对考试是极其不利的。

三、遇到难题“卡壳”或试题出乎“意料之外”产生的强烈反差心理

高三复习阶段，学生都进行了认真准备，反复练习，不少学生会成竹在胸，特别是高考前，不少学校都要根据所谓的高考最新“信息”“动态”进行模拟训练，考生也结合自己的主观想象，有目的、有重点地准备了一些题目进行猜题、押题。可一看到真正的高考题与自己准备的、想象的“高考试题”相差甚远，对新情境题又不适应，出现“卡壳”现象时，就顿时产生强烈的心理反差，认为“这下完了”，一时间心慌意乱，不知所措，无从下笔。

四、认为试题“似曾相识”而轻率答题的心理

考前，学生都接触和练习过不少题目，高考时会发现有的试题“似曾相识”，便按捺不住内心的激动，暗暗庆幸“运气好”，迫不及待将考前熟记的答案全盘照搬，唯恐迟一下就会遗忘，完全顾不上认真审题、缜密思维。结果是要点不全，丢三落四，顾此失彼，甚至不切题意，答非所问，张冠李戴。

五、“多言必中”的侥幸心理

“3+综合”考试是高考制度的重要改革。“高考改革的重要目标是，探索更加有利于高校鉴别和选拔能融会贯通所学知识，具有创新意识和创新潜能的优秀学生的途径和方法，综合科目考试有利于对高素质创造型人才的选拔。”从近两年文科综合的试题看，试题科学、规范、客观，注重理论联系实际和学以致用，注重学科知识系统性，注重不同学科内容的渗透、交叉与综合。试题设问角度及方式新颖、灵活、科学、简洁、可信，能较好地检测学生的基础知识和比较、分析、综合能力及运用综合知识解决现实问题的能力。答案要求观点正确、史论结合、简明扼要、层次清晰、逻辑性强。可一些考生不是下功夫去审题，把握其意思和要求，而是抱着多写就会撞中的侥幸心理，把自认为与题目有关的内容，不管三七二十一，全搬上试卷。结果往往是废话连篇，白白耗费了大量时间和笔墨，得分较低，费力不讨好。

六、滥加发挥的求全心理

为了使答案完整无缺，唯恐有所遗漏，一些考生不管题目是否有要求，都去大量增补内容，甚至脱离课本，滥加发挥，忽视了内容的针对性，答案的客观性、准确性和科学性，结果往往是画蛇添足、弄巧成拙。

七、对要不要编提纲、打腹稿而犹豫不决的心理

编提纲、打腹稿是问答题条理清晰、逻辑性强、卷面整洁、避免论述混乱、防止内容遗漏的重要手段。但一些考生怕时间不够，怕编提纲、打腹稿影响答题速度，又怕不编提纲、打腹稿影响答题的质量，于是在是否编提纲、打腹稿上犹豫不决，从而草草构思，尚未想好整体框架便匆忙作答，边想边答，结果出现东拉西扯、层次不清、逻辑混乱、内容重叠等现象。

八、完成答案后不敢检查修改的胆怯心理

1. 不敢检查修改的心理原因大致有以下几方面

（1）综合科目的分值都比较高，选择题由原来的2分变为4分，问答题由原来的每题15分左右变为每题30～40分左右。在平时测试时经常出现这种情况：原来做对的，后来改错了。因而考试时会担心检查后把正确答案反而改错，实在损失不起。

（2）担心答题卡上改得过多，会影响机器的阅读；担心试卷上修改过多会造成涂鸦，影响阅卷老师的心情而被扣分。

（3）对问答题，怕检查后会怀疑自己的构思，重新作答，时间不允许，而且也没有作答的地方。

（4）对于本来就把握不准的题，怕修改后反而出错，影响自己的心情。

以上是在高考中常见的容易出现的异常心理，也是影响考生正常发挥的主要心理障碍。那么，如何才能增强学生的心理素质，防止过分紧张和不正常的心理出现呢？

2. 自我调整，保持最佳应试心理

高考前，高三学生常常出现学习疲软现象，表现为成绩下降、记忆力减弱、睡不着觉、上课没精打采、毫无精神等。有人把这种现象称为高考前的“高原”现象，有经验的教师会采取先紧后松，促使“高原”现象的早来，然后逐渐放松，在高考时将学生调整到最佳状态，使学生保持最佳的应试心理进入考场。“高原”现象的产生，实际上是因过度疲劳和紧张所致。先不论“高原”现象的有无，有一点，心理状态的调整的确很重要。怎样才能将应试心理调整到最佳状态呢？

（1）学会休息。首先，充足的睡眠是最基本、最重要而且是不可替代的休息。因人在睡眠时，体内各器官的代谢活动降低，大脑皮层由兴奋转为抑制，耗氧减少，有利于血液中养料、氧气的自我补偿，既可保护神经细胞，避免过度疲劳，又促进了神经细胞功能的恢复。

其次，进行活动式休息，即进行适量的体育锻炼，如散步、打球和做轻微的体力劳动等。进行一定的体育锻炼，有利于防止和消除疲劳，促进新陈代谢，增强人体各大系统的功能，增强体质，提高思维的灵活性。

此外，还可进行交替式休息，即适时变换学习内容和学习方法，使自己的思维始终处于兴奋状态。单科独进，方法单一容易疲倦，且效率低下。若政、史、地、语、数、外等科交替进行，耳、眼、口、手、脑并用，听、说、读、写、算并进，各科穿插进行，学习方式多样化，则不仅可以避免大脑皮层神经细胞的疲劳，而且还有相互促进的作用。

会休息的人才会学习。要取得好成绩，必须科学地利用时间，保证睡眠，并做适当的运动，随时保持清醒的头脑。如此，考试时才会有充沛的精力和敏捷的思维，发挥出最佳水平。

（2）保证充足的营养。营养是一个人生长发育和从事各种活动的主要能源。营养不良会影响身体发育和大脑机能，严重时会头昏眼花，注意力涣散，反应迟缓，学习效率低下。我们常常称赞那些“废寝忘食”的人，其精神虽可嘉，但效果未必好，毕竟违背了正常的生理规律，因此不提倡。

（3）做好临考前的准备工作。首先，要有思想准备。放下包袱、轻装上阵。在战略上要藐视考试。高考前已进行多次练兵活动，积累了比较丰富的应考经验。因此高考并不可怕。但在战术上要重视考试，在具体解答每道题时，都要认真、细心，看清楚每一个字，每一句话，每一个符号，尽量不丢一分。做到既要有“信心”，又要“细心”。面对考场的肃穆气氛，也要有正确的认识：监考老师的主要职责是维护考试纪律，为考生提供一个良好的、平等竞争的环境。

其次，要做好物质准备，如文具是否备齐，准考证是否带上，环境是否熟悉，等等。

3. 沉着应战，讲究应试策略

高考是为高校选拔人才的国家级考试。良好成绩的取得，要求学生除具备扎实的基础知识、敏捷的思维能力和良好的心理素质外，还得讲究一定的应试策略，在“巧”上下功夫，以发挥有限时间的最大价值。

（1）总揽全卷、把握全局。试卷发下来后，要充分利用开考前的几分钟。先填好试卷和机读卡上的必填项，如市（县）、学校、科类、姓名、考号等，并按要求涂好机读卡。然后迅速浏览全卷，了解试卷的长度、宽度、题型、类别及分值的设置等，并估计难度和作答时间，做到心中有数、全面规划，避免因时间分配不当而顾此失彼。同时，加强对主观性试题的关注，初步了解主观题的类型、知识区域、题目主题与现实的联系等，在脑中建立印象，促使大脑进行潜意识的思考。

（2）根据判断、先易后难。在动笔前的浏览过程中，对试题的难易情况已经有了初步的把握。在这个基础上，根据自己的实际按照先易后难的顺序进行答题，将难题暂时搁在一边，待做完会做的题后，再全力攻克难题。

（3）量体裁衣、看分花时，即按分数的多少确定答题时间和答案内容的多少。分值高，花时多，答案详细些；反之，花时少，答案简略些。另外要根据分数的设置去推测答案的基本要点。一般情况下，若该题有9分，可能有3个要点；若该题是15分，可能有3个或5个要点。

（4）卷面整洁、不留空白。卷面整洁、书写工整的试卷，给老师愉悦感，不知不觉便给上了"心理印象分"和较高的卷面分；反之，遇到卷面凌乱、书写潦草的试卷，教师眉目一皱，不知不觉产生从严给分的心理，草率浏览，即使答案中有"闪光点"，也可能因书写凌乱而被判了死刑，实在是冤枉！不留空白是指要尽力争取，只要不是倒扣分，每一道题，每一个问都要在试卷上有所反映，不要因拿不准而空着不做，力求不丢失一分。

（5）检查修正、结束不管。做完后不要急于交卷，要检查是否有因遗漏、笔误或粗心导致的错误。答完卷后，大脑高度紧张的状态逐渐消失，此时容易检查出错误。"结束不管"是指考完一科丢一科，不去管它，不去回忆、不去翻书、不与同学对答案，以免自己吓唬自己，搞得心里七上八下，影响下一科考试。

4. 谨慎审题，答题准确、规范

北师大附中的梁侠老师曾要求她的学生在高考时用60分钟审题，90分钟作答。有一个老师甚至要求用一半的时间审题，一半时间作答。由此可见审题之重要。我仔细研究了近年文科综合试题的参考答案，有一个显著的特点，即题多答案少，就是一般的答题速度，一个小时也能答完。可为什么很多考生喊时间不够？其实，考生的很多时间是在做无用功，内容答得虽多，但有效内容少，事倍功半，白白浪费了时间。因此，仔细审题就显得格外重要了！

主观性试题一般都要经过3个环节：审题—构思—答题。"审题"是前提，包括审题意、审重点、审范围、审教材等步骤。"审题意"指了解题目类型，所提供的条件等。"审重点"指了解答题要求，关键词等。"审范围"指了解问题包含的时间、空间、人物、事件，以及是学科内综合，还是跨学科综合，等等。"审教材"指确定试题在教材中的位置，将试题与教材内容联系起来。

构思，即在审准题意、重点、范围和教材的基础上迅速列好提纲，以防疏漏，并克服答题的随意性，避免东一句，西一句，逻辑混乱、层次不清。然后根据所列提纲的顺序按问作答。答题时做到要点化、段落化和序号化。因阅卷老师主要是在答案中寻找要点，进行踩点给分。

（注：本文发表在《历史学习》2003年第6期）

武则天与无字碑

武则天是中国历史上唯一的女皇帝，人们虽不满于她争夺皇位时的残忍和血腥，却也无不感叹这位女皇的英明才干和敢作敢当，同时也赞叹她统治期间政治的清明和经济的繁荣发展。就是这样一位曾经在历史上叱咤风云、魄力十足的女汉子，生前轰轰烈烈，却在死后，为自己留下一块无字的碑文，让人们诧异不已。

武则天陵就在今天陕西乾县西北的梁山上。那是一座气势宏伟的皇陵——乾陵，里面埋葬着的是唐高宗李治和他的皇后即一代女皇武则天。在乾陵的东西两侧矗立着的是两块高六米左右的墓碑，西面是“述圣碑”，上面有武则天为唐高宗歌功的题词，而属于武则天的那块墓碑却没有任何文字，这就是举世闻名的“无字碑”。

武则天为什么没有依照惯例在自己的陵墓前树碑立传，以表彰自己生前的功绩呢？后人各说不一。

有人认为，这是她表示自己“功高德天”，难以用文字形容，所以此碑无文胜有文。武则天是一个杰出的女政治家，高宗时她就已经逐渐参与和掌握了政治权力。到她退位时，实际掌握最高权力长达50年。在这长达半个世纪的时间里，她采取了一系列的措施来维护和巩固自己的统治地位。政治上积极扶持新兴地主阶级，敢于破格提拔人才，如后来唐玄宗时期的姚崇、宋璟等人。此外，她还首创了科举制度中的殿试，对于任用人才起到了积极作用。经济上，她实施奖励农耕的措施，并且兴修水利，轻徭薄赋，促进了生产力的发展。此外，她还在西域设北庭都护府，巩固了国防，促进了民族间的交流，使对外关系处于良好的态势中。这样看来，武则天继续了“贞观遗风”，她的各方面的政策都极大地促进了社会的发展，为后来的“开元盛世”奠定了基础。从这个意义上说，武则天的功劳确实是不可湮没的。而自小就智慧过人的武则天，取《论语》“民无德而名焉”之意，立一块无字碑，表明自己功德无量，是非常有可能的。这正是她力求与众不同的女中豪杰的表现。

也有人认为，武则天立无字碑并非夸耀自己，而是她在晚年时幡然醒悟，自感罪孽深重，无颜立传。武则天皇位的获得是堆积在无数人的生命之上的。当她还是昭仪的时候，为了争夺权势，先是依靠王皇后将萧淑妃打入冷宫，接着又亲手掐死了自己的小女儿以陷害王皇后，最终巩固了自己在后宫中的地位。当上皇后后，她又施展毒辣的政治手腕，培养党羽，消除异己，连当初支持自己登上皇位的长孙无忌也被逼自杀。为了维护自己的权力，她对反对势力残酷镇压，使大批的唐王室臣子死在她的手下。而作为一个女流之辈，她改李唐为武周的行为，在传统观念看来更是大逆不道之举。晚年的武则天从政治舞台上走了下来，回头看自己，觉得对不起死去的冤魂，尤其愧对列祖列宗，又有何颜面为自己立碑树传？

还有人认为，碑文之所以无字，是因为武则天的名分问题。武则天为唐高宗的皇后，但是毕竟武则天在唐高宗死后自己做了皇帝，那么，该如何称呼？“皇后”与“皇帝”的双重身份使碑文落笔者处于两难境地，最后只好无奈地留下一片空白。

还有一种说法认为，武则天是一个聪明的人，她很有自知之明，知道时人对自己的看法不一，议论颇多。所以干脆留下无字碑，让己之功过，由后人评说。“担当身前事，何计身后名”，表现出政治家的眼光。

近年来，一些考古学家提出了全新的看法，指出无字碑最初立时是有碑文的。根据武则天的性格来说，她在位时大兴土木，炫耀自己，晚年却变得默默无闻起来，这显然是不合情理的。她原本为自己撰写了碑文，但晚年的武则天是被迫让位给李显的，实际上她一直在处心积虑地谋划将皇位传给武氏子孙。加上她曾经害死了那么多唐室的子孙，怎么能让李显对她敬爱起来？因此，李显不愿为她歌功颂德。但毕竟是自己的母亲，又不能公开宣泄自己对母亲的怨恨。于是就什么也不说，碑上也就没有字了。

然而，当初的无字碑如今变成了有字碑，一些人凭自己的一知半解和爱好，在碑上随意胡写乱刻，不负责任。郭沫若曾咏诗叹道：“千秋公案翻云雨，百顷陵园变土田。没字碑头镌字满，谁人能识古坤元？”

郑和七下西洋之谜

郑和（1371—1434），云南昆阳（今晋宁）人，回族。原姓马，小名三保，人称三保太监。自幼事奉明成祖，赐姓郑名和，后来官至内官监太监。据《明史》载，郑和为人精明能干，谦恭谨慎，尤其勇于负责，不辞劳苦，深得明成祖的信任，视为心腹。同时他又是穆斯林，所以被任命为正使出使西洋。

1405年，郑和第一次下西洋，长44丈、宽18丈的船舶就有60多艘，所载人员有2.7万人，规模之大，前所未有。从1405年到1433年，郑和率领着当时世界上最大的船队，前后七次出海，进行大规模的远洋航行。途中经历了无数艰难险阻，到过南洋、印度洋的30多个国家和地区。最南到达了爪哇，最北到了波斯湾和红海，最西到达非洲东海岸，是历史上人类征服海洋的一大壮举。这些船队给所经过的国家带去了大量的瓷器、铜器、金银和各种精美的丝绸、罗纱、锦绮等纺织品，带去了我们博大的中华文化，同时也换回了亚、非各国的许多特产，如胡椒、象牙、宝石、香料以及长颈鹿、金钱豹等珍稀动物，广泛地促进了中国与亚、非国家的经济交流。

郑和历尽千辛万苦，七下西洋究竟是为了什么呢？对于这个问题的争论各家向来是各执一词、莫衷一是。

流传最早而且最广的一种观点认为，是政治斗争的需要。《明史·郑和传》记载："成祖疑惠帝亡海外，欲踪迹之，且欲耀兵异域，示中国富强，永乐三年，命和等通使西洋。"朱棣派郑和下西洋，是为了找寻建文帝、明太祖朱元璋的长孙。朱棣的皇位是通过"靖难之役"从侄儿建文帝手中夺得的。在"靖难之役"后，朱允炆不知去向。这在疑心很重的朱棣看来，自然是一块心头大石。朱棣怀疑他逃到海外避难去了，怕他将来东山再起，会对自己的皇位构成威胁，所以派郑和下西洋暗中侦察建文帝的踪迹，以绝后患。

另一种是"朝贡贸易"说。认为郑和下西洋主要是为了发展对外贸易，打开封闭、僵化的外交大门，在经济上与其他国家实行贸易往来，增强自己的经济实力。明王朝刚建立时，附近的小国常常来朝贡。朝贡在当时是交换物产。番国进贡，明王朝每每恩赐，赏赐的常常大于这些小国所进的贡。但是由于朝中经济拮据，明太祖下令限制进贡，改由一年一贡为三年一贡。有些番国还限制为十年一贡。于是，明朝的外交关系几乎断绝，经济贸易几乎停顿，导致走私活动猖獗，明王朝的声势日下。明成祖为了迅速改善这种状况，发展对外关系，扩大贸易往来，派遣郑和出使，剿灭海盗势力，清除不安定因素，并宣布明朝已经咸与维新，封赏周邻各国，扶正祛邪，发展与各国的友好往来，欢迎各国前往明朝观赏进贡。明成祖派遣郑和统率巨大的船队到"西洋"各国，以中国的手工业品换取各国的土特产品，使各国都为中国的精美、巧夺天工的手工业品所吸引，愿意来中国。

另外一种比较公认的观点认为，明成祖派郑和下西洋含有双重目的。一方面是为了"耀兵异域"，显示中国富强，造成"万国来朝"的气象；另一方面，也是为了开辟通往西洋各国的海上交通，以适应对外贸易与各国入华朝贡的需要。永乐年间，中国东南海上局势很是动乱，不仅有安南（今越南）的四处扩张和侵掠，还残存着许多反明势力，其中既有元朝的残余，方国珍、张士诚的余党，还有沿海一带反抗明朝统治的豪强武装。他们不仅不遵守明朝廷的通海禁令，还私自交通外国，诱引为寇，控制了这一通往西洋的交通要道，使许多海外贡使被拦劫，使明朝向海外的发展受到了限制。同时，南洋一些地方对明朝的情况不甚了解，或抱有敌对态度。为了解决这些问题，明成祖派郑和出使西洋。另外，和历代功利主义封建帝王一样，朱棣也是一个功利主义者，自认为是“奉天命天君主天下”的“供主”，要海外各国都来朝贡，想利用对外活动，展示自己的实力，并建立自己的声望。于是，明成祖朱棣决定组织一支强大的船队，前往“西洋”诸国……2000年全国高考题还引用《明史》中的“欲兵西域，示中国富强……所取无名宝物不可胜计，而中国耗费亦不赀”设计了一道问答题。

近年来，国内探索郑和下西洋原因的角度又有所改变，认为郑和下西洋的任务随时间的推移而有所不同。郑和第一次出使是为了安抚邻近小国，减轻异族国对中国的侵扰压力；以后几次主要是为了发展外交关系，促进明朝与周边各国的友好往来。

不管郑和下西洋是出于何种原因，所起的作用却是毋庸置疑的，它促进了中外文化、经济的交流，让更多的国家了解中国，正视中国的存在，这在中国航海史上是一个壮举，在世界航海史上也是一个创举。但郑和的航海是封建制度下不计经济效益的贡赐贸易，给明朝政府造成巨大的财政负担。所以当时就有人说：“三保太监下西洋，费钱粮数千万，军民死且万计，纵得奇宝而归，于国家何益？此持一弊政，大臣所当切谏者也！”随着明朝国力衰退，航海的壮举也悄然结束。

张之洞为什么加入强学会

戊戌变法期间，维新派组织的政治团体——“强学会”，随着形势的发展，影响日益扩大，两江总督张之洞等都相继入会。张之洞入会的动机是什么？对这一问题由于受思维定式的影响，好多学生（包括部分教师）认为，张之洞加入强学会是为了控制和利用维新派而采取的投机行为。这是不客观的，也不符合实际。我认为，张之洞最初加入强学会是受维新变法运动的感召，并不是出于政治投机。理由如下：

第一，从背景看，甲午战争后，中国民族危机空前严重。当时，帝国主义瓜分中国的阴谋，道路相传，亡国的大祸使人忧心如焚。在甲午战争失败后，张之洞曾上《吁请修备储才折》希望朝廷总结失败教训，变法图治。此时维新派打出了救亡的旗帜，唤起了群众的爱国热情，因而使他们所发起的政治改良运动成为一个群众性的爱国运动。作为洋务派中一贯主战、有正义感的大臣，张之洞不会不受感染。因此加入这个以讲中国自强之学为主要内容的强学会也是正常的。包括光绪帝的老师翁同和等在内的朝廷重臣不也都加入了吗？

第二，是他为人性格和政治态度的体现。

光绪十二年（1886年），张之洞在广州创办广雅书局和广雅书院。广东原有端溪书院，在肇庆，他聘请梁鼎芬主持端溪书院，后来梁鼎芬率师生来到广雅书院。同时他又聘朱一新到广雅书院主讲。而当时梁鼎芬因弹劾李鸿章主和而获罪，朱一新因弹劾太监李莲英而降职，张之洞不怕非议，敢于延聘他们，显示了他的不凡气度和为人正直、不畏权贵的性格。他的为人也得到当时士大夫阶层，包括维新志士的敬重。康有为在《公车上书》中称张之洞“有天下之望”。谭嗣同也说：“今之衮衮诸公，尤能力顾大局，不分畛域，又能通权达变，讲求实际者，要惟香帅（张之洞）一人。”（《谭嗣同全集·上欧阳中鹄书》）

第三，从他加入强学会前后的言行看，没有丝毫政治投机的表现。光绪二十一年（1895年）十一月，康有为南下到了南京，去拜谒张之洞，受到张之洞的热情欢迎和接待。康有为准备在上海设强学会，推张之洞为会长，并代张之洞起草《上海强学会序》。张之洞当时答应了。后来上海强学会成立时，请他列名，张之洞复电说：“群才荟集，不烦我，请除名，捐费必寄。”（转引自白寿彝《中国通史近代前编》）若是政治投机，这么一个难得的机会怎么会放弃？维新派在上海创刊《时务报》，梁启超主笔，张之洞以总督的名义，要湖北全省各州、县购阅《时务报》，并捐款千元给报纸以做经济上的支持。陈宝箴在湖南掀起了维新运动，也是得到了张之洞的支持赞同。这些都表明张之洞对维新派的支持是真诚的，受时代的感染，并非出于政治投机。

第四，张之洞实在没有借加入强学会进行政治投机的必要。在加入强学会前，张之洞已经是两江总督，成为清政府地方实力派的代表，并为慈禧太后所眷顾，政治上扶摇直上。况且，政治投机都是带风险的，康有为、梁启超等人并没有实权，又穿插着帝、后两党的权力之争。当时，并没有任何迹象表明帝党有优势，即使政治投机也不是时候，这一点恐怕张之洞会比我们更清楚，有必要去冒这个不知结果的风险吗？

第五，在戊戌变法前，张之洞曾解散上海强学会，发表《劝学篇》攻击维新派等行为，表面看来有点出尔反尔的嫌疑。但是我认为这正是张之洞政治态度的一贯表现。我们知道，张之洞主张“中学为体，西学为用”。他主张在维持清政府现有权力结构的前提下进行某些变法，并以维护清政府统治为最终目的。所以，张之洞对维新派的支持是有一定限度的。如果维新派的活动超出这一限度，张之洞必然要反对。他希望在维护“纲常名教”的旗号下，有选择地采用新学，在不激怒旧势力的前提下，逐步地推行新政。但是随着维新运动的发展，必然会超出这一限度，特别是康、梁提出“兴民权、设议院”等主张时，张之洞是不会容忍的。

综上所述，张之洞加入强学会是受变法运动的感召，并不是政治投机。

实干+巧干+合作=成功

高考，是牵动着全社会人心的国家级考试。这里，有的是实力、智慧的较量，没有贵贱、级别的影响，也无性别之歧视。“考试面前人人平等”，真正体现了公平、公正、公开的原则。正因为如此，高考才成为经久不衰的热门话题、社会关注的焦点。前几年，教育战线流传着一句口号：素质教育轰轰烈烈，应试教育扎扎实实。因为，不管教育怎么改革，高考不取消，也就不可能改变高校用分数高低作为录取新生的依据。这就是高考的魅力所在！黔江中学，以自己的实际行动创造了一个又一个高考奇迹，2007年，再次铸造黔江教育的辉煌，高考分数上重点线229人，实现了历史性的突破，在整个渝东南片区遥遥领先。回顾我们走过的历程，可以说是意料之外，但也在情理之中。“意料之外”：就生源、信息、师资等各个方面，与主城区甚至区县的一些兄弟学校相比，我们都处于极不利的劣势（每年主城区的一些重点中学在黔江都要挖走30～40个尖子生，甚至对一些有潜力的苗子中途也不放过），根本没想过要超出别人多少，只是想怎么缩短与别人的差距，尽自己最大努力，做到内心无愧就行了。“情理之中”：我们以科学备考为前提，付出比别人更多，工作做得更细，一滴汗水一分收获，这是人人都知道的道理。下面，就其具体做法做简单介绍，供参考。

一、实干，是高三教师的基本素质，也是成功的基础

教学，是踏踏实实的学问，来不得半点虚伪和骄傲。著名足球教练博拉·米卢蒂诺维奇有一句口头禅：态度决定一切！同样，高考成功与否很大程度上也取决于师生的态度。“实干”，是黔江中学的优良传统。就这一届学生而言，基础是比较差的，但我们从不怨天尤人，只有一个念头，面对现实，从我做起，从基础抓起。学校提出用管理促质量，由校长亲自抓，由分管高三的副校长王朴书同志，亲临教学第一线具体指挥，与教师们一起研究。为树立服务意识，视学生为“上帝”，学校提出将“一切为了学生，为了学生的一切”作为每个高三教师行动的指南。要求教师做到教学五落实，即落实备课、落实上课（包括作业、考试的评讲）、落实作业、落实培优辅差、落实教研，并实行不定期检查，严格考评。一进入高三，就进入了半军事化管理，早出晚归，基本都是固定的“三室一厅”（“三室”指教室、办公室、寝室，“一厅”指饭厅，即上课、备课、睡觉和吃饭）生活方式，周而复始地循环。要求教师对每一个学生负责，包括学习、思想、

生活等各个方面，对于重点学生和问题学生，由班主任牵头，实行承包制，对他们进行跟踪管理。因重点学生会影响上重点线的数量，问题学生会影响教学氛围的形成，管理的目的是为学生提供一个良好的环境，减少负面影响。

二、巧干，使教学质量事半功倍

教学，没有实干精神，就成了花架子；光实干，不讲技巧，就会变成蛮干，其效果将会事倍功半。我们说的巧干，一要遵循教育规律，实行因材施教，对不同的学生提出不同的要求，循序渐进。二要加强教育科研，以研促教。通过教育科研，提高课堂教学效率，加强教学的针对性，避免教学的随意性。黔江中学的教育科研在重庆市都有一定的影响。近年来教学质量直线上升，教育科研起了加油站的作用。教不研则浅，研不教则枯。教学与教研的关系，犹如磨刀与砍柴，磨刀不误砍柴工。三要抓两头，促中间。“两头”，指边缘生和后进生。对于边缘生，要落实到人，针对其弱科进行单独辅导，将辅导的效果纳入对教师的重点考核；对后进生重在思想上的关怀，让他们树立信心，不轻言放弃，不让他们掉队，促进中间发展，创造学习氛围，形成整体升位。四要加强学习方法的指导。每个学科因学科特点的差异，有其特有的学科思维，每个学科都有其自身的规律。教师在教知识的同时，更要做学习方法的指导，尤其是对学科思维。五要关注学生的思想变化，随时了解学生，及时解决学生所表现出来的不利于发展的思想障碍。六要强化学生的消化，实行精讲精练，将主动权交给学生，让学生从繁重的作业中解放出来，提高学习效率。

三、合作，是成功的关键

高考的成功，是合作的成功。高考好比一场战役，要取得这场战役的胜利，必须是各方面力量的精诚合作。同样的道理，没有各个方面的合作，高考最终的结果只会是失败。我们常说“6－1＝0”，就是这个道理。这届高三的成功，是合作的胜利。首先，全年级有较强的合作意识。成绩较差的班，不因成绩差而放弃，从没因生源的差异，成绩上的差异，师资上的差异而出现内耗（以前或多或少都出现过，特别是外语班和非外语班之间的矛盾较大，这届没有出现这种情况）。其次，班上各个学科的合作。这届从一开始，就强调年级统一协调，各个班内部协调，防止出现教师各行其是，学生失去自主时间，导致学科发展不平衡。为此各班都做了具体的规定，教师们严格遵守，使学生有一个比较宽松的环境。再次，学科组内的团结。每个学科确定一个备课组长，备课组长具体负责，全员参与，发挥集体的智慧，互相取长补短，统一进度，统一测试，统一作业，统一试题研究。最后，综合科目的合作。重庆市高考实行的是文综（理综）方案。为了统一协调，文理科各确定了一个组长进行协调，负责试题的统一调配。

这届一开始，就确定了文理综合组长。文科由庞友海老师负责，理科由杨泽会老师负责。为了让学生尽快适应综合考试，我们从2006年秋进入高三以来就加强综合训练，以提高学生的应试能力。

以上是我们这届的一些基本做法，也是我们成功的经验。但时代是不断向前和发展的，我们不能固守经验，应随时根据变化的情况及时调整，与时俱进，更上一层楼。作为黔中人，我们有信心，也有这个能力用我们的智慧通过创造性的劳动，将工作做得更好，为实现渝东南教育中心目标打下坚实的基础！

叶挺将军空难真相

叶挺（1896—1946），是中国现代史上著名军事家、中国人民解放军的缔造者，是被毛泽东主席称为“共产党的第一任总司令”的北伐名将。原名为洵，字希夷。叶挺1896年出生于广东惠阳一个农民家庭，自小聪明伶俐，勤奋好学。7岁时入本村私塾。接受进步思想的国文教员陈敬如老师对他影响很大，叶挺这一名字就是老师送的，取“人要上行，叶要上挺”之意，希望学生能“挺身而出，拯救中华”。

今年（2010年）是叶挺将军诞辰114周年，遇难64周年。1946年4月8日，无论是在中共党史还是在国共关系史上，都是一个特殊的日子。（新华社延安11日电）中国共产党中央委员会以极大的悲痛宣布：中共中央委员王若飞同志、秦邦宪同志、新四军军长叶挺同志、叶挺同志的夫人及五女儿和幼子二人等13人，美国驾驶员兰奇上尉等4人，于本月8日乘美机由重庆飞延安途中，因飞机迷失道路，于下午2时左右在晋西北兴县东南80里的黑茶山遇雾，撞山焚毁，全部遇难。（原载1946年4月12日《解放日报》）叶挺将军噩耗传来，全党、全军、全国人民哀痛万分。正在延安召开的陕甘宁边区参议会，休会一天，为对革命事业奋斗终生的叶挺等烈士表示沉痛的哀悼，并通令全区悬半旗致哀3天。

关于这次空难，党内不少人士曾产生过怀疑，但没有任何证据。所以，一直以来都相信是延安天气恶劣，能见度极低导致的这次历史悲剧，也不愿多想。经过半个多世纪，正当人们对这场悲剧开始淡忘的时候，叶挺将军的长子叶正大才揭开了这次悲剧的谜底。早在50年前，周恩来总理就揭示了这次悲剧的真相：“……关于你爸爸的座机为什么会失事，过去是说浓雾撞山失事。今天我可以告诉你，肯定是有人做了手脚。机上的乘客全是我们的人，其中还有我们党的王若飞、秦邦宪、邓发那样的重要负责同志，当然还有你的父亲叶挺同志。国民党关了他五年。他出狱的第二天就给党中央写报告要加入共产党，这就触犯了蒋介石。蒋介石是什么人？我跟他打交道已有好长时间了，可以说对他的个性我基本了解。这个人排除政敌无所不用其极。他利用特务在飞机仪表上做点手脚很容易。当时延安只下点小雨，飞机已到延安上空，我们已听到飞机的声音了，为什么一转眼就飞向黑茶山？这不是国民党特务做了手脚又是什么！”从周总理的分析可看出，尽管找不到直接的证据，但可以肯定，这次空难是人为因素造成的，是国民党特务在飞机上做了手脚导致的这次历史悲剧。我们还可从以下几个方面来佐证周恩来总理的分析。

第一，据事后调查报告显示，飞机离渝后即用电台与延安美军观察组取得联系，一切正常。这架飞机在西安机场降落加油，稍事停留后才起飞去延安的。该机在离开西安30分钟后，还与延安电台联系过一次，此后即失去联系。也就是说，飞机已到延安上空。据周恩来总理回忆，等候在延安机场的人都已听到了飞机的声音。西安到延安是一直向北飞行的，且当时延安的天气并不坏，只是下点小雨。若不是有人在飞机上做了手脚，怎么可能突然失去联系，使飞机不飞向延安，而“竟飞到东北方向，甚至飞到黄河以东的黑茶山”。

第二，黑茶山只有2 000多公尺高，而飞机可以飞6 000多公尺高，且飞机的性能好，美方机长又是佩带有飞虎臂章的飞行员，技术好，若不是国民党特务在飞机上做了手脚，让飞机的磁罗盘和高度表同时失灵，飞机怎么可能向东北方向飞去撞在黑茶山侧峰的巨石上？

第三，蒋介石置叶挺于死地早有预谋。据叶正大介绍，叶挺在5年监禁期间，国民党将领上官云相、陈诚多次劝降；1943年5月12日晚8时30分蒋介石还单独召见叶挺进行劝降。下面是叶挺与蒋介石的对话（来自叶挺事后整理的材料）。

蒋：身体还好？

叶：还好。

蒋：一年来休养怎样？有什么反省觉悟的地方吗？这几年没有很好让你做点事。

叶：屡经挫折失败，自觉能力薄弱，无法应付环境。

蒋：尔这个人太老实，上了人家的当还不觉悟。人家叫尔回去，尔就回去；叫尔打就打，人家利用尔完了还会杀了尔。去年（实为前年）为什么不来见我就跑回去，人家要尔回去，尔就回去。

…… ……

蒋（大声）：尔的部下就是共产党！他们破坏抗战，搅乱后方。尔上了当还不觉悟，还对他们负责！这样我关起一百多人，是我错了么？

叶：如果这样说，共产党开始就不应该成立了。

蒋：话就说到这里止！再说就不好听！尔是不是共产党？

叶：到现在止，我没有任何党籍。

蒋：尔觉得共产党对，尔就到那里去；尔觉得国民党对，尔就到国民党来，没有中立的地方。我指示尔一条正路，尔能绝对服从我，跟我走，尔一定可以得到成功。不然尔就算完了。

叶：我早已决定我已经完了！……

从上面的对话可看出，蒋介石对叶挺的“不听话”是恼羞成怒。抗战结束后，国共两党举行了重庆谈判，经共产党向国民党严正交涉，叶挺终于在1946年的3月4日获释。在获释后的第二天，叶挺将军就向党中央提出申请重新加入共产党。本来，在皖南事变后，叶挺及家人都在国民党特务的掌握之中。现在他不但不跟蒋介石走，把他放出来第二天就要重新加入共产党。于是，蒋介石命令特务在美国飞机上做手脚，置叶挺于死地，便是蒋介石“顺理成章”的事。其后刺杀杨虎城将军一家，谋杀李公朴、闻一多等更证明这是蒋介石惯用的手法。

第四，明知是蒋介石特务干的，那为什么不揭露？周总理做了说明：“你没有真凭实据，没有人证、物证，蒋介石是绝对不会承认的。当时全面内战还没有爆发，两党谈判还在进行，党中央处理一切事情，都需要考虑各种背景。如果拿不出真凭实据，去和国民党交涉提抗议，那将会给当时反对内战、争取和平的谈判斗争带来不利的影响。我们和国民党的斗争要有理、有利、有节啊！”可见，当时没有揭露，也是政治斗争的需要。

此事后，中共向国民党提出，凡是党中央委员和高级将领坐国民党的飞机，必须有国民党将军陪同。这一要求得到蒋介石的认可，这实际上是对这次空难心照不宣的一个注解。

孔子的核心思想及其目的是什么

——对2010年重庆高考第39题答案的商榷

2010年重庆高考第39题是以儒家文化为切入点的。其中第一问考查孔子思想的核心及其目的。材料及问题如下（只引与本文相关的材料及问题）：

以孔子思想为核心的儒家文化受到广泛关注。阅读材料，回答问题。

材料一：他（孔子）知道，古代传统的重建，并不仅仅是指外表上的同一，这里所倡导的是对永恒真理的温习，而不是对过去的模仿。孔子希望通过自己的努力，能使这些永恒的思想重放光彩。

——摘编自［德］雅斯贝斯《大哲学家》

根据材料一，说明孔子对古代传统重建的内涵。（2分）结合所学知识，指出孔子为重建古代传统文化所做的工作，（2分）并回答孔子的核心思想及其欲达到的目的。（4分）

有关孔子的核心思想及其欲达到的目的一问的参考答案是——核心思想："仁"；目的：调解与和谐社会人际关系。

不管是客观题，还是主观题，答案都必须能在教材中找到出处，这是重庆试题的一个突出特点。显然，这个参考答案来自教材的表述，"仁，是孔子思想体系的核心。……主张以爱人之心调解与和谐社会人际关系"。乍一看，没有问题，忠实于教材的考生，也会做出"正确"回答。但若仔细推敲，此答案就值得商榷了！

一、关于孔子的核心思想

孔子的核心思想是"仁"，这个回答没有错，也是教材（注：重庆使用的人教版）所持的观点。但问题是，关于孔子思想的核心学术界是有争议的。题目要求学生结合所学知识进行回答。一个优秀的文科生，其知识除来自教材外，更多来自课外的阅读。若有考生回答孔子思想的核心是"礼"或"中庸"等，按参考答案肯定是判了"死刑"！难道他们的回答就真的错了吗？不是的。的确有学者认为，孔子思想的核心是"礼"。如现代著名学者、历史学家蔡尚思先生就持这一观点。蔡先生是现代最博学的著名学者之一，在学术界有"北钱（指钱钟书）南蔡"之称。也有学者认为，"仁"和"礼"二者在孔子那里是一对范畴，共同构成孔子思想体系的核心。如哲学大师冯友兰先生就持这一观点。冯先生认为，"礼"是孔子的政治纲领，"仁"是最高道德原则，共同构成孔子思想体系的核心。岳麓版教科书也认为孔子思想体系的核心是"仁"和"礼"，其主要内容是"仁者爱人"和"克己复礼"。此外，还有"中庸"说，"忠君"说，"三纲"说，"孝"说，"仁孝"说，"忠恕"说，"仁恕"说，等等。不按教材观点回答就判零分，对这部分学生来讲是不公平的。更为严重的是，会对中学历史教学造成不良导向，培养只会背教材的书呆子，这既不利于高校选拔人才，也与新课改精神相背离。

"材料一"摘编自"［德］卡尔·雅斯贝斯《大哲学家》"，"仁"作为孔子思想的核心也有违材料的本意。这段材料的原文如下："孔子决心为复兴周王朝而做些什么。孔子的复兴意愿乃是针对周王朝的奠基人，特别是针对周公而言的。……他（指周公）是通过自己的著作和行为为孔子自身树立了典范。这一对历史的见解通过孔子而首先具有'批判性'：他区分在古代时何为善，何为恶，他选择值得纪念的典范或作为警戒的例子。其次，他知道古代传统的重建，并不仅仅是外表上的同一。'一位生在今日的人返回到古代之道中去，他是个愚人，并且会陷入不幸的。’这里所倡导的是对永恒真理的温习，而不是对过去的模仿。这些永恒的思想在古代是清晰显现的。可是现在是黑暗的时代，孔子希望通过自己的努力，能使这些永恒的思想重放光彩。”

这段引文出自第二部分“孔子的根本思想”。雅斯贝斯认为，孔子决心为复兴周王朝而努力，复兴的意愿是针对周王朝的奠基人，特别是针对周公而言的，因周公用自己的言行树立了典范。但孔子不是机械地模仿，而是有所损益（“批判性”）。他要通过自己的努力让（周公的）永恒真理重放光彩。“永恒真理”指什么？在孔子看来，就是周公所创立的制度及其礼仪，即“周礼”。在整个第二部分，都没有提到“仁”，作者是将“礼”作为孔子的根本思想。孔子提出“礼”的目的是什么？以实现对“天下无道”社会的救济！

从材料中提取有效信息回答问题，是历史材料题的基本要求，也是有效考查学生历史思维能力和研究潜力的试题，若脱离材料而去背诵教材的观点，有失材料解析的真谛。

二、“仁”欲达到的目的是什么？

参考答案认为，孔子提出“仁”，欲达到的目的是“调解与和谐社会人际关系”。这实在有些牵强！什么是目的？辞海的解释：人在行动之前根据需要在观念上为自己设计的要达到的目标或结果。目的贯穿实践过程的始终。它的产生和实现都必须以客观世界为前提，同时还受一定历史条件的制约。目的是通过主体运用手段改造客体的活动来实现的（上海辞书出版社，1999年9月）。根据这个定义，显然，“调解与和谐社会人际关系”，既不是“仁”在观念上要达到的目标，也不是在观念上要达到的结果，而是实现目的的过程和手段（或主张）。教材原文是，“主张以爱人之心调解与和谐社会人际关系”，也没有说是“仁”要达到的目的，而是说实现“仁”的主张（或建议）。

那么，孔子提出“仁”的目的究竟是什么？要弄清其目的，首先得弄清“仁”的含义。什么是“仁”，孔子自己也没有一个统一的解释，往往针对不同的人和弟子做不同回答。如在回答颜渊时说“克己复礼”为仁；在回答樊迟问话时又说：“仁者，先难而后获，可谓仁矣。”在回答子张时又说，“能行五者（恭、宽、信、敏、惠）于天下者为仁”……因此，关于“仁”的含义，是仁者见仁，智者见智，没有一个比较一致的认识。著名学者、思想理论家匡亚明教授认为，“仁”主要体现在3个方面：一切道德之和的总称；个人修养上的不同层次（士、君子、圣人）；“为政”实践中的不同层次（修身、齐家、治国、平天下）。可见，“仁”的内涵极为丰富，既是最高道德原则、道德标准，也是高尚的品德情操、政治理想；既有内在的如何达到“仁”的境界，也有外在的如何实现“仁”的方式方法；小到个人人格的培养，大到治理社会国家的理想。

孔子为什么提出“仁”？春秋以来，王室衰微，作为“天下共主”的周天子徒拥虚名。“礼乐征伐自天子出”的统治秩序已成历史，代之而起的是诸侯争霸，大国兼并小国。“礼崩乐坏”，臣子杀国君，儿子杀父亲之类的事经常发生，社会矛盾尖锐，人与人之间的关系紧张。孔子的政治抱负就是要革除当时“礼崩乐坏”的社会现状，恢复“文武周公之道”，“仁”便是出于这种诉求提出的。“仁，爱人也，源自人类本初既有的血缘亲情——孝悌，‘孝悌者，其为仁之本与（《论语·学而》）’。在孔子看来，子爱父、弟敬兄这是人间最真挚的感情，也是善良和正义的源泉，所以说是‘仁之本’。如果人们能把这种血缘亲情由内而外层层推衍到和他人的关系中，真正以一种发自内心的真感情善待对方，能够坚持‘己所不欲，勿施于人’的操守，那么人们自然也就有了‘爱人’之心。孔子相信，这种仁爱就是国家和社会秩序得以建立的心理基础和价值本原。”可见，“仁”除了伦理的含义外，还有深层的政治含义，而这种政治含义才是“仁”思想的核心。因此，孔子提出“仁”的目的，是希望建立一个“天下有道”的理想社会。

历史：切忌复杂问题简单化

——以2013年重庆高考历史第6题为例

原题如下：图1数据来源于严中平《中国近代经济史》。导致1843—1852年英国制造品输华值发生变化的根本原因是（　　）。

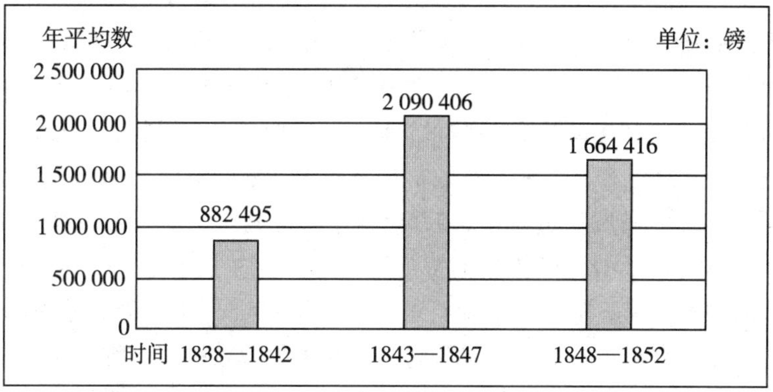

图 1　1838—1852年英国制造品输华值（年平均数）

A. 鸦片耗去了中国对英国制造品的支付能力

B. 英国制造品遭到中国自然经济的顽强抵抗

C. 英国制造品输入太多超过中国的购买能力

D. 中国征内地税限制了英国制造品在华销售

命题者提供的参考答案是B，英国制造品遭到中国自然经济的顽强抵抗。乍一看，没什么问题。鸦片战争后中国虽沦为半殖民地半封建社会，但自然经济仍然是中国社会的主要经济形态。自然经济是封建统治的经济基础，是建立在较低生产力水平之上的一种经济形态。基本特征是自给自足、封闭保守、分散孤立，与开放进取、以扩大再生产为特征的商品经济势不两立。外国资本主义经济是建立在商品经济高度发达基础之上的一种经济形态，所以，外国商品进入中国自然会遭到以简单再生产为特征的自然经济的顽强抵抗。但仔细分析不难发现，选项B这个结论是值得商榷的，至少此题的设计不够严谨。材料并没有提供英国商品输往中国的具体情况，只是笼统提供了两个阶段的平均数据：1843—1847年平均是2 090 406镑，1848—1852年平均是1 664 416镑。数据显示，前5年英国制造品输华较多，后5年急剧下降。如果说因自然经济的顽强抵抗导致后5年急剧下降，那前5年怎么解释？是否逐渐下降？中间是否有反复？这些都不得而知，而设计的问题是要考生从1843—1852年这10年输华值的变化中做出判断，这就难为学生了！其实，历史问题是复杂的，一个历史现象的出现，是多个因素决定的，不是简单一句根本原因就能概括。在众多因素中，可以让考生找出重要因素、直接因素、主要因素等，应尽量避免“公式化”的根本因素。因根本因素常常是用内外因辩证关系、经济基础决定上层建筑的公式推导出来的。而历史的真谛是用事实说话，讲求“史论结合，论从史出”，有一份证据说一份话。近年，全国卷和有经验的兄弟省市的高考试题中很少出现“根本原因”之类的试题，大概就是为了避免将复杂的历史问题简单化、公式化。事实上，英国制造品输华值的变数较大，并不是我们想象的那样有规律的波动。据严中平《中国近代经济史》记载：“1838—1842年间，平均每年值为882 495镑，到1843年便跃至1 456 180镑，到1844年又跃至2 305 617镑，1845年又跃至2 394 827镑，此后便进入衰退状态，直到第二次鸦片战争以后再迅速上升。”人教社教材也有较为详细的对比：1855年前的10多年间，英国对华工业品贸易始终在200万英镑左右徘徊。英国商人惊奇地发现，拥有3.6亿人口的中国，1853年人均消费英国棉纺织品的价值只有0.75便士；而仅有14 600人的洪都拉斯，却人均消费英国棉纺织品934.5便士，恰好是中国的1 246倍。严中平是研究经济史的泰斗级学者，作为人教版教科书，所引材料应该是严肃的。他们都认为从1845年到第二次鸦片战争前，英国工业制造品在中国出现严重滞销，工业品的输华值锐减。那么是什么原因导致英国工业制造品的输华值锐减？现借助相关资料梳理如下：

首先，疯狂的鸦片走私使中国经济雪上加霜，使本就贫穷的中国人的购买力进一步下降。鸦片战争还在进行的时候，与鸦片没有直接利益关系的一部分英国人，对鸦片贸易这种不道德行为表示愤慨，纷纷请愿希望结束这场罪恶的战争。这在道义上形成一种舆论，给英国政府极大的压力，最终没有将鸦片贸易写入条约。但《南京条约》的第四条允许以洋银600万元作为鸦片损失的补偿，说明英国资产阶级的利益是不可损害的，清政府无法禁止鸦片的走私行为，这就等于默许鸦片输入的“合法”。从1843年起，鸦片贸易完全不受法律制裁，且输入比战前更多。鸦片战争前，鸦片走私只是在广东、福建等地的沿海进行。战后，走私口岸除广州、香港、澳门、厦门、福州、泉州外，还扩展到浙江的宁波、温州、台州，上海，山东威海卫，直到河北、东北地区。香港成了鸦片走私的中转站，上海成了鸦片走私的另一个中心。“在上海海关，鸦片是唯一不受检查的货物。在福州、泉州及汕头，鸦片贸易公开进行。1800—1839年的40年间，合计进口鸦片42.87万箱，平均每年1.07万箱。1840—1860年的21年间，仅从印度输入中国的鸦片就达94.92万箱，平均每年4.52万箱……除了通过海关输入的鸦片外，还有走私进口的鸦片。在19世纪50年代的200余家洋行中，有50余家参与鸦片走私。”畅通无阻的鸦片走私，使鸦片在中国的销量猛增。鸦片在中国的销量究竟有多少？无法统计出准确的数据，专家们估计的出入也较大。研究经济史的权威严中平先生认为：“在鸦片战争前10年间（1830—1840），平均每年输华鸦片为24 000箱，价值1 600万元。而鸦片战争后的1845—1849年，据香港殖民政府官员米切尔（W.H.Mitchell）估计，从印度输入鸦片220 717箱，其中有3/4，即165 000箱是集中于香港分销到中国的，每箱售价以500元计，价值达82 700 000元，或18 450 000镑。到爆发第二次鸦片战争的1857年，只上海就进口32 000箱，比战前全国进口量还多8 000箱。”英国情报资料显示，1843年广州的鸦片窖口达20余处，清政府官吏竟无耻地向窖口索贿分肥，每个窖口“每日派规银百元有奇”。广州城内的鸦片铺，“亦有五六百家”。这从侧面反映了外来鸦片的泛滥。鸦片大量输入，在购买力有限的情况下，中国人不可能同时既购买毒品（鸦片），又购买商品。洋货对华销售的衰退，促使英国政府于1847年组织了一个小组委员会，专门研究如何开拓中国市场的问题。小组委员会根据调查做出结论：开关以后，中国政府是忠实履行条约义务的，英国对华贸易不振，“既非因为中国对英国货物没有需要，也非有其他国家与英国竞争，唯一原因在于中国可以动用的现银被鸦片所吸收，从而对于自英国进口的制造品，即缺乏支付手段”。对这种现象，马克思曾有过精辟的解说，“我们仔细地考察了中国贸易的历史以后得出的结论是：一般说来，人们过高估计了天朝老百姓的需求和购买力。在以小农经济和家族手工业为核心的当前中国社会经济制度下，谈不上什么大宗进口外国货”“这个市场失败的主要原因看来是鸦片贸易。事实上，对中国的出口贸易的全部增长额始终都只限于这一项贸易。第二个原因是国内的经济组织和小农业”“我们证明过鸦片贸易的增长与西方工业品的销售成反比。我们曾认为，除了鸦片贸易之外，对华进口贸易迅速扩大的主要障碍，乃是那个依靠着小农业与家庭手工业相结合的中国社会经济结构”。英国商品为什么会在中国滞销，时人也有同样的看法。英国人蒙哥马利·马丁曾问上海道台：什么才是促进对华贸易的最好办法？道台毫不犹豫地回答：“别再向我们运送那么多鸦片，我们就能够购买你们的产品。”

其次，中国封建社会小农业与家庭手工业相结合的自然经济结构对外来商品形成顽强抵制。鸦片战争后，鸦片走私、战争赔款以及各种封建剥削，加重了农民的负担，使农业与家庭手工业结合得更加牢固，农民不得不依靠家庭手工业的微薄收入来支撑家庭；由于负担加重而造成的极度贫困，使得广大农民即使在极廉价的外国机器制造品面前也缺乏起码的购买力。不要说洋布价格高于土布，就是低于土布，也难得有畅销的机会，因为土布还有一个优点就是耐穿，适宜“做粗重农活”。马克思指出：“因农业和手工制造业的直接结合而造成的巨大的节约和时间的节省，在这里对大工业产品进行了最顽强的抵抗；因为在大工业产品的价格中，会加进大工业产品到处都要经历的流通过程的各种非生产费用。”中国农民都是在收获后，或雨季不能进行户外劳动时，利用空闲时间从事家庭手工业，动员全家成员纺纱或织布的；棉花等原料也是自己种植，或以自己田地里的生产物交换得来；生产过程中除家庭成员外，也不要其他人帮助。所以布匹的价格超过棉花价格部分，全部算作他们的“利润”。中国老百姓爱说一句话，“养儿不算饭钱”。因为时间和劳动力都不算钱，中国农民纺的纱、织的布，除了原料外，几乎无其他成本可言。所以只要进口棉织品价格略高于中国棉花的价格，中国手工制品就有与外国棉纺织品竞争的很大的余地。而运到中国来的棉纺织品，除原料费外，还要附加加工生产的成本、关税、运费及保险费等，以及进口商人和中间商人的利润，因此其在这方面的劣势显而易见。

最后，输华制造品脱离中国实际也是导致英国商品在华滞销的一个重要因素。《南京条约》签订之后，英国资产阶级“兴奋若狂”，一想到可以与“三万万或四万万人”进行贸易，大家全都好像发了疯似的高兴。代表侵略者签订《南京条约》的璞鼎查，回到伦敦后，在国会上曾得意地宣布，他已为他们的生意打开了一个新的世界！这个世界广阔到“倾兰开夏全部工厂出产的衣料也不够供它一个省”。也有人说，“只消中国人每人每年需用一顶棉织睡帽，不必更多，那英格兰现有的工厂就已经供给不上了”。资产阶级们都在规划各自的发财梦，同时从事纺织的资本家将大量棉纺织品运到中国。不过，他们究竟是根本不知道，还是被胜利冲昏了头？！中国人可不独是棉、麻、丝等各种纺织品的伟大制造家，而且还是各种原料的生产者。这些纺织品产量庞大，足以满足自己的需要，因此，人们对洋布根本就“不稀罕”。英国布在中国推销的最大障碍，戴逸先生综述如下：第一，中国人有根深蒂固的勤劳节俭的习惯，且这样的人占绝大多数；第二，劳动的经济利用，使每一个农民都成为制造者，即农产品与衣着原料的生产密不可分，农民将农闲劳动用于这种衣料的生产；第三，土布中，不论粗细，所含原料都十分重，但其生产成本却极低，因此足以抵制一切外来商品的竞争；第四，中国的几乎每一个阶级都是从事劳动的阶级，彼此互相帮助，在其各自的生产品的交换方面，根本是彼此依赖的……以上种种在我看来都是最大障碍。舍菲尔德一家著名的商行向中国运来大批餐刀和餐叉，并声称准备给全中国供应刀类制品，但结果卖价几乎抵不上运费。伦敦一家商行运来大批钢琴，遭到同样的命运。这些商人，也不做市场调研——中国人吃饭习惯用筷子而不是刀叉。最有群众基础的乐器是锣鼓。贫穷落后的中国人绝大多数是文盲，而锣鼓敲打节奏简单，不需要什么专业知识，更不必请专业老师，且与中国人的生活习俗密切相关；钢琴这种高雅的玩意儿，对中国人来讲，属于阳春白雪，绝大多数中国人根本就不认识（更别说玩了），就是送他恐怕还嫌占地儿。

肖璟专集

肖璟，2014年西南大学外语系毕业，学士，同年进入黔江中学高中部从事英语教学，送走两届毕业生。2014年和2015年连续两年获得“一师一优课，一课一名师”活动重庆市一等奖、教育部部优。2016年被评为黔江中学优秀教师。其论文《高中英语词汇记忆与教学》获重庆市三等奖。2018年在“川渝六校共同体”核心素养下教师课堂教学能力大赛上获一等奖。为重庆市高中促进计划重点课题《教育环境对高中课程改革的影响及对策研究》的主研，系重庆市庞友海教学专家工作室成员。

2015年秋季第一次月考分析

本次月考，自己所带的两个班还是有进步的。当然，也暴露了不少问题。

先说说本次月考的试题吧。本次试题由我们组四人编制。所出题主要根据新高考（全国二卷）的题型、要求制定。听力部分，用了以前重庆卷的2级听力，对学生来说，稍难。阅读部分，考虑到高考考查的是学生查找信息的能力，因此本次出题所选文章大部分都是细节题，其中也穿插对学生思维能力、猜词及推测能力的考查。完形填空题，主要考查学生把握文章上下文逻辑关系和作者态度立场的能力，以及学生的词汇量。此次完形填空题所选文章，符合高考要求，其中的单词学生都认识，但完成起来，还是有些难度。单词填空，所选题全部出自练习册和教材，目的在于促使学生重视日常学习的消化落实。短文改错题，主要集中考查学生的词汇和语法掌握情况，选文篇幅、难度合理。写作部分，此次命题选择了和学生学习生活息息相关的“家长会”话题，贴近生活，让学生有话可说。总的来说，本次命题以全国卷为依据，考虑到了学生的学情，难度适中。

月考后，通过对学生答题情况的分析，发现了以下问题：

1. 学生答题不规范，有学生没有填涂考号，导致电脑无法阅卷，最后以零分处理

很多学生在做改错题时，不读题目要求，未按照给出的标准修改方式修改，把整个卷面改得千奇百怪；少数学生读题不仔细，写作部分虽然已经给出“家长会”的英语表达方式，但部分学生还是自己写了拼音代替。

2. 从各大题型做题情况反映出学生不注重消化落实，不能学以致用

词汇关仍然是学生一大难关。学生的思考能力还十分欠缺，书写也急需改善。

针对这些问题，我有以下思考，希望能对学生的学习有所帮助。

（1）重视学生词汇的积累，定期听写。周二、周四有早自习的时候，上课时进行一次大听写，检测词汇掌握情况。周一、三、五没有早自习，抽人上黑板听写，检测学生对前一天所学单词的消化掌握情况。

（2）继续加强书写练习，对学生进行单个指导，指出他们书写中存在的问题，这样比在全班笼统地说更有效。

（3）课堂上多注重阅读策略的讲解，多抽学生回答问题，带领学生把握文章逻辑、整体结构，带领他们一起解读作者的态度立场。有针对性地练习，提高学生的思维能力。对每篇文章中的重点句子，要求学生背诵。

（4）写作这一块，对学生进行分层教学。有能力独立写作的，要求他们自己完成，交给老师修改完善，然后熟读自己写的文章；对于能力较差的学生，要求他们抄写范文，熟读、尽量背诵。

（5）把全班分成若干组，合作完成5首简单易学的英文歌的学唱，以丰富他们的课间生活。重点对英语成绩不好但歌唱得好的学生加以表扬，以激发其学习兴趣。

（6）多鼓励学生。每月对单词、作文、阅读、书写、唱歌这几个方面进行总结，对表现好的学生给予表扬，在教室办“表扬信（小奖状）”。到期末，比一比谁的“表扬信”最多，前三名可以得到老师送的神秘礼物。

Unit 2　Working the Land 阅读课教学设计

一、教材分析

本堂课是本单元的第二课，是一堂阅读课。教学内容选自人教版新目标高中英语必修四第二单元阅读部分——A Pioneer For All People，阅读材料主要讲述“杂交水稻之父”袁隆平的生平。《高中英语课程标准》指出提高高中生英语综合能力的重要性，强调高中生应该能够收集、整理信息，分析、解决问题，用英语思维思考并表达观点。因此，本堂课旨在通过Skimming，Scanning，Careful Reading，Discussion等环节，培养学生阅读能力，从中锻炼他们“说”的能力（回答问题以及最后的Discussion）；通过读和说找到关于袁隆平的信息、了解这个伟大人物。最后的课后作业要求学生通过写小段落来巩固对袁隆平的了解。本堂课设计不同类型的问题让学生去解决，并尽可能地让学生多多参与活动。

二、学情分析

本次授课对象是2017级4班的学生，班级共有70名学生，班额较大。学生来自不同的初中，现在所在班级是普通班，尽管已经学习高中英语将近一年，但英语水平还是参差不齐，且大部分学生的英语基础差，英语水平处于中下水平。听、说、读、写4项技能都是学生们的难题。其中，学生特别反映不能适应高中阅读，指出词汇量不够和缺乏阅读策略是他们阅读中最大的障碍。因此，在阅读课之前，先对学生进行了一个课时的词汇教学，旨在降低学生的阅读难度，提高他们的学习兴趣和主动性。阅读课上，则根据学生的实际水平，设计了不同梯度和类型的问题。在回答问题时，又通过提示关键词、相关选项等给予学生引导和帮助。

三、目标分析

本课教学有如下目标。

1. 知识、能力目标

通过本课学习，学生能够归纳段落大意，找到细节信息，读懂文章，了解袁隆平的生平，归纳袁隆平的良好品质。阅读能力，如预测、跳读、寻读、细读能力得到提高。

2. 情感、策略目标

通过本课学习，学生能够做到以下几点：

（1）自主学习、合作学习。

（2）向伟大的人物——袁隆平学习。

（3）掌握阅读策略。预测：通过读标题、看图片学会预测文章内容。快读和细读：学会抓关键词、关键句。

3. 教师个人目标

整个教学中，能够充当好引导者，尽可能多地让学生参与到课堂活动之中。

四、教法、学法分析

本堂课主要采取任务教学法。任务教学法，是指遵循“learning by doing”的原则，强调教师根据学生情况，在学生学习语言时，设计合适的任务让学生去完成，坚持课堂以学生为中心，让学生“在用中学，在学中用”。本堂课根据任务教学法的原则，设置了不同的任务，如Prediction，Skimming，Scanning，Discussion等。另外，本堂课还坚持用电脑辅助教学，这样有利于学生更明确自己的任务，使课堂教学进行得更顺畅。

《高中英语课程标准》指出，高中生要能够自主学习和合作学习。本堂课学生主要就是通过这两个学习方法来学习。在阅读文章部分，学生自主学习，通过自己阅读搜集、整理文章信息回答问题；在讨论部分，学生和同桌互相讨论，归纳出袁隆平的良好品质。

五、教学过程

Step1：Greeting and Lead-in

Step2：Pre-reading

Task1：Prediction（title and picture）

Step3：While-reading

Task1：Skimming（Finding main idea of each paragraph.）

Task2：Scanning（Finding detailed information paragraph by paragraph.）

Step4：Post-reading

Task1：Discussion（good qualities of Yuan Longping）

Step5：Homework

导师点评：后半部分确实太简略了一点。一篇完整的教学设计，前半部分主要反映教者的理论水平和概括能力；后半部分重在反映教者的专业知识功底和教学智慧。当然在最初的设计里面可能没有，可以通过预设和课后反思来反映。但敢于交给我发表出来，不怕暴露自己的短板，这是需要勇气的，这是进步的开始，是成功的先兆！

“精妙”课堂的背后

上学期期末参加了重庆市教科院组织的“名师送教培训活动”。培训活动在黔江区新华中学举行，集中在高二年级进行听评课、磨课活动。听了几堂课，其中印象最深的是重庆八中一位年轻女教师（记不得名字了）的课，若让我用一个词概括，就是“精妙”！主要体现在以下几个方面。

一、课堂主题、目标设计精妙

这是一堂阅读写作课。一般情况下，教师会把课堂主题定为“Reading and Writing”，而这位教师则定位为“Reading for Writing”。仅一个词的更换，使得整堂课的课堂目标变得十分明确：借阅读输入有效信息，为写作的输出做充分准备；主要考查学生抓住细节信息解决实际问题的能力。课堂主题简单明了，实现了教学目标的优化。

二、情境、任务创设精妙

本堂课的阅读内容是关于青少年吸烟的危害以及如何戒烟。教师一开始就巧妙地将吸烟的青少年假定为“李华”这一个中国中学生最熟悉的名字，每次英语试卷写作，都会假设学生是“李华”，或者让学生给朋友“李华”写建议，等等，并设问 “Boys and girls, do you still remember your friend, Li Hua? ” “ A sad story for you——he is addicted to smoking now.” “As his friends, would you like to help him?”就这样轻松愉快地把学生引入到情境之中——帮助好朋友“李华”戒烟。这符合任务型教学的要求，任务不是简单的练习题，而是让学生用知识在课堂上完成一些他们在日常生活中会经历的事情。

三、应急处理精妙

教师是初次和学生见面，巧妙拉近与学生的距离，有助于顺利完成教学任务。上课前，教师很自然地做了自我介绍，并询问学生平时是怎么学习英语的，单词量有多少，等等。有了这样一个互动，立刻消除了陌生感。课堂一开始，教师一口漂亮的美式英语，非常地道，当然语速也十分快，从学生的反应来看，他们明显跟不上，教师立马放慢了速度，并多次强调“Please look at me”来提醒学生关注教师在说什么，学生逐渐适应了教师的节奏。整堂课教师都能根据学生脸上的表情和互动表现判断学生什么时候有疑惑，什么时候能听懂，并适时调整自己的教学策略。此时问题出现了。课堂进行不到10分钟，整个PPT都播放不出来了。但教师一点不紧张，淡定地提问“What are the harmful effects of smoking? ” “How are people addicted to smoking? ” “How to stop smoking? ”问题简洁明了、针对性强，引导学生在课本中查找细节信息。在师生自然而巧妙的互动中，课堂逐渐进入高潮，让听者动容。学生不仅掌握了新的知识，还在轻松愉悦的情境中得到美的享受，实乃一次精神大餐，令听课的老师们也深入其中。

四、教学运用精妙

课堂进行到最后的阶段，是让学生用阅读中获得的有效信息来写一封信劝说朋友“李华”戒烟。学生展示写作成果时，教师认真听学生念作文。学生的作文中用了很多以前学过的旧知识，这些旧知识只要可以用该堂课所学知识替换的，教师都一一提出来让学生调整，引导学生活学活用。学生及时修改，真正做到学以致用，用所学知识解决实际问题。

课后交流时我问她，当PPT出了问题还那么淡定从容，非常机智地处理了突发问题，保证了课堂的活力和魅力，有什么经验。她说，也没有什么经验，平时扎扎实实地做“功课”而已。在上课前，必须先将所教文章全部背下来，为学生树立榜样。高中英语文章都比较长，背诵一篇两篇不难，但将所有文章都背下来，不是一件容易的事，需要多大的毅力啊！同时，我还了解到，在教学中，她一直要求自己紧跟高考步伐，做高考题、分析高考，研究考点，自己尝试出题，把高考新题型与日常教学相结合。教学中，她非常注重教材的选取和整合，除了用学校现有的教材，还会选择使用《新概念英语》进行教学……我明白了，该教师口语一流，完全得益于她日复一日地对美式英语的模仿、操练……所谓台上一分钟，台下十年功啊！该教师才30岁出头，但已被破格评为中学英语高级教师。之所以能奉献如此精妙的一堂课，源于课后辛勤的付出！

导师点评：肖璟这篇评课稿既是对课堂的点评，也是一篇比较完整，有一定技巧的独立文章，全篇紧紧围绕“精妙”这个主题，从课堂主题目标设计、情境任务创设、应急处理、教学的运用等方面进行说明评论，最后通过交流，得知对方课后所下的功夫，了解了“精妙”背后是辛勤的付出，与题目照应。这是一篇质量较高的评课稿，但并非一蹴而就，发给我之前经历了较长时间的写作和修改，发给我后又被我提出修改建议打回。可见一篇优质评课稿的背后也有辛勤的付出！

关于翻转课堂的思考

“翻转课堂”是目前教育界一大热门话题，不少学校都派教师学习其理论及操作，准备试行并推广之，大有取代传统课堂之势。那么，到底什么是“翻转课堂”呢？最近读了相关文章，了解了大概，下面谈谈我的一点看法。

从字面意思上理解，“翻转”就是对传统课堂顺序的反转。传统课堂是先让学生在课堂上学习新知识，课后再让学生去完成相关作业；翻转课堂则是学生课前先在家中听课、自学，然后再在课堂上与老师、同学一起理解、解疑。然而，“翻转课堂”不仅只是教学顺序的反转，其中还包含着大学问。比如，学生的课前自学，是根据学生自己的学习进度进行的，并且是借助先进的技术听课（目前主要是教师把知识制作成视频供学生学习）。又如，“翻转课堂”在实施过程中，要求学生先根据自身情况，在“知识地图的帮助”下学习视频，并根据自己的学习结果把自己的答题情况（正确率、错误率、易错题等）填写到电子表格中反馈给老师。所以，对学生有一些要求：

（1）学生对自己能有正确的认识，必须清楚地知道自己的学习处于什么阶段。

（2）学生有足够的学习主动性，能在家中自觉学习。

（3）教师有足够扎实的专业功底和过硬的信息技术知识，能制作出满足不同水平学生的学习视频。

（4）学校及家庭要有完善的信息技术设备，确保学生人手一台学习装备。

“翻转课堂”强调学生根据自己的实际学习情况，在家里先自学，再到课堂上提出自己的疑问，请老师和同学们一起解决，充分体现学生的个体差异，注重满足学生的个体需求。“翻转课堂”要求教师在课堂中实现一对一的教学。“一对一”指的是教师在课堂上一次解决一个学生的问题，或者一次解决一种共同的问题，这样能够真正地照顾到每一个学生，提高学习效率。“翻转课堂”中，课堂就是“有秩序的混乱”，即有的学生在课前完成了自己的既定任务，在课堂上可以根据自己的兴趣和学习计划学习别的课程。针对前面两个观点，我有一些疑问：课前个体化学习，课上针对个体问题逐一探讨和解决，那么像美国那些小班额的班，估计可以一一解决问题，能提高课堂效率，但像我们现在这样的大班额，一个班有70～80个人，一一解决和探讨可能吗？真的能提高课堂效率吗？课堂是“有秩序的混乱”，那么学习动机强，自控力强的学生可以把“混乱”把握成发展个性的机会，可学习自控力差的学生呢？他们能保证好好利用这里的“混乱”吗？

“翻转课堂”引来各个学校的热议和效仿，那么“翻转课堂”可以在我校实施吗？无疑，这是一种教学发展趋势，我们需要努力跟进。但是介于“翻转课堂”的要求（我在上文提到），我认为，目前，学校班级班额太大，班级被分为不同层次，这样使得有些班级的学生学习主动性和学习动机不够，无法自己先在家中有效自学；而且，“翻转课堂”是对信息技术的高度应用，要求学生人手一台装备。我想，要实行它，得首先对所有的教师进行专业培训，并大力投资教学装备，这无疑是一项巨大的工程，需要长时间来推进。所以，根据目前我们的现状，“翻转课堂”可以先试点，在一些基础较好的实验班试点，之后再慢慢推行。推行，也应该是结合学校实际，因地制宜地、有创新地推行，而不是照抄照搬。

导师点评：教师要跟上时代的步伐，必须读书，让自己成为“活水”。不读书者犹如一潭“死水”，会慢慢走向枯竭。读书要思考，否则就会成为书呆子或书的奴隶！肖璟的这篇“思考”谈不上成熟，更谈不上深刻，但我看到了她的独立思考，这是一个好的开头。贵在坚持！恒心和毅力——成功者与失败者的区别。

参加高三英语研讨会有感

渝东南地区高三研讨会在我校召开。我虽不是高三教师，也有幸参加了部分会议——评课及考试中心对新高考疑难问题的解答。遗憾，没有听到张老师的课。

此次会议后，我有以下收获和思考：

（1）教学要紧扣《考试大纲》。这是让我头疼的一件事。从教一年多，耳中常常听见“考试大纲”几个字，可是从未见到过。

（2）高考作文，趋向提纲类，但是不会具体给出细节。比如，请写出地点和时间，那么具体地点是哪里，时间是几点，都由学生自己去推敲。平时教学，要有针对性地对学生进行训练。

（3）在提高学生书面表达能力方面，合川英语教研员胡老师分享了他的经历，有比较高的借鉴价值。他说，改书面表达，用两种颜色给两个分：一种颜色给学生一个“神仙分”，即不看内容，只看书面，给一个分；另一种颜色，只看表达，不看书面，给一个分。这样，通过比较两个分值，帮助学生找出书面表达的问题，是书面还是表达需要提高。

（4）语法填空题，10个空，具体给提示词和不给提示词的空分别是7、3还是6、4并不确定。这让我意识到，教学中并不需要把10个题具体有几个提示词，有几个无提示词细化，而应注重训练学生对句子结构的分析，对篇章整体的把握。

（5）阅读新题型，7选5，基本上，一题文章主旨，2或3道段落衔接，2或3句子衔接。主要考查学生对文章的整体把握能力。胡老师建议，先把7选5，变成5选5，帮助学生先排除多余两项，进行训练，等到学生5选5做得不错的时候，回过去把做过的题，还原成7选5，让学生练习，再去分析选错的原因。这个方法可以先让学生在降低了难度的练习中训练逻辑思维，提高把握文章整体的能力，待学生思维、意识、能力有所提高之后，再加大难度。这个方法值得一试。

参加此次会议，让我意识到，平时多向有经验的教师学习，多读书去体验别人的教学经历多么重要。年轻人，正是需要不断地积累，见得多，听得多，自己的思考自然就多，才能不断进步。

导师点评：看来收获确实不小，写出来印象会更深，同时提高了语言表达能力。一个教师甚至优秀的教师与学者型教师区别在哪里？如果用最简洁的字概括就是“写”，即将自己的思考变成文字，在变成文字的过程中，提升自己的综合能力，将教学实践与理论相结合，逐渐形成自己的个性。

听了王中周老师一堂课的感受

我在高一（15）班听了王中周老师的课。这是一节语法课，授课内容是同位语从句。听后给我的感受如下：

首先，感受最深的是王老师备课之精，对教材理解之透。比如，在备课方面，王老师是完全按照自己的思路设计的课件，每一张幻灯片的内容都根据讲课需要，用不同的符号和动画来突出教学重难点，有利于强化学生对知识的理解，也有助于学生对新知识的记忆和消化。课堂上，王老师把教材、练习册、课件有机结合在一起，根据学生对语法的感知（从教材课文中找出同位语从句）、理解（PPT结合练习册）、练习（PPT结合练习册针对三类题型）3个方面进行对同位语从句的教学。

其次，王老师的专业功底扎实，系统掌握英语语法，因此对知识的讲解和应用都是信手拈来。其对课堂节奏拿捏得当，讲解层层递进，由易到难，讲练结合。从同位语概念入手，引出同位语从句，十分清晰地从从句连接词、先行词、注意事项3大方面入手，让学生对同位语从句的理解逐步深入，特别是对先行词的讲解，王老师不是泛泛而谈，而是对先行词进行了归纳和总结，并将其分为两大类，这样更有利于学生的理解记忆。学生掌握了同位语从句后，王老师又结合上学期学过的定语从句，将这两大从句进行了比较，帮助学生区分。同时，王老师还结合考纲考点提供了3大不同类型的题，让学生巩固当天所学知识。练习这个环节是本课的亮点，王老师结合高考，把从句和高考新题型——改错题结合在一起，让学生体悟高考、辨别正误，有效提高学生的英语语法能力。改错题中，王老师也设置了几道没有错误的题，这就提醒学生高考的改错题并不是每个句子都有错，打破学生的惯性思维（以为每个句子都有错误，在句子里乱改）。

最后，王老师的经验丰富，在教学中总结了很多实用的教法和学法。比如，这节课对从句的学习，王老师总结了一套“动词、动词、连接词”的解题方法，即一个句子，有两个动词（短语）充当谓语，先找出这两个动词，再考虑两个谓语部分之间应该插入哪一类连接词。因为根据英语语法，两个动词之间需要插入并列连接词把句子连接成并列句，或者插入主从复合句连接词把句子连接成主从复合句。课后，王老师给我们阐释了他的解题方法，这种方法不仅可以应对从句的学习，还适用于非谓语的学习。只要学生掌握了这种方法，就能慢慢地会解题，且解题过程中又能不断熟悉英语的句法。王老师在语法教学方面的总结，说明他在教学中是将教学内容与学生实际相结合进行教学的，灵活而又实用，值得借鉴。

唯一美中不足的是王老师讲解过程中对定语从句的复习稍稍占据了过多时间，课堂内容对于高一学生而言稍微有点多。

王老师的课，对于初为人师的我来说，很有指导意义。这堂课给我最大的收获是：教学中要不断反思、总结。

听冉娅老师的课有感

2015年5月13日上午，我去高三年级（13）班听了冉娅老师的英语课，本堂课的主题是“学生的猜词能力”。一节课下来，让我受益匪浅！

猜词能力是高中生必备的一项重要能力，也是高考阅读题中常考查的一项重要能力。高中英语新《课标》要求学生能根据上下文句子和语境猜测词语的意思。冉老师的课堂围绕“学生的猜词能力”展开，目标明确，内容具体，层层递进，针对性、实用性强。课堂一开始以问题“你们怎么面对阅读中出现的陌生词汇”引入，继而把陌生词汇分为两类：

第一，不予理会类词汇，这类词汇不影响阅读。

第二，揣摩类词汇，这类词汇考查的是学生的猜词能力。

对“揣摩类词汇”，教师结合考纲、考题，分别从猜词类型、提问方式、解题技巧3个方面进行了详细地介绍和归纳。其中，“猜词类型”归纳了4个方面：①对考纲外词汇的考查，即对词汇表以外词汇的考查；②对考纲内熟词新意的考查；③对句义的推测；④对代词的推测。在讲解“提问方式”的时候，教师也是结合高考考题归纳出在题干中的关键字眼：... take the place of the word ...，... implies / refers to / means ...，... is closest in meaning to，... means to say ...，... stand for ...，...be defined with...，等等。这使得学生明白遇到这些字眼，命题者要考查什么。继而，教师对最关键的部分——“解题技巧”进行了讲解。教师不是空洞地说“根据上下文语境去解题就可以了”，而是精练地点出上下文语境包含的不同逻辑关系，即可以通过其中的一些动词、连接词、标点符号、定语（从句）、同位语（从句）、介词（短语）、构词法等来把握词义。比如教师提到，根据定义或解释猜测词义。这一类的词或短语有mean，in other words，be defined as，be described as，be seen as，refer to，that is to say等。通过所举的例子猜测词意。这一类的词或短语有like，including，such as，for example，for instance等。教师还列出了表示因果关系、并列关系等的关键词，这里就不一一举例了。这堂课，理论知识的讲解只占了15分钟，接下来的时间都用于学生练习，使学生真正地做到“Learning by Doing”。练习部分的处理，教师将词、句、段相结合，题干类型包括猜词问答、单一选择题、阅读理解3个部分，使得练习由易到难。各个练习部分，教师出每道题都很精练，学生也都能根据刚学的解题技巧找出关键词汇或从句来猜词，把理论运用于实践。

冉老师的这堂课，授课对象是即将高考的高三学子，概括性很强，是一堂专题课，对我启发不少。我平时教学，遇到猜词类型的题，总是告诉学生要借助上下文语境来解题，没有像冉老师这样很具体地告诉学生，语境中哪些词汇反映哪种逻辑关系。讲解问题应该具体化是我这次听课最大的收获。

学会有信心

本次月考，学校采用网上阅卷。我向同事小婷（化名）学习了怎么使用阅卷系统。

学习中，小婷非常耐心地指导我，从理论到实践。我十分感谢她，但本次学习中，自己的老问题——缺乏信心，仍然十分严重。在操作过程中，我十分紧张，担心自己操作不好、速度不够快，整个过程显得手忙脚乱。最终，还是出了问题。在英语试卷“扫描”过程中，有一位学生被漏掉了，导致本次英语成绩有误，必须重新对客观题部分进行机阅。因为不相信自己可以做好，所以很慌张，导致了粗心，从而使得小婷要和我一起重新工作一次。而且这次的工作量较大，是全年级的试卷。我内心很自责，因为自己的失误，导致小婷也得和我一起“加班”。看来，“学会有信心”，必须成为我今后工作、生活的目标之一。

回想从自己读高中、大学到参加工作，我真的很缺乏信心。我不敢相信自己可以做得好，我怀疑自己。高中时，我曾一度没有认真学习语文，直到后来自己被迫当了语文科代表，才开始正视语文。我记得，那时候，语文老师对我们有很好的学法指导，我在语文解题方面有了很大提升。但是，我始终在心里告诉自己：“我语文很差。”所以，有很多次，语文老师上课让我回答问题，我都是支支吾吾不说话，哪怕我有自己的答案，哪怕答案是正确的。后来，毕业的时候，语文老师送了我一句话：“要对自己有信心！”我带着这句话去了西南大学。才开学，我便鼓足勇气竞选了班干部。在专业课上，我也十分有信心地说着英语介绍自己、表达自己，各种活动我也积极参加。那段时间，我过得很开心。可后来，不知道从什么时候开始，我又不自信起来，语音实践课，我不敢再主动参与到课堂中。直到有一天，老师点到了我的名字，我站起来，读完了一段语音测试的内容，老师评论说我读的这一段，如果是真正的测试，可以拿到满分。那个时候，我才又一次明白，我能。大学毕业后，我告诉自己，大学努力了几年，争取到了每年的奖学金、积极参加了各种活动并取得了靠前的名次，所以，一定要相信自己能找到好的工作。可是，当工作真的找到了，我又没有了信心，我不敢相信自己能在那么好的学校教好书，不相信自己能像身边的同事一样优秀，不相信自己能在没有亲朋好友的陌生环境中生活得很好。就这样，工作机会放弃了，就再也没有了。之后，我便来到了现在的工作单位，我告诉自己，要有信心，相信自己可以工作得很好。可是刚开始时，每当要跨入教室时，我心里都会有些犹豫，担心学生不喜欢我的课；每当有人要来听课，我就十分紧张，前一天晚上都睡不好觉；每当到了考试，我就害怕，害怕学生做得不好；每当到了教研活动，要发言的时候，我都害怕自己说错话，反而变得语无伦次……

生活中很多的不愉快，都因缺乏信心。要怎样才能让自己有信心呢？有人说："信心和实力成正相关！"我想是的，但信心也不完全因为实力，还受性格的影响。今后，我应该从"实力""性格"两方面着手。实力上，必须多读多看多思，丰富自己的知识储备。性格方面，必须勇敢一点，相信自己。学会有信心，并不容易，但愿我能实现这个目标。

导师点评：自信是成功的基石！要认识自己，相信自己，事情并不是你想象的那么难。当然，前提是成为有准备的人！其实，你很不错，你非常有潜力！

教学寓于活动之中

——听贺冬梅老师课的感受

英语阅读题型在高考中占有很大的分值比例。文章是教材中用来传递知识和提升学生能力的一大重要载体，英语阅读课是教师提高学生英语综合能力的一个重要途径。因此，英语教师对阅读课非常重视。"怎么上好阅读课"是大部分教师都在思考的问题。《普通高中英语课程标准（实验）》提出：高中英语课程应着重培养、提高学生用英语获取信息，处理信息，分析和解决问题的能力。英语阅读教学中，教师应从学生的学情出发，在培养学生英语阅读能力时，注重培养、提高学生获取、处理信息及解决问题的能力。同时和高考接轨，培养学生推测能力、猜测词义的能力、弄清作者态度和立场的能力、整体把握文章结构的能力。教学中，教师对学生的阅读策略及考试时应有的解题技巧也应进行有目的地培养。目前，大部分教师都会根据阅读文章的篇幅、难度，将阅读课分为两种上课法：一是将其分为两个部分。第一部分，对文章进行整体阅读，培养、提升学生的英语阅读能力。第二部分，进行知识讲解，通过文章向学生传输重点词汇、短语、句型。二是将整体阅读和知识讲解融合在一起。两种上课法，在整体阅读上都注重对学生阅读能力的培养和提升，但在讲解知识点时，大家基本上都是教师讲，学生记，这样导致学生在学习知识时只能被动接受，缺乏学习兴趣。怎么有趣又高效地进行阅读课第二层次教学——知识讲解的教学？仍然值得大家深思。

本堂课，贺冬梅老师针对文章篇幅和难度，把整体阅读和知识讲解联系在一起。贺老师在课堂上极具亲和力，激情昂扬，指令清楚，教态自然大方。在整体阅读时通过fast reading和careful reading，培养、提升学生阅读能力；在找topic sentence和Q&A两个任务中，注重培养学生查找、收集信息，处理问题的能力。在知识讲解上，贺老师解释清晰，把重点内容展示在PPT上，清晰明了。作为一名年轻教师，贺老师的课堂有以下亮点让我感受深刻。

1. 课前听写

贺老师在课前对学生进行了听写，这是她对学生早自习读书情况的检测。在检测中，贺老师并不是简单地念英文让学生写，而是自己说中文，学生写短文和造句。这有三大好处：

（1）通过检测的方式督促学生早自习进行有效学习。

（2）这种方式使得表现好的学生能够在学有所得的过程中增加自信心，表现一般的学生能够发现自己的不足并想办法弥补。

（3）检测时，学生实际上是在进行汉译英。在此过程中，学生大脑在不断思考，特别是翻译句子时，学生要考虑句法结构、时态、人称、语态各个方面，这和高考的语法填空题接轨，有利于学生解题能力的提高。

2. 教学中的Everyday Task——Speech

贺老师开学时给学生放了奥巴马的演讲，让学生每天背诵一部分。完成背诵的学生，也可以背诵美文。贺老师班上的学生积极融入这个活动中，学生上台背诵之后，贺老师都要给予学生一定的奖励。这样，能够让学生体验学习英语的乐趣，不断增强学习英语的自信心，提高英语书面、口语表达能力。

3. 阅读Lead-in部分

在Lead-in部分，贺老师从学生的生活出发，问学生黔江有没有方言，和学生一起回忆黔江方言，使得课堂欢声笑语不断。同时在这一部分，贺老师在提出问题时加上自己的肢体语言，生动形象。这不禁让我想到大学时的一个外教上课，也常用肢体语言来表达自己，不仅吸引了学生的注意力，还清楚地表达了自己的意思。因此，适当的肢体语言在英语课堂上有很大作用。

对于贺老师的课，我也有一些小小的思考。课堂上一些细节若注意一下，或许可以做得更好。

第一，在学生做完speech之后，教师给了一个奖励，这里能否考虑给学生一些具体的评价，比如语音语调、内容等。

第二，在Lead-in时，讨论完黔江方言后，教师又给学生介绍了中国的方言并着重讲广东方言之后才进入课文，这里是否可以考虑省去中国有哪些方言，直接由黔江方言过渡到课文。或许这里节约的时间可以把后面剩下的the same as ... 知识点在课堂上呈现出来。

第三，整体阅读后，教师给出指令："Listen to the audio and underline difficult points in the text."但是，听完录音后，教师并没有问学生有哪些不懂，也没有给学生时间让他们在文章中找出疑难点，就直接进入Language Points的讲解。这里可否考虑听完后，给学生时间找疑难点，教师帮忙答疑，再给学生补充自己要讲的Language Points。

总之，这堂课，我在贺冬梅老师身上收获了不少。每一次听课都是一次进步。

导师点评：我虽不懂英语，但从这篇评课稿看，质量是比较高的，是经过自己认真思考的。有理有据地分析，恰如其分地提建议。正如作者自己所说："每一次听课都是一次进步。"的确如此！要想在教育领域成为出类拔萃者，很简单，做到三个字并坚持不懈：学、思、写。

教学反思

2015年9月16日上午，2017级英语组展开了本学期第一次听评课活动。我是本次活动的授课人，上午第四节课，在2017级4班进行了第二单元英语词汇教学。本节课的课程目标：一是检测学生前两天的预习情况（单词读音和意义）；二是要求学生能够熟悉重点词汇的派生词及用法，并积极记好笔记。

总的来说，我基本达到了预期目标。在对学生的检测方面，我把词汇分为了两个层面：一个层面是学生只需要认识的词汇，即知道其读音，见到此类单词，能够知道其大意。对于此类词汇，我用了Matching（词汇匹配）。把英语单词和汉语意义展示在PPT上，让学生读单词，然后连线匹配其意义。另一个层面的词汇是学生必须掌握的词，要求会读，会写，会用。这类词大部分是课堂上要重点讲解其用法的词汇。我在PPT上展现出汉语意义，让学生回答对应的英语单词，并口头拼写出来。这样的复习方式，也给学生一个明确的向导，告诉他们一个单元的词汇可以分为只需认识的词汇和必须掌握的词汇，以指导他们在学习中抓住重点。对重点词汇用法的讲解方面，我汲取单用黑板教学的教训——字迹不清，速度慢，认真准备了PPT，把重点词汇的用法贯穿在一些句子中，使学生在语境中领悟并归纳出词语用法。这个过程中，除了引入新知识，我还及时跟学生复习了一些以前学过的旧知识，帮助学生归纳一些词汇的相似用法。除了词汇用法讲解，我也注意对学生进行学法的指导，如记笔记的方法，提醒学生只有PPT上红色的部分需要做笔记。记单词用法时，用一个波浪符号代替中心词，节约时间。

本堂课，我做了准备充分，教学内容也考虑到了班上的学情。但是也有不足的地方，课堂容量稍大，速度稍快。对于基础好点的学生，能跟上老师的节奏并有时间思考问题；基础差的学生，跟不上，只是在做笔记，没有思考。PPT存在两处拼写错误，这是一个教师不应该有的错误，应该做到百分之百正确。词汇教学只体现了讲解（presentation）这一部分，没有学生练习（practice）和再创造（produce）的过程，这可能是课堂单词容量大的缘故，只能把后面两个部分放在课后让学生完成练习册和写作了。

导师点评：“反思”就是课后对自己教学行为的思考，哪些地方成功，哪些地方失误，哪些地方值得改进，等等。当然不必面面俱到，某一点总结到位即可。也可以从多个方面总结。就肖璟对这节课的反思来看，她对自己本节课的设计总结较为到位。若能结合学生的学情并引入教育学、心理学方面的相关知识进行总结就更好了。不足的地方若能更详细一点，从“事后诸葛亮”的角度看，谈谈下一次会采取什么方法或措施，这个反思就更到位了。

第一次月考英语试卷分析

3月底我校高二年级进行了本学期第一次月考。对此次月考的具体分析如下。

一、本次试题的特点

本次月考英语试卷是我和另外3位青年教师齐心协力共同完成的。试卷展现了以下一些特点。

1. 力争让各个部分符合新高考的要求

听力——考查学生是否听懂日常生活中的对话和独白，在听的过程中是否弄清楚人物、数字、日期等的逻辑关系，并能够进行简单的推测。

阅读——考查学生快速阅读能力是否查找分析信息并解决问题；考查学生对作者态度立场的判断及推测及猜词能力等。阅读文章看似简单，却需要学生有极强的耐心且要细心。

七选五、完形填空、语法填空——考查学生的语篇能力，考查学生对文章整体内容和逻辑的整体把握。后两种题型在把握语篇的基础上考查学生的词汇和语法掌握情况。

短文改错——考查学生识别语言表达中错误并正确纠错的能力。

书面表达——考查学生语言表达能力和思维能力。

2. 整套题从学生实际出发，贴近生活

听力选择的材料都是日常生活中的对话和独白，都是学生熟悉的场景。阅读和完形填空，选材体现学生学习中的一些问题。比如其中的一篇文章讲解了关于标点符号的起源，同时列举了一些英语标点符号的错误用法，正好体现了学生在学习中常犯的错误，这样就给学生一些提醒。同时，阅读和完形填空的选材还充满正能量，给学生积极向上的引导。如完形填空的内容告诉大家一个道理：努力和拼搏是每个人成功之前的必经之路。写作内容也从实际出发，与目前黔江区的“两城同创”活动相结合，引出交通拥堵的问题，让学生对此提出建议。

二、考试情况及问题分析

本次月考两个班的学生表现总体上正常，及格率及各个分数段的人数和往常差不多。但是也反映了一些问题：一些平时表现优秀的学生，考试表现却出乎意料地差。各个题型的解答，学生也存在一些问题。两个班都是平行班，每题的最高分和该题的及格人数情况如下（前为4班、后为7班）。

听力：最高分25.5/22.5（满分30），及格23人/15人。

阅读：最高分34/30（满分40），及格11人/12人。

完形填空：最高分25.5/30（满分30），及格34人/23人。

语法填空：最高分13.5/9（满分15），及格7人/6人。

短文改错：最高分7/5（满分10），及格2人/0人。

书面表达：最高分：17.5/18.5（满分25），及格11人/6人。

从分值来看，学生做得较好的题是阅读和完形填空。做得差的题是听力、语法填空、短文改错和写作。对于听力中信息的推测及人物关系和数字的区分，学生存在很大的误区。听力策略欠缺，失分率高。语法填空和短文改错，反映出学生对基础语法、词汇都不熟悉。本次考试的语法填空题都是选自学生平时的作业，反映学生的消化落实不够。书面表达反映出学生们平时背诵的一些句子对他们的表达很有帮助，学生对写作的结构也很清楚，但是还存在思维发散不开，审题不准的现象。

三、反思及对策

阅读做得较好，主要得益于教师平时对阅读训练和阅读策略的重视。完形做得较好的原因在于本次阅读出题比较简单。因此，以后应该继续发扬这种阅读教学方式。另外教师应加强对完形填空的讲解，特别是对解题思路的总结。

对做得不好的几个题型，教师的对策如下：

听力。以前都是学生自己晚上蒙头听，没有学法指导。教师今后将专门拿时间在课堂上对学生进行听力训练，分析高中听力的特点，进行学法指导——不仅要耳朵听，对人物关系、数字、日期及听力材料中介绍几种类别/几种课程等的内容要边听边记。要求学生在晚上练习自主听力后，着重阅读自己做错题的听力原文，找出错误原因，对不懂的词汇短语，要查字典弄懂记住。

语法填空和短文改错。学生一方面落实不够，另一方面基础差，基本词汇记不住，不懂得词汇变形和分析句子结构，没能理解记忆和运用基础语法。因此，在今后的教学中，教师将更加注重打基础。词汇方面多进行构词法的教学。句子分析方面和基础语法方面，贯穿于平时的阅读教学，多让学生在阅读文章中分析句子和句法结构。书面表达方面，将侧重引导学生正确审题，找准切入点。平时多让学生进行单句翻译，为写作的准确表达做准备。同时，要求学生多背多记范文，写作时才有话可说。教师将在平时的教学中多让学生针对不同的话题进行讨论、总结，培养学生的发散思维，促使学生思维得到长足的发展。

导师点评：试卷分析一般包括命题指导思想、难度值、试题特点、从答卷反映学生存在的问题、补救措施、反思等环节。肖璟这是第一次写试卷分析，尽管还有值得加工的地方，但有她的独立思考，是按她所理解的在表达自己的看法，值得肯定。

蓝天学校支教活动有感

2017年3月11日，我有幸参加了九三学社黔江教科文支社在蓝天学校的支教活动。九三学社主要由有影响力的高级知识分子组成。作为一名年轻教师，我有机会参与这样的活动，是一件幸福的事，自然感到高兴。下面，谈谈我在这次活动中的一些感受。

起初，我只知道蓝天学校是一所私立学校。到了学校门口，映入眼帘的是“蓝天学校（留守儿童学校）”，那一刻，我才大概在心里对这个学校的性质有了更清晰的定位。我是上了两节课后才去的，进入学校后，在一位教师的带领下，匆忙赶到初三教室听课，课已经上了一半，我只听了半节课。课堂上学生的投入度很高，回答问题也很积极。下课铃响，孩子们经过我的身边，都大声喊着“老师好”。小学生遇到自己也都很礼貌地叫着“阿姨好”。令我惊讶的是，他们竟然都说普通话。这在我们这所重点中学，也只是在课堂上才能听到。与学校教师交流后得知，这些学生还跟其他留守儿童不一样，他们中有不少是被别的学校开除的“问题学生”，有的是来自父母离异的“单亲家庭”（那种父母离异纠纷争吵还要牵扯孩子进去的家庭）。这样的孩子，或多或少在心理上、精神上都会有一些这样或那样的问题。学校让他们说普通话，是为了防止他们说方言随口骂人。孩子们课堂上的积极表现，洋溢在脸上的笑容、自信，这无一不体现着学校的管理有力、有方、有序、有效！

但这种高度一致性的管理，也是一把双刃剑，某种程度上制约了师生主观能动性的发挥。主要体现在对教师课堂教学的管理上。我在听了半堂九三学社刘老师的课后，又听了蓝天学校一名英语教师的初三复习课。整堂复习课的突出特点是以学生为中心，小组活动展开教与学，学生参与度高，学生对教师教学进行当堂评价。形式上，确实体现了新课改强调的学生主体地位，但是教师的引导作用不是很明显。内容上，这堂课还是有待改进。首先，教师在一开始，就呈现了本堂课的教学目标，但是整堂课感觉不到一环扣一环，感觉不到所有的课堂活动是在围绕本堂课的教学目标进行，给我个人的感觉是学生活动火热，但收获并不大，形式重于内容，教学环节的设计缺乏逻辑性。其次，整堂课过分强调学生参与，教师少说，甚至不说，导致几个地方，学生答疑的时候，只围绕正确答案展开，却忘了知识的准确性。这个时候为什么教师还是紧闭着嘴，不帮学生纠正纠正、补充补充信息呢？最后，就在教师给学生习练习题的时候，被学校听课的同行打断了。因为课堂只剩下5分钟了，是学校管理下的学生对教师评课的时间。所以，教师给学生的练习就这样终止了，换来的是学生的评价。虽然学生评价很重要，但是这样的管理模式让我觉得过于死板，过于机械化。

这次的支教学习之行，我还是收获不少。我也反思自己的课堂。我在想，我的下一届，是不是可以按英语成绩给班里的孩子们分成小组？上英语课的时候，大家交换位置，各个小组的成员坐在一起，这样可以避免目前我做小组活动的弊端——按座位分的小组，后排的大多英语很差，他们组成的小组，无法一起好好进行小组活动。另外，这里的学生在基础极差的情况下，都可以积极参与，有所收获，我在思考，自己下一届再带学生的时候，是不是可以多照顾一下学生们的基础，不应只想着进度、教材的完成度，还应该做好初高中的基础衔接，在追进度，追教材之前，教学生一些技能，让他们能够轻松学英语，愉快学英语。最后，在这所学校，所谓的其他学校的“问题生”脸上的微笑、自信，行动上的礼貌，让我更加明白，是教育，改变了他们，以后自己还得更加深刻地记住“We teach who we are！”，以身作则，传递正能量，这比传授知识更重要。

鉴于学情下的教学及思考

根据名师工作室的安排，我于2016年5月24日上午上了一节公开课。本堂课的授课对象是高二（4）班的全体学生，授课内容是语法——名词性从句。

本次听评课是先在高一，再到高二。所以，在知道自己要上公开课之前，我在高一听了贺冬梅、熊良琼、冉娅、马建蓉4位老师的课。他们课的质量都比较高，都选择性地融入了高考新题型和日前召开的英语年会所传达的有效信息。这使我对自己的课有了一些新思考。从上周六到上课的前一天（周一），我一直在构思自己的课怎么上。我想，既要符合班上的实际，又要尽量做到高效。怎么做呢？我从班上学生的学习情况及进度着手进行了分析。

一、班情和教学内容

我所教授的高二（4）班，是普通班，班级整体英语水平低，且参差不齐，大部分学生缺乏英语学习的兴趣。但是有一部分学生对英语学习热情较高，在接近2年的英语学习中，英语水平有了较大幅度的提升。课堂上他们积极参与、勇于表现。所以，我不担心他们的配合。但是，学生和教师配合得好，要建立在他们对所学内容的高度理解之上。因此，根据学生的情况对教学内容做出适当的选择和调整很有必要。

到我上公开课的时候，班上的授课内容差不多到名词性从句，内容比较多。考虑到学生的学习情况，一节课不能接受所有的知识。于是，我决定把教学内容分为两节课来上。周一的时候讲解名词性从句的基本知识，让学生知道什么是名词从句，连接词有哪些，怎么判断各种名词性从句，选择题的解题方法是什么。周二，也就是公开课的时候，教学内容放在名词性从句中需要着重注意的点上，然后根据当堂内容设计相应的巩固练习，将其内化在学生头脑中，再进行更深层次的输出，让学生用所学内容进行书信练习——高考常考的写作类型，学以致用。

二、根据学情和内容确定教学目标

1. 知识技能

（1）掌握名词性从句中需要着重注意的点。

（2）用所学内容进行有效输出——将名词性从句应用到书信中，练习写作技能。

2. 情感态度

对名词性从句有更新的认识，认识到从高一到高三，英语越学越简单，越学越自信。

3. 过程方法

通过这堂课，大部分学生能够更加重视合作性学习和独立学习的有效结合。

知识技能目标是最核心的目标，情感态度、过程方法隐含在教学过程之中。学情、教学内容、教学目标确定之后，我开始了整堂课的教学设计。因为是语法课，我决定采用PPP教学模式（Present，Practice，Produce），借助多媒体教学。

4. 整堂课分为5个部分

Step1：Review。复习周一的内容，包含两个任务：一是判断名词性从句的类别。二是判断名词性从句的正误，把错误的纠正过来。

Step2：Present。呈现本堂课的教学重点，包含的任务是让学生通过PPT上列举的例句，归纳总结出名词性从句中需要掌握的一些要点。（包括that/what的区别，which/what的区别，whether/if的区别，what ever/no matte的区别，that分别引导名词性从句和定语从句的区别。）

Step3：Practice。练习本节课所学内容。教师根据本堂课的内容，设计了针对性的练习，让学生独立完成，以巩固检验他们的学习情况。

Step4：Produce。产出部分，目的在于考查学生是否能用所学知识进行有效输出。这一部分创设了一个情境，设计了两个任务。情境是：教师的外国朋友Lily，给教师写了一封信，向教师寻求帮助——如何学习好汉语。但是，教师一不小心，把墨水洒在了这封信上，因此，看不清信的内容。在此，设置了任务一，希望学生们能够和同桌进行结对合作，帮教师把看不清的信息找出来（看不清的信息就是各种名词性从句的连接词）。学生完成这个任务后，进而进行任务二，让学生帮助教师写一封回信，告诉Lily怎么学习汉语。要求学生和同桌结伴合作，用名词性从句完成写作。书信的写作包括3大部分：开篇、主体（这里指建议）和结尾。教师把开篇和结尾空出来，让学生自己写。主体部分教师呈现了一部分内容，涉及名词性从句的地方，空出来，让学生补全。

Step5：Homework。家庭作业就是把书信润色，然后交给教师。

课后反思：课后对英语有兴趣、认真学习的学生把作文写好交给了我。学生的表现不错。由于他们平时写书信的次数比较多，对开篇、结尾都写得不错。开篇直接点题、说明了写信的目的。结尾都表达了对Lily的鼓励。中间主体部分，由于课堂上教师已经抽学生回答并对了答案，因此，他们基本上没有错误。本堂课的主要目标基本达成。我采取的是由浅入深，由理论到实践，由输入到输出的方法，也从侧面反映内容实际，达到了预期的教学目标。在写作部分，给学生规定了提建议的内容，限制了学生的思维，这也是考虑了班上学生的水平。要是学生水平高一点，让学生自由发挥，进行发散思维，再利用名词性从句来写作，更好。

教研组的老师们和名师工作室的刘菲老师也对我的课进行了专业性点评，在给予肯定的基础之上提出了如下实用的建议：

（1）教师对高考考点把握不准，生怕学生不会，只要碰到了知识点，都给学生讲，使得知识呈现繁杂，希望在高考考点上多下功夫，做到重点突出。

（2）教学比较具有艺术性，但是就知识教学本身而言，自身对知识的把握度不够，望多钻研专业知识。

（3）如果要上成优质课，把PPT上学生需要阅读的例句、需做的练习题和最后需完成的写作，打印成学案给每个学生发一份，更好。

很感谢大家对我的肯定和建议，我将会一步步让自己变得更好。我很庆幸能够得到名师工作室的认可，被吸纳为其中的一员。给大家上公开课，是一种荣幸，更是一种锻炼。

我的座右铭：尽自己最大的努力，做最好的自己。既然选择了教育，那就在这个岗位上尽职尽责，帮助学生成功，同时实现自身价值。

秦雪娇专集

秦雪娇，生于重庆市黔江区小南海风景区。2010年毕业于北京师范大学历史学专业，学士，随后进入黔江中学高中部任历史教师至今。致力于教学研究，系重庆市庞友海教学专家工作室骨干学员，重庆市高中促进计划重点课题《渝东南教育环境对普通高中课程改革的影响及对策研究》主研，黔江中学历史创新基地主研。送走3届高三学子，连续4年任历史教研组长。曾为金太阳命制全国卷历史试题一套，在省级公开刊物《试题与研究·文综历史》上先后发表《政治史易混易错概念辨析与点拨》《经济与思想文化史易混易错概念辨析与点拨》两篇文章。在《教学考试·历史》上发表文章《巧用数学图式解释抽象历史概念》等。铭记北师大“学为人师，行为世范”的校训，坚持学习，不断提升，追求“独立之精神，自由之思想”。以其所学影响学生，是其一直努力的方向。

《美国1787年宪法》教学设计

【课程标准】

（1）说出《美国1787年宪法》的主要内容和联邦制的权力结构。

（2）比较美国总统制和英国君主立宪制的异同。

（3）为整体“分析资产阶级代议制在西方政治发展中的作用”埋下伏笔。

【学情分析】

（1）经过必修一前几个专题的学习，大部分学生初步了解了高中历史学习的基本要求，比如“史论结合”“理性分析材料”等，但还需要进一步加强积累和训练。

（2）大部分学生课外阅读量少，知识面较窄，尤其对西方历史和文化相当陌生，教学中需注意对不同于中国历史和文化的西方常识性问题加以补充。

【教学目标】

（1）掌握邦联制的特点（松散的联盟，中央权力弱小）和负面影响（从经济、政治、军事等各角度分析）。知道北美独立后存在中央与地方、南方与北方、大州与小州等多种矛盾。

（2）通过学习《美国1787年宪法》节选内容及教材，学生能理解联邦制的特点（宪法为基础，中央与地方是分权关系等）。

（3）结合教材及补充材料，使学生能以三角结构图形式画出美国联邦政府三权分立的运作模式（行政、立法、司法相互制约关系及各部门产生方式），并能描述解决南北方及大小州矛盾的方法（参众两院的区别与奴隶制的保留）。

（4）利用补充材料使学生能分析美国宪法保留奴隶制的现实原因（是维护国家统一的需要），从而领悟历史事件的评价不能简单以道德好坏作为标准。

（5）学生能够自主归纳美国1787年宪法的特点及对美国的影响，能够借助练习册及所学知识理解英美代议制的不同。通过对“政府”一词在英语中的不同内涵及《独立宣言》等的学习，学生能够领会中西方文化的差异。

【教学重点、难点及解决方法】

1. 重点

（1）邦联制的特点及弊端（松散的联盟难以保障国家统一，维护独立战争的成果）。

（2）联邦制的特点（以宪法为基础，中央及地方是分权关系，等等）。

（3）美国联邦政府三权分立运行模式（分权与制约关系，产生方式，等等）。

（4）对1787年宪法的评价。

2. 难点

（1）联邦制下中央与地方是分权关系，而非上下级隶属关系。

（2）三权分立运行模式。

3. 解决方法

（1）教师充分利用教材材料（邦联制、联邦制、中央政府三权分立等），补充必要的材料（如三组矛盾、《美国1787年宪法》原文、保留奴隶制的原因等），以问题形式引导学生进行课前预习。

（2）以图表形式引导学生分析三权分立及参众两院的区别。

（3）以故事案例引导学生理解联邦制分权特征。

【教学方法】

材料分析法、图表法、问题引导法、比较法。

【教学过程】

（导入新课）

师：同学们，不知道大家有没有注意下面实验楼墙面挂着的24个字，那是社会主义核心价值观的内容。其中有一个词叫“自由”。号称世界最“自由”的国家是美国。今天这节课我们将走近美国，共同探讨美国人心目中的自由及他们是怎样维护自由的。

1775年，在北美弗吉尼亚议会上，帕特里克·亨利（Patrick Henry）慷慨陈词（展示PPT）：Give me liberty or give me death（不自由，毋宁死）。亨利关于自由的主张震撼北美大地。第二年，著名的《独立宣言》对此进行了更充分的阐释（PPT展示《独立宣言》）：“人人生而平等，他们都被他们的造物主赋予了某些不可转让的权利，其中包括生命权、自由权和追求幸福的权利。”

请同学们回顾一下初中的历史知识，这两段材料是在什么背景之下产生的呢？

生：……

师：斗争对象是谁？原因是什么呢？

生：……

（估计应该能有学生回答出来。若不能，教师直接提出即可。）

设计意图：以社会主义核心价值观提倡的“自由”为切入点，将本课内容与现实相联系，启发学生的思考；同时让学生回顾初中所学《独立战争》，建立知识联系。

【突破重点一：“邦联制”】

师：这时期的英王是乔治三世，此时的英国对北美殖民地实行高压政策（展示PPT，英王乔治三世及两幅漫画），因此才有了独立战争。为维护自由，北美人民用长达8年的时间，终于摆脱了英国的高压统治，可以说成果来之不易。那么他们采用了什么方式巩固这种成果呢？

生：……

（已要求提前预习，估计能回答出来。若不能，教师直接提出即可。）

师：在学案中我已经请大家课下边预习边思考问题了。现在我想检测一下大家的预习成果。哪位同学起来回答一下思考题的第一个问题？根据教材P122，归纳邦联制的特点，这种特点对新生政权造成了哪些影响？（PPT展示问题1。）

生：……

（若学生回答出来，归纳其主要观点；若回答不上来，引导学生从第一子目“年轻美国的窘境”及知识链接“邦联制”等内容找出关键词“松散的联盟，中央权力弱小”，从政治、经济、国防等角度归纳其影响。）

（PPT展示内容。）

（1）特点：邦联是松散的联盟，各州独立性很强，中央权力过于弱小。

（2）影响：①阻碍美国资本主义经济的发展。②无力还债，危害国家信誉。③无权维持常备军，无力维护国家安全和社会稳定。

问题1设计意图：①检测预习成果。②引导学生利用教材资源分析邦联制的特点、影响。③训练学生提取有效信息，归纳整合材料的能力。

师：邦联制有这么大的问题，为什么战后北美人民要采用这种方式呢？

（PPT展示问题2。）

师：思考题第二个问题，哪位同学来回答一下。问题2的材料中反映了独立后的北美存在哪些矛盾？结合材料及所学知识分析为什么北美采用这种方式管理国家？

（PPT展示）材料：民主派根据殖民地时代的经验，生怕中央权力太大会压制人民的自由，侵犯人民的权利，会产生暴政……南方种植场主代表害怕中央权力过大，会为北方大商人所利用，把不利于自己的政策强加于己……小州的代表之所以反对中央权力加强，是因为害怕一个强大的中央政府会使大州有可能通过中央政府压迫小州。

——刘祚昌《美国史讲义》

生：……

（若学生回答出来，归纳其要点；若回答不上来，引导学生抓材料关键词“生怕”“暴政”“大州”“小州”“南方”“北方”等。估计邦联制下的3组矛盾学生能够找出两个，即“南北方”与“大小州”，“中央与地方”的矛盾需要教师引导归纳，而原因方面可能也需要教师引导归纳。）

（PPT展示内容。）

（1）原因：①对专制和暴政的疑虑（英国殖民高压政策的影响）；②大小州

之间、南北方之间矛盾重重。

（2）矛盾：中央与地方，大州与小州，南方（蓄奴州）与北方（非蓄奴州）。

师：请同学们注意这里“大小州”是依据人口数量来看的，人口多则为大州，人口少则为小州。南方与北方的划分有地理方面的原因，但更重要的是是否保留种植园奴隶制的问题。若保留则为南方，没有或者即将废除则为北方。

问题2设计意图：①检测预习成果。②引导学生挖掘关键词，强化材料分析能力的训练。③引出“大小州”“南北方”的概念及3组基本矛盾，为后面的学习做好铺垫。

【突破重点二：“联邦制”】

由此，我们可以看出独立后的美国在联邦制下因中央权力过于弱小并没有真正保障他们的自由成果。但是若加强中央权力，又易引发他们对绝对权力的恐惧及国内各种矛盾。如何协调这些矛盾，是独立战争领导者们4年后再聚费城的原因。

这些人的名字同学们应该耳熟能详。（PPT展示。）

詹姆斯·麦迪逊是倡导召开此次会议的主要人物之一，他的方案在会议上影响很大。更为重要的是其将会议做了完整记录。学案上截取了其中一小段，课下你们自己结合思考题3再看一看。本杰明·富兰克林，是《独立宣言》的起草人之一，不仅是政治家，还是科学家，做过“风筝实验”，发明了避雷针，当时已经81岁高龄，是整个会议最年长的人，可谓德高望重。乔治·华盛顿，就不用说了，独立战争最重要的领导人之一，战后解甲归田，同样德高望重。

设计意图：①使学生能够对制宪会议有更加直观的印象。②引入1787年宪法。

他们与来自13个州的其他52位代表一起在1787年9月齐聚费城，在长达116天的唇枪舌战后，最终出台了一部美国沿用至今的宪法——1787年宪法。

针对邦联制的问题，1787年宪法规定如下：“未经国会同意，各州不得在和平时期保持军队和军舰；未经国会同意，各州不得和另外一州或任何外国缔结任何协议或契约。各州不得铸造货币，不得发行纸币。”

师：（PPT展示材料及问题了。）因问题比较简单，同学们一起回答即可。

生：……

（因材料简洁易懂，引导学生直接回答即可。）

问题3设计意图：①强化学生史论结合的意识。②为理解联邦制的内涵做好铺垫。

师：中央权力大大加强，这个制度不再是邦联制了，而成为联邦制。同学们请注意，关键词是不能出错的，次序一颠倒含义截然不同。中央权力加强，同学们应该不陌生啊。在学习古代中国政治制度时我们经常提到——中央集权，指地方绝对服从中央。那么，美国的集权是否也是如此呢？之前已经请同学们预习了

“P125‘联邦制’”的内容，找出其特点。现在请同学们根据你们的理解来回答PPT上案例的问题。

（PPT展示。）

案例：1995年，美国总统邀请世界各国领导人前往纽约参加联合国成立50周年的庆祝活动，其中包括巴勒斯坦解放组织领导人阿拉法特。庆祝活动后，纽约州长邀请各领导人参加一场音乐会，但因他认为阿拉法特是“恐怖分子”而将其请出了会场。

根据你理解的联邦制特点，分析纽约州长是否有权如此对待总统的客人？总统能否因此惩罚州长？请说明理由。

生：……

（根据学生回答的结果做出合适的评价。若学生回答州长无权如此做，总统有权惩罚州长，说明预习效果不佳，需要根据其提供的理由予以纠正并强化对联邦制概念的理解；若回答州长有权如此做，总统无权惩罚州长，说明预习效果良好，可根据其提供的理由适当评价和归纳。）

（PPT展示。特点：①宪法是基础。②中央与地方是分权关系，非上下级隶属关系。含义见教材P123。）（师：指导学生勾画整理。）

师：再举一个例子，在美国各州有警察，中央政府有联邦警察，就是大家听过的联邦调查局（FBI）。犯罪活动若发生在纽约州，纽约州的警察可以执法，但若嫌疑人逃往宾夕法尼亚州，纽约州的警察就不能直接到宾夕法尼亚执法了，这种跨多个州的犯罪活动就需要FBI出马，这体现的就是分权思想。

案例一设计意图：①检测学生预习“联邦制”的成果。②以故事吸引学生学习的兴趣。③加深对中西方文化差异的了解。

【突破重点三：“三权分立”】

这种分权特征不仅体现在中央与地方权力的分割，也体现在中央政府内部权力上。教材P123有提到该内容。但是我们需要注意的一个细节是，电视上我们经常听到“奥巴马政府”这个词，它和书中所提到的“中央政府”“联邦政府”是一个概念吗？

（PPT展示问题4：奥巴马政府=中央政府、联邦政府？）

政府在英语中如何表达？

生：……

（预计多数学生会回答government，而不知道administration。）

（PPT展示：中文翻译中前者只是指以奥巴马为首的行政分支，后者则指包括了行政、立法、司法3大分支在内的政府。）

问题4“奥巴马政府与中央政府的区别”设计意图：①透彻解析常识概念，为重点学习内容做铺垫。②使学生能够进一步体会中西方文化的差异。

师：美国中央政府三大机构（总统、国会、联邦法院）之间实行三权分立原则。它究竟是怎么一回事呢？哪位同学愿意将你的预习成果分享给大家呢？

生：……

［根据学生的回答做出评价，错误的地方予以纠正。教材未提到的内容有国会对总统的监督权力（审批权、弹劾权、宣战权等）。］

（PPT展示三权分立结构图。）

问题5设计意图：①利用图表引导学生整合教材资源，训练学生归纳材料的综合能力。②更为直观地体会中央政府三权分立原则。

在学生前面画的三角结构图中，已经涉及了联邦法院大法官的产生方式，那么国会和总统又如何产生呢？

请同学们根据材料五完成后面的表格。（PPT展示。）

材料五：众议院应由各州人民每两年选举一次的议员组成……人数及直接税税额，应按联邦所辖各州的人口数目比例分配。此项人口数目的计算法，应在全体自由人民……但不包括未被课税的印第安人——数目之外，再加上所有其他人口的3/5。

合众国的参议院由每州的州议会选举两名参议员组成，参议员的任期为6年，每名参议员有一票表决权。

有关征税的所有法案应在众议院中提出。分配已任期表，如表1所示。

——《美国1787年宪法》

表1　分配任期表

	名额分配	产生方式	任期	职责
众议院				
参议院				

（根据学生回答情况做出评价，错误之处予以纠正。）

问题6设计意图：①利用图表引导学生分析材料，训练学生归纳材料的综合能力。②更为直观地体会参众两院的区别。

师：同学们应该还记得之前我们提到北美独立之初的3组矛盾吧？参众两院的设计解决了其中一个重要的矛盾——大州与小州的矛盾。人口越多，意味着交税越多，国会代表名额理应增加；但是这必然不利于小州保障自身的权益。为协调大小州之间这种矛盾，于是出现了两院制的设计：参议院每州两名参议员，保障小州权益；众议院则按照人口比例计算名额，保障了大州的利益。除此之外，我们还可以从下面这段话来理解两院制的设计意图。

林达在《如彗星划过夜空》中提道：“两院制的逻辑是，下院是平民院，容易短视和情绪化，而上院由比较冷静、智慧、有经验的精英组成，这样形成对下院的一种制约。”从这段材料中，林达认为两院制的设计是为了处理什么关系呢？

生：……

（根据学生集体回答的结果做出回应。）

师：参众两院的设计既解决了大小州的矛盾，也试图在精英与平民之间找到平衡，这充分体现了美国政治家们的政治智慧。这种智慧在其他方面同样展现出来。我们结合材料五来看一看。请同学们再看一看材料五，思考这段材料反映了国会代表权计算方式存在什么问题？根据材料六思考其存在的原因是什么？你如何评价？（PPT展示。）

材料六：“利益是国家唯一的治理原则。”南卡罗来纳州代表约翰·拉特利奇（John Rutledge）冷酷地回答。莫里斯、梅森和麦迪逊他们反对奴隶制的道德事例都无法感动他。拉特利奇直截了当地说，任何干涉这些州奴隶制的企图都会导致南方拒绝批准宪法。

——《美国通史·上》威廉·J. 本内特著，刘军等译

生：……

（根据学生的回答做出相应的评价。）

师：从中我们可以体会，保留奴隶制从道义上必须予以批判，但是在制宪会议时期，若贸然废除奴隶制，会造成国家的分裂，严重违背当时美国的发展需要。二者相较，只能暂时保留奴隶制了。请同学们注意，任何历史事件的评价都不能简单地以道德好坏或以今天的标准苛求前人。

问题7设计意图：借助对种植园奴隶制从道义和国家利益两个不同角度的不同评价，培养学生历史素养，使学生体会历史事件必须放在当时的时代背景之下考虑，两者相害取其轻，而不能简单地以道德好坏为评判依据。

三权分立原则中我们还剩下一个小问题没有讨论，即总统的来历。教材提到是实行选举。但并不是简单地采取将全美国的选票统计后，谁多谁胜出的方式——即直接选举的办法，而是采取间接选举。各州选民投票选出本州的选举人（选举人票），谁胜出，本州所有的选票即归谁所有，此即“赢者通吃”的原则。大家简单了解即可。

【突破重点四：评价1787年宪法】

1787年宪法沿用至今，对美国乃至世界影响都相当深远。经过本课学习，同学们能够找到它具有哪些特点呢？我们应该如何评价它呢？请同学们各抒己见吧。

生：……

（根据学生的回答做出回应并归纳，若有疑问之处予以解答。最后将整理的

内容展示于PPT，请同学们自己对照，相互补充。）

（PPT展示。）

1787年宪法体现的特点：

（1）分权制衡。

（2）代议制民主。

（3）中央集权与地方分权（有限政府）相结合。

对1787年宪法的评价：

积极：

（1）联邦制使美国成为真正统一的国家，既加强中央权力，又保证了地方自治。

（2）三权分立有利于防止绝对权力（专制）的出现。

（3）体现政治妥协的精神，展示了高明的政治智慧。

（4）是近代第一部成文宪法，对世界影响广泛。

（5）内容简洁，具有弹性和稳定性，是美国持久稳定发展的保证。

局限：

（1）种族歧视。

（2）没有规定公民权利。

设计意图：考查学生本节课的学习情况。

师：最后一个问题是关于英国与美国代议制度的比较，请同学们借助练习册P27的内容自主学习。有疑问者及时提出。

【板书：略】

《五四运动》教学反思

这篇教学反思是在看完庞老师的点评之后写的。首先谢谢庞老师对我的鼓励和建议。原本想写《五四运动》一课的教学设计，但是动笔之后发现值得反思的地方不少，因此就改思路了。

这堂课原本的定位就是随堂课。我将日常教学的方式展现出来希望得到各位老师的指正。本学期教学我侧重两个方面的探究：一是史料教学的运用；二是如何进行有效问题引导。

首先，是补充北洋政府对民主共和制度的相关史实，提前一天已经印发给学生。这个知识点并非《课标》的要求，教材也几乎没有涉及，但是我认为有补充的必要。原因有二：一是必修一中国史部分的核心主题是探究专制到民主的艰难历程。专题二、三从不同侧面反映近代中国形势的严峻和民主政治发展的艰难。辛亥革命在推动中国近代化方面的功绩不可磨灭，但是也应该看到革命后由于半殖民地半封建社会的性质并未改变，帝国主义对华侵略形势仍旧严峻。国内封建势力残余对民主政治原则的践踏此起彼伏，这体现了中国民主政治建设的艰难，也为新民主主义革命的学习做重要铺垫。二是学生的通史架构并不完整，很多学生知道有北洋政府，或者知道其统治较为黑暗，但如何与本专题学习联系起来还是觉得比较困难。

其次，是利用教材的有效信息引导学生分析相应问题。主要有3处：

（1）利用教材P54对辛亥革命意义的叙述，要求学生找出关键词（近代化），并结合上节课所学分析其主要表现。

（2）利用五四运动的口号及地点、主体的变化（从教材叙述中整理），要求学生思考五四运动的背景。

（3）利用资料卡片找出新旧民主主义革命的主要区别（因时间问题没有完成）。

从学生的回答来看，一定程度上带动了他们的有效思考，我也对学生回答中反映的某些问题做了回应。但是不足之处的确不少。

第一，时间把控不到位，在整理学生的答案时有啰唆之嫌，致使没有完成教学任务。

第二，问题不够凝练和准确。在备课时我并没有将问题准确表达出来写到PPT或者补充在材料中，致使课堂提问时准确度不够。

第三，诚如庞老师所言，所有的提问都采用了点将的方式。我在课堂提问时已经感觉到这个做法的不对，可是并没有及时更改，最主要的原因是担心学生不积极，浪费时间。

第四，对学生的回答处理不当。一是像庞老师所说当学生提出“辛亥革命是资产阶级民主革命推动近代化”的时候，我想当然地认为前者是政治方面非常重要的表现，学生应该理解，就自动忽略了；二是学生认为五四运动爆发的原因是马克思主义的指导，对这个突发问题在课堂上我并没有解释得十分清楚。

第五，辛亥革命与五四运动的教学都存在的一个问题是由于过于侧重利用材料引导学生思考问题，没有对事件本身的过程、人物等增加有趣的讲解，对于高一学生而言，可能显得过于严肃，有可能打击学生的学习兴趣。

另外，下课后，李英瑜说他在知道24班班主任是谁后就解开了一个疑惑——学生记不清以前知识的原因是，这是一个理科倾向非常明显的班。对于少部分学生而言，不排除有这方面的原因，但其实这个班里大多数学生对历史课并不是那么忽视，从做作业认真的态度就可见一斑。造成所学知识未巩固更为重要的原因是由于赶进度，属于消化落实的晚自习时间已经被我征用为正课时间了。进度慢，消化落实的时间少，两个问题并存。

导师点评：教师成长=专家引领+同伴互助+自己反思。在我看来，最为重要的是自己的反思，看得出雪娇老师的这篇反思是到位的，是经过认真思考的，并不是敷衍。教学过程的介绍也是有理有据，并不是记流水账，我需要的就是这种认真的态度。有一个说法：态度决定成败！

关于核心概念生活化表述的点滴思考

——评刘承委老师《我国公民的政治参与》

对核心概念的准确理解是学习政治、历史等学科的基础。如何帮助学生深刻理解这些核心概念是教学的重点，也是难题。

刘承委老师在应对这一难题时采用了引导学生生活化表述的方式。在这节课教学中，他多次要求学生用自己的语言回答问题，而不是照抄书本答案。一开始我并不是很能理解他希望达到的效果。但几次之后，我从师生互动中逐渐体会到，他是希望学生能够联系生活实际，用口语化的语言描述答案。在教学过程中，他多次以黔江本地作为例证讲解本课内容，以期对学生的生活化描述起到一定的推动作用。

这种引导学生生活化表述概念的做法不仅能够提高学生的学习兴趣，也拉近了遥远的政治课题与学生现实生活的距离，一定程度上有利于启发学生思考，是对教学要求中的“理解”一词的具体注解。

不过，个人认为在本堂课中，这种生活化的教学手段尚有值得探究之处。

第一，在引用黔江相关政治话题时，曾经涉及对区、县二者的区别理解。也许是临时出现的小问题备课中并未涉及，因此教师解释时存在语焉不详，囫囵而枣的现象。这一方面需要备课时的强化和拓展，一方面也需要教学时更恰当的应对，比如让学生自己结合生活常识加以分析等。

第二，在抽问中多次要求学生加强对知识的“理解”，而非死记硬背，仍然有空洞之嫌（我在自己的教学中也深有体会）。从学生回答的效果看，大部分学生很难真正达到教师希望的标准。客观原因或许是生活阅历少，难以与实际生活联系起来。但或许与教师在问题设计和引导时语意并不明晰也有一定关系，比如何为“理解”？怎样的回答才能符合“自己的理解”这一标准教学？

第三，过于强化生活化的语言是否存在弊端呢？从学生学习历史的情况来看，语言的不规范，口语化现象严重等问题非常普遍，这对考试是非常不利的。过于强化生活化的语言表述不知是否也会造成这些问题的加剧呢？

导师点评：政史也是不分家的，相互听课可以起到互补的作用，这是当初成立这个工作室时没有想到的。从雪娇老师这篇短文中，既看到她的进步，也有对授课者的有益建议。

史料教学问题探究

——参加“史料教学问题研讨会”有感

我和徐春娜老师前往秀山高级中学参加了由市教科院组织的关于史料教学问题的研讨会。参会一天，收获颇丰。

早上8点40分左右，我们听了一节课，主题是“商鞅变法”，授课教师是秀山高级中学历史教师许月琴。这堂课在以下几个方面给我留下了深刻印象：

（1）史料教学贯穿始终。整堂课几乎没有一个知识点不是依托史料而来——背景、措施、评价等皆如此，充分体现了“论从史出”的学科特点。但成也萧何，败也萧何。这节课最大的弊端之一也在于此——材料过于繁多（超过二十几段文字材料，四幅地图，还有一个视频）。如果要问在本课中印象最深的材料，我是很难回答的。

（2）师生课前准备相当充分，课堂效果明显。教师专业素养及课外所花工夫之深从材料的多样性上可见一斑。但让我印象最深的是学生——他们回答问题的主动性很高，课堂氛围很活跃，而且不凌乱。一开始我以为这节课是已经上过的课——因为学生回答问题时太过侃侃而谈。但是后来我才发现并非如此，因为他们的回答明显不是在照抄照念现成答案，而是有过自己独立思考的。

有如此课堂效果的原因是在课前许老师已经将主要材料以学案的形式下发，要求学生做课前预习。我猜测她在布置预习作业的时候已经要求学生思考相应的问题了，因此教学中老师才能在毫不费力的情况下充分调动学生的积极性。

这不禁让我反思自己课前预习的方式。在上古代史的时候我也采用过下发材料的形式，也要求学生课前预习，但是二者之间联系很少，预习的重点是归纳教材的主要内容并找出疑难处，材料仅作为课堂参考，并未设计问题要求学生思考。其结果是教学进度较慢，且学生的思维展开程度并不十分清楚。

而按照许老师的这种安排，一方面学生思维相当活跃，课堂上学生主体地位得到充分体现，另一方面课堂容量很大且并不显得过于繁重——40分钟的时间涵盖了商鞅变法的背景、措施及影响、评价，最后经过讨论师生共同归纳了评价改革成功与否的标准。

当然这堂课的问题也很明显，除了上面提到的材料过多之外，还有主要采用二手材料，一手材料较少及对材料的解读方法缺乏引导等问题，但总体来看，是一堂成功的公开课。

在各区县代表就史料教学所做的发言中我印象最深的是武隆中学叶飞老师的讲话。他在讲话时引用了一位教授的话，认为21世纪的中学历史教学是史料教学，因此在教学中必须加强史料方面的训练。

市教科院余朝元研究员在专题报告中主要提到了以下几点：

① 史料教学不等于材料解析题；材料不等于史料。

② 史料教学起源于20世纪70年代的英国，其原因也是应对当时中学生认为历史学习仅靠记忆，学习枯燥等现象，因此其主要目的在于分辨“事实”与“说法”。

（3）史料教学的价值在于调动学生的学习兴趣，培养终身学习的能力、历史思维能力（用历史的眼光看待历史问题——放在当时的背景下看待和放在历史长河中看待，即发展的眼光看待，后一点是我在教学中经常忽略的），培养创新意识和历史意识（求真；求证——尤其是孤证不立，多重证据等；求善；史鉴意识等）。

（4）选择史料应注意以下几点：

① 应围绕重难点和教学设计意图。

② 必须是经典或权威史料——而论文，因其极可能只代表个人见解，因此不宜作为史料。

③ 类型应丰富，尤其应注意图表等原始材料，但数量不宜过多。

（5）史料教学常见问题：

① 类型单一。

② 孤证不立。

③ 篡改原意。

④ 欠缺权威性。

⑤ 缺少出处。

⑥ 不注意史料真实性的鉴别等。

（6）史料教学问题设计方法：

① 从材料中直接提取概括信息。

② 用已知知识解释、印证史料。

③ 对材料信息和教材的知识进行加工。

④ 综合材料和所学知识，得出认识和启示。

（7）史料教学问题设计的主要问题：

① 从材料中无法得出结论。

② 假性材料（答案与材料无关或答案可不用材料）。

③ 缺少灵魂（问题设计应该符合一节课的主题，不能过于零散）。

（8）史料教学的两种模式：

① 问题探究式（目前使用最多）。

② 研究性学习（很多地方并未真正实行，但这应该是发展的方向）。

导师点评：将史料引入教学之中，培养学生基本的历史思维能力及学科潜力，是历史学科自身特点所决定的。以上是雪娇老师到秀山参加教研会后的总结，她介绍了史料教学的特点及注意事项，也有自己独到的点评，史料重要，但引用必须恰当，引用过多则会弄巧成拙。这篇总结值得一读，特别是历史学科的教师。

教学案例一则

——一次课堂突发问题的应对

5月8日，（12）班晚自习课上，一个女学生问了一个很奇葩的问题："希特勒在1945年的时候是不是没有死？在纳粹军队中，有5万军人不知所终，这会不会是世界和平的威胁？"

说实话，我对希特勒的了解仅限于浅显的常识，没有专门读过他的传记之类的书，原因是曾经偶然看过一篇关于纳粹军人的变态精神分析的文章，黑暗印象过于深刻，实在提不起兴致去读关于希特勒的书了。其次，我对战争、军事一类的题材的确没有多大的感觉，一般很少专研具体的问题。所以初闻这个问题，我是有点蒙的，也有点惊讶居然是个小女生在问这类型的问题。

在回答这个问题时，我只能很坦诚地告诉她，我不知道是否真有其事；不过我很好奇她为什么有这个结论。她告诉我这是从一本课外杂志中看到的。当我进一步问是哪一本杂志，作者是否提供了证据时，她说记不清了，好像没有。当我再问这是否符合史论结合的要求时，她就只剩下笑了。然后我就让她再去找原文看看，这次不是看结论而是重点看看文章是否提供了足够的证据加以论证这个观点，证据是从哪里来的，以及这个作者的身份等等，希望她能对这个结论的合理性做出自己的判断。她回答明白了。

（12）班的学生很喜欢问问题，但很多问题都让我意外，比如，曾经就有学生问及筒车为什么不算水利工程？（其实就是水利工程与灌溉工具的区别。可见，很多时候他们对一些教师认为是常识的内容很陌生。这与他们的生活经验及阅读经验较少有很大关系。）但是不管问题有多简单或者奇葩，他们有敢于提问的精神，我已经很满足，因此我尽量认真对待他们的每个提问。

当遇到类似以上希特勒的这类问题，我无法给出正面回答，又不能直接武断地说这个结论是错的，就只能采取迂回态度，在结论来源上做文章，希望引导他们在课外阅读时也能够做到“史论结合”，体会历史结论论证的严肃性，而不要盲从于个别新颖观点。

导师点评：

（1）关于希特勒这个问题的处理很漂亮，即使能正面给出肯定的答案也尽量不要给出，而是让学生去判断，自己去找答案更好，但要指路，指路就是教方法。

（2）学生能提出问题是好事，说明他们在思考，进步源于疑。爱因斯坦说过，提出问题比解决问题更重要。怕的是没有问题。

浅议怎样上好复习课

——评贺丰老师《新中国外交关系的突破》

刚刚参加工作的时候，时常听老教师说上好复习课比上好新课要难得多。诚然，5年的教学经验下来，我对这种“难”的体会已经越来越深了：

第一“难”，温故知新。孔子说“温故而知新”，朱子对此解析：“故者，旧所闻。新者，今所得。言学能时习旧闻，而每有新得，则所学在我，而其应不穷，……若夫记问之学，则无得于心，而所知有限，故学记讥其‘不足以为人师’，正与此意互相发也。”

历史学习对于很多学生而言是“记问之学”，诚然，不能以良好的史实“记问”为基础，想要有能力的提升必然是空中楼阁般的幻想。高三一轮复习首要的也许就是要夯实基础，尤其要对学生易错的难点和重点进行梳理。但又不能仅仅停留于此，必须在史实梳理基础上，引导学生更多地涉及知识与方法的迁移和融会贯通，并从更新更全的视角对旧知识进行分析，否则难免落入炒冷饭的泥淳之中。

第二“难”，血脉贯通，价值统摄。这是借鉴于江苏省高淳高级中学丁聃老师的感悟。他在《血脉贯通，价值统摄——人教版必修3“西方文化史”复习教学的实践与思考》（《中学历史教学参考》2015年第8期）一文中提出历史复习课不应该是“拼装起来的物体”，而应该是有“内在的血脉贯通”的“有机的生命体”。从价值引导的高度让学生明白学习的意义，而“明白了学习意义的学习行为才是自觉的学习行为、有价值的学习行为”。

通常我们会在新课教学中比较注重价值的引导，而在复习课中更侧重知识的积累及强化，对于价值引导层面相对而言是忽视的，这可能就会导致整堂课的零散化，缺少“魂”。

依此来看贺丰老师的这堂课，最闪光的是知识的“知新”上。

第一，对历史事件分析方法的不断强化。本课是本专题的第二课，从课堂内容可以看出，在第一节课上已经就如何分析国家间外交关系的变化，即对外交关系的影响因素（国家利益、国际形势、国家实力、意识形态等）进行了归纳，因此，在本节课中，学生对于重返联合国、中美关系的缓和及中日建交等重大事件的原因分析可以水到渠成。

第二，注重以新问题培养学生对旧知识的迁移整合能力。如美国改善与中国的关系为何避开传统亚洲友邦日本？以此问联系专题九——20世纪60～70年代日本的崛起对美国霸权地位的冲击。中国重返联合国对世界和平产生越来越大的影响？以此问联系第三课中国在新时期的联合国的具体作为等。

第三，引导学生以简易图描绘中美、中日关系自近代以来的变化。

当然，我认为也有一些值得商榷的地方。

第一，知识梳理浮光掠影，过于简化。虽然“温故”不能仅仅停留于“记问”方面，但若对此过于忽视，肯定也是不行的。本节课中，不论是对中国重返联合国及中美、中日关系的改善等重大事件，还是对于近代以来中美关系的改善等问题，尤其是最后对近代以来中美关系的改善这个需要学生综合多个章节学习才能归纳的题目，很少涉及具体史实，对于很多能力中下的学生而言，也许有些形而上了，若为节约时间的原因，是否可以以学案等形式下发由学生自己完成学习呢？

第二，外交关系的突破应该是新中国外交史上的重要阶段，那么何为“突破”？又如何体现呢？这个“突破”对于新中国外交而言又是什么地位呢？而其中的中美、中日关系是很容易与当下的世界局势，甚至与前些年的9·3大阅兵相联系的，对于学生的某些价值判断可以产生一定的影响，但这些在课堂中没有得到反映和升华。

导师点评： 历史是讲究证据和道理之学，也就是说不仅仅要得出结论，更为关键的是阐述清楚结论得出的依据和过程。评课也一样，要指出什么地方值得肯定，更要指出值得肯定的原因；要指出局限或值得商榷的地方，更要提出建设性的参考意见。雪娇老师这篇评论是下了一番功夫的，参考了一些书籍，提出了自己的看法和建议，很好！符合工作室“独立思考、不懈追求”的理念。

浅议提纲整理型复习课

4月12日，在高三（33）班，工作室成员一起听了一堂赵昌品老师关于“历史观”的复习课。时隔十余年，我的角色已经由学生变为教师，再次听赵老师的课感触良多。学生时代的我，印象很深的是赵老师“把书读薄”的教训，现在教学生时也试图把这个信条传达给学生，但是显然效果不大。

怎样读书，怎样做好复习提纲、构建知识网络对学生来说貌似很难（结合目前学生自己整理的通史笔记来看，很多学生对此显得很迷茫），这需要教师做出示范，赵老师在这上面花的功夫很深。听完这节课，我这个政治课门外汉对于学习“历史观”时应注意哪些知识要点及有关“历史观”的题目的答题规范是比较清晰的。这得益于几个方面：

第一，板书的作用显而易见。规范的板书设计使得所有要点一目了然。

第二，简易图形的运用。在讲解生产力与生产关系、经济基础与上层建筑以及这两组关系的相互关系时——这些概念在历史课中也常用——赵老师采用了简易图形加以阐释。我想以后我应该能够区分经济基础与生产力、生产关系的差异而不会乱用了。

第三，重要知识点的数字概括——“一个主体，两个规律，三个辩证关系”，这是历史观学习的总轮廓。

第四，同一知识点从不同的角度分析，延伸知识的广度与深度。“历史观”是哲学概念，它与政治常识、经济常识、文化常识间常见的联系及答题时不同的用法规范，在本节课中多有渗透。

较为遗憾的是，本节课过于侧重知识体系的建构，而对考试题目的设计思路、答题规范等问题虽有涉及，但缺少具体印证，对部分学生来讲可能过于空泛。课上，感觉部分学生并不在状态，也许与这个因素有一定关系吧。

目前为止，本学期所听的课都是高三复习课，个人感觉每位教师都有自己独到之处，值得学习的地方很多，不过困扰我最大的还是老问题——复习课究竟该怎么上？或者换句话说，对于不到两个月就面临高考的学生而言，他们最需要的是什么呢？面对已经复习一年（甚至两年），疲态尽显的学生，怎么满足他们这些需要呢？

导师点评： 这个阶段的学生都比较疲惫，老师带着走是必要的，一是激发学生的激情；其次是复习要有针对性（精讲）；最后是想办法让学生体验高考，试着研究高考（特别是优生应有这方面的能力）。

浅议近代中国史复习课中的史观教学

3月15日，和工作室同事一起听了高三年级贺丰老师的中国近代史复习第一课。作为第一课，贺老师将本专题的考纲要求、时间线索、整体认知、理论认识（近代化的概念及实现方式）先做了简要说明，在此基础上对鸦片战争等具体内容加以分析。整节课，引发我最多思考的是在史观问题的处理上。

按照课标要求，高中历史课程的性质是用历史唯物主义观点阐释人类历史发展进程和规律，进一步培养和提高学生的历史意识、文化素质和人文素养。这就要求教师在教学中要穿插对史观的解读和运用。

本课中，贺老师主要利用了两大史观——革命史观（阶级斗争史观）和近代化史观。革命史观突出表现在时间线索的划分上——三种分类法：

（1）以五四运动为界，分为新、旧民主主义革命。

（2）按朝代不同，分为清王朝与中华民国。

（3）按政府形式，将中华民国分为北洋政府时期与国民政府时期。

这符合学习这部分历史的惯例。对于学生宏观认识本专题是很有帮助的。不过史实方面可以进一步梳理清楚，比如政府有清政府、南京临时政府、北洋政府及南京国民政府等，代表了不同历史发展时期，尤其对南京临时政府与南京国民政府，学生很容易记错，应提醒学生注意。

学习中国近代史，不可避免地需要对近代化史观加以利用。显然，贺老师对这个问题是注意到的，但是在利用的方式上有待商榷。

第一，对近代化这一概念的处理过于孤立。重要概念需要解释，不过对马上面临高考的学生而言，仅仅停留于字面的解释显然是不够的，而且有反复炒冷饭之嫌。更重要的应该是在史观的运用上。近代化在经济、政治各方面的重要表现在近代史中是可以找到很多对应的史实的，适当加以提炼可能更好。同时，选择学生已经做过而且易错的题目加以印证，对学生运用史观解决问题更有帮助。

对于近代化的概念一般我们会强调政治、经济及思想文化方面，贺老师在教学中对此加以完善，将社会生活方面的城市化、文明融合等问题都涵盖进来。从学生的反应来看，很多学生对于补充的概念是比较陌生的，应该进一步加以解析，但教学中仅仅一句带过作结。

第二，对于近代化的实现方式的讲解也较粗略。对于课堂教学中所提的原发型、传导型、超越型等理论名词，很多学生是很茫然的。罗荣渠先生在《现代化新论》中对此有明确的阐释："把人类社会变迁归纳为四种基本形式：渐进性微变，突发性微变，创新性巨变，传导性巨变。……内在因素导致的突破，称为内源性现代化，这是一种创新性巨变，是一个自下而上的自发的过程。最早进入现代化进程的西欧各国属于这种类型。主要是由外在因素导致的突破，称为外源性现代化，这是一种传导性巨变，是自上而下或上下结合的急剧变革过程，后进国家属于这种类型。"若在教学中引用此段结论，并结合近代史实（世界近代及中国近代）加以分析，不仅可以加深学生对近代化及其实现方式的理论上的理解，也可以将中西方的发展道路做宏观比较，延伸教学广度和深度。（在提到传导型时，贺老师提到了2012年高考全国卷第41题"冲击–反应模式"，作为对传导型的解析，将题目直接展示出来也许更好。）

另外，在教学中，我们一般认为近代化与现代化是差不多的概念，并未加以严格区分，但是在罗荣渠先生的《现代化新论》中很明确地提到，两个概念混合使用是西方和日本的做法，在中国不应混淆——"日本学术界把现代化称之为'近代化'，是因为日本史有自己的独特的历史分期法……日本人使用'近代化'概念而不使用'现代化'概念是可以理解的。但这个'近代化'概念不适用于中国史，……但日本史上的'近代化'译成汉语一般应改为'现代化'，才符合术语统一的要求。"这是否意味着教学中直接使用"现代化"这一概念更合适呢？

导师点评：雪娇老师这篇评课稿是有深度的，可以看出，花了较大功夫，读了不少书，这正是我们所提倡的。"读书——思考——运用"，坚持不懈等于成功！我们期待这样高质量的评课稿在论坛上经常出现。关于"近代化"与"现代化"，人们常常混用，包括2008年的一道高考选择题也使用的是"近代化"，可见学术界也没有统一的说法。但的确如雪娇老师所说，还是用"现代化"为好，从中国学术界从事这方面研究的大腕的著作来看，都基本称"现代化"。如罗荣渠著《现代化新论》（北京大学出版社、商务印书馆）、虞和平主编《中国现代化历程》（江苏人民出版社）、章开沅等主编《比较中的透视——中国早期现代化研究》（浙江人民出版社）、罗荣渠和牛大勇主编《中国现代化历程的探索》（北京大学出版社）、罗荣渠主编《各国现代化比较研究》（陕西人民出版社）、罗荣渠主编《现代化：理论与历史经验》等。

浅谈历史课堂问题设计

——评庞老师《美苏争霸》

记得几年前，曾经听过一次李顺舟老师的课，给我留下最深印象的是设问的方式—— 一层层递进，由浅入深。上学期以来，我也在教学中不断摸索如何利用材料设计问题，可是火候明显还很弱。上周听了庞老师讲的《美苏争霸》一课，反思自身，有很多值得深究之处。

第一，问题的数量。一节课所能涵盖的知识面到底有多宽、教师提出的问题应该以多少为宜，我不知道是否有确切的标准，但若问题数量超过十个（每个问题内还有若干小问题）也许就有过多的嫌疑了。为解决这个问题，庞老师这节课设计的十二个问题采取了利用导学案的方式，提前三四天要求学生预习。从课堂效果上看，个别学生预习得较为认真，因此上课与老师配合较为默契，但也使个别学生基本“垄断”了课堂答问。

第二，设问的基础。曾经有一位地理老师做历史选择题能达到只错两个的结果，但是同一套试卷学生答题效果却很差，我们在分析原因时认为这是由于这位老师已经有了一定的人生阅历，尽管没有经过历史学科的专业训练，但是利用生活经验和本身的知识功底是可以猜出一些客观题答案的。这一定程度上说明历史学习需要有一定的生活经验或者知识功底为基础，但是此项要求对高一的学生而言有点难度。比如，很多学生并不知道美国前国务卿希拉里，通过她的照片问这个人是谁，对于绝大多数学生来说是很难回答的。再如，对于杜鲁门的讲话，若没有对希腊、土耳其危机知识背景进行了解，学生也很难答出“少数武装分子”“外来压力的征服企图”等词的含义。

第三，材料的选择。历史学科的特色之一是论从史出。多数问题的设计需依托于材料，选择什么材料就是很关键的问题。借鉴以往的经验来看，文学性的或者预言性质的材料在使用时应该谨慎，因为这种材料容易出现“仁者见仁，智者见智”的情况，若以这些材料设问，很容易出现不知所云的状况。关于马歇尔计划的漫画就存在这样的问题，漫画中唯一可以利用的有效信息是“PLAN MARSHALL”，由此可以读出漫画的确在描述马歇尔计划，但其他的就很难说了——PARLE好像是法文，看不懂；图片本身所传达的信息“夹板”是比喻性质的，对初学马歇尔计划这段历史的学生来说难度较大。

探索的经历告诉我，提出问题比回答问题难得多，提出对学生真正具有启发性的问题更难。古语有云："不愤不启，不悱不发。"提出有效问题的关键也许就在于把握学生"愤"和"悱"的状态，可惜这仅仅是我的一点空谈。

导师点评：说到点子上了，这是一堂值得反思的课。其实我也常说，问题不宜太多，设计的问题、选择的材料要符合学生的"就近发展区"，但自己做时都违反了。一是对学生的估计过高（认为学生会去准备、基础较好）；二是想借这次活动将教学设计推出去（投稿，因发表选择的原则重在"新"），忽略了实际；三是想追求一次新尝试，通过分析美苏争霸过程进行符合时代的"价值反思"，看来也没有成功。因这种反思必须建立在学生的兴致上。雪娇老师理性且有一定深度的思考是值得大家借鉴的。

浅谈教学中的有"教"无"学"现象

中学历史特级教师李惠军曾经从马克思对"资本"的定义——可以带来剩余价值的价值中获得灵感，提出"知本性"的概念。他认为在教学中教师不仅应教给学生具体的历史知识，更应教会学生获取新知识的知识。上海市晋元中学邹玉峰老师曾据此点评聂幼犁的《历史的证据、推理和想象》一课，题为《见微知著　睹始知终——从"知本性"的视角透析聂幼犁教授这节课的若干细节》，发表于2011年第11期的《历史教学·高校版》。

通过对这些文章的阅读，我认为所谓"知本性"就是教学中应注重对学生如何学习历史、思考历史问题的方法性引导。依据知本性原则，教学中应凸显学生主体特点，否则极易出现有"教"而无"学"的现象。贺丰老师《太平天国》一课最大的问题可能就在于未充分凸显学生的主体性。

贺丰老师对此课的教学设计很完美，重心在于两条线索的梳理——归纳近代农民起义的新特点，探究农民阶级的局限性问题。线索清晰，结构严谨，也基本做到了一课一魂的要求。但是这些都是属于"教"的范畴，是教师个人学科素养能力的展现。课后学生最大的收获可能是牢记了"新方式""新背景""新主张""新任务"和"革命性""空想性""落后性"等等概念，以及农民阶级局限性在政治、经济、组织等各方面的表现，但未必能复原这些结论的推理过程。一方面，对于刚刚进入高一的学生而言，在对天父、天兄等太平天国史实很不了解以及对小农经济的特征及概念并不清楚的情况下，想要推断出农民阶级的局限性等问题是相当难的；另一方面，课堂基本是由老师直接告知这些结论性语言，推理过程本身的薄弱也是学生不太可能有太深刻认识的原因。从长远来看，这非常不利于学生形成史论结合的习惯，也不利于培养学生独立思考的能力。

我在录制《辛亥革命》一课时，庞老师曾经也提到了这个问题——学生在课堂上的主体性没有凸显出来，不符合新课改的要求。这个老生常谈的问题的确需要我们认真反思。

导师点评：雪娇老师这篇评课稿较短，但短小精悍，说到点子上了，也是老师们课堂教学的通病——有“教”无“学”。当然，课堂上需要展示教师的风采，教师的学识和智慧，但更需要展示学生的风采和智慧，因教学的对象是学生，教者是引导者，学生才是主体，这点务必注意。

评庞老师《伟大的抗日战争》一课

11月21日上午，我跟随名师工作室的几位成员一起听了庞老师的《伟大的抗日战争》第二节内容，主要涉及局部抗战时期国民党爱国将领抗战、“一二·九”运动及西安事变等内容。

这堂课的最大特点是注重过程与方法，积极调动学生思维及培养学生情感态度价值观。

（1）学生自主分析西安事变和平解决的原因。可以看出来，他们的思维很灵敏，善于从多角度思考问题。在这个问题上，庞老师所发挥的主要作用一是方法引导——学生讨论前提醒学生任何事件的形成都是多方面因素促成的，引导学生从影响西安事变和平解决的各方要素思考问题；二是对学生回答给予评价：在充分肯定学生思维活跃的基础上，对少部分学生没有表达到位的语言进行归纳，对学生没有思考到的角度进行补充。

（2）课堂中对“一二·九”运动中学生活动及国民党爱国将领蔡廷锴、蒋光鼐等人的抗战行为给予充分肯定，言辞激烈，肢体语言丰富，其中对“一二·九”运动中学生的爱国行动分析使学生产生了共鸣——天下兴亡，匹夫有责。

此外，板书的完整很值得借鉴。课前，教师将已讲过的抗战板书补充完整，让教学更为连贯。

我认为本节课值得改进的地方有：

（1）容量可以再大一些，节奏可以更为紧凑一些。本节课主要解决的是局部抗战中国民党爱国将领及学生的反应，其中最集中处理的是西安事变（半节课左右的时间）。我认为学生活动控制在10～15分钟较为恰当，而张学良、杨虎城可以归为国民党爱国将领之列，在着重分析这个知识点的情况下，可以对与之同类别的蔡廷锴、蒋光鼐等人的爱国行动的讲解稍做简省，对于具体细节可以推荐资料，让学生课下了解。同时，语言方面精练一些可能更好。

（2）教学重点有遗漏。我认为对于局部抗战这段历史的教学重点一是让学生体会各力量的爱国热情，感受中华民族的新觉醒；二是让学生明白这一时期抗日力量分散导致各个具体战役的最终失败及全民族抗战的孕育，领悟民族团结的必要性和紧迫性，为学习全民族抗战的历史做铺垫（二十九军抗战、东北抗日联军、“一二·九”运动等都是力量分散的反映，西安事变则意味着全民族抗战的初步形成）。而第二点在本节课教学中基本没有呈现。

（3）可以借助PPT展示一些材料。本节课教学中涉及的材料分析内容较少，可做适当补充。

（4）学生表达观点后，教师可做适当板书，最后总结归纳，方便更多学生更深理解“任何事件的形成都是由多方面因素促成的”这一观点，以便以后能够更好地自主迁移运用。

导师点评：雪娇老师从专业的角度进行了点评，也提出了较好的建议，有的问题我还没注意，这大概就是“不识庐山真面目，只缘身在此山中”吧。有的观点我不一定赞同，但我会尊重每一位说话的权利，我们这里没有权威，独立思考、平等交流、相互切磋、取长补短，正是我们建立平台的初衷。

评贺丰老师《国联》一课

这节课的内容主要涉及国联成立的背景、国联的任务及对国联的评价，重心放在对国联的三大局限性——缺乏约束力、强制力及片面维护大国利益的分析上。

根据课标要求，对于国联的成立及主要活动只要求学生了解即可（能力层次为A），但关于其地位是要求分析的（能力层次为B）。另外，学习《20世纪的战争与和平》的目的之一即是以史为鉴，探究如何避免世界大战，维护和平。国联在维护和平方面的努力失败及其被联合国所取代都与其自身的局限性紧密相关。

因此可以说贺丰老师准确地把握了本课重难点。

在解决重难点的方式上，主要采取补充《国联盟约》原文并引导学生分析的方式进行。主要特点有：

（1）在涉及国联事务决策原则时，先以教材已有材料“英国及其自治领所占票数较多”引出话题——对这一材料的分析，学生很容易得出英国在国联中话语权占有极大优势的结论。但事实上，在决策问题上国联采用了全体一致原则（补充《国联盟约》第五条原文加以分析）。这种充分挖掘教材资源，与补充材料相对比的方式，对于避免简单思维，培养孤证不立等意识很有帮助；巧设陷阱也是引起学生思维活跃的一种典型方式。

（2）注重材料分析方法的引导。对于长段材料，很多学生具有畏难情绪，不知从何入手。贺丰老师在教学中注意对提炼关键词的引导，正是针对学生的上述畏难情绪而来。

但我认为也有一些值得商榷之处。

（1）整堂课基本是教师的主导，学生互动参与较少。材料分析能力训练必须让学生参与其中，如果由教师一手包办，那么，再好的方法，对学生的而言，只能是蜻蜓点水，不能真正内化。

（2）在讲解国联成立的背景时，贺丰老师提到了《拿破仑法典》。我所能体会的意思是国联的成立是西方国家法治观念在国际关系上的运用，这是一种时代的进步。但因为并没有做出明确说明，仅仅一带而过，我想很多学生未必能明白这个意思。

（3）对于集体安全等原则采取了直接给出结论的方式，对这种学生不常接触的概念可能需要适当补充材料加深印象。

（4）对国联局限性的分析所引材料有过多之嫌（PPT上所展示的材料也有未用的部分），导致课堂教学容量相对较少。

导师点评：内行听门道，外行听热闹。显然，这是一篇比较专业的点评，有对课标的准确理解，有对专业知识的解读，也有对授课者意图的点评等，对值得商榷之处也是有理有据地分析，若能再详细一点，再整理成篇就可以成为一篇独立的文章了。

评贺丰老师《宗教改革》

对于贺丰老师的课，我听过不少，一直都知道他的历史知识储备很丰富，每一次听他的课都能给我一些知识的补充或者教学的启发。时隔两年，我再一次听他的课，他讲的内容是选修模块的《宗教改革》，一节课下来贺氏风格依旧：

（1）贺氏对西方历史和现实社会的了解较多，可以自然地将其融入课堂教学，比如利用德意志选帝侯宫的历史引入本课，大量欧洲教会视频图片的展示直观明白。

（2）贺氏借助学生“意大利是基督教的发源地”的错误回答，及时纠正错误，并推荐课外阅读书目《耶路撒冷三千年》；利用中世纪天主教在社会生活方面的控制的史实提醒学生注意社会生活史观等。两处都是信手拈来，可见课外功夫之深。

（3）两段典型材料解析“先定论”，史论结合紧密，体现历史学科特色。

不过，有些地方的处理值得商榷：

（1）关于课堂开端的视频问题。这段视频是多个视频的组合，都是关于欧洲天主教堂的。正式上课前就已经开始播放，一直到上课后3分钟结束，大概有4分钟左右。时间是否过长还在其次，关键是一开始我不是很清楚放这个视频的目的——纯粹为了拓展学生视野，了解欧洲不同的宗教文化风光呢？还是让学生从中体会中世纪天主教会对社会控制的严密？若是前者，放在课程开端我觉得有一种喧宾夺主的感觉，若是后者，因为没有设计相应的问题让学生边看边思考，作用也许并不明显。

（2）关于问题的设计和处理。教师在课堂中曾经问及先定论的不良影响——“长期不成功是否会让人因失望而放弃对上帝的信仰？对上帝产生怀疑？对资本主义产生不良影响？”后直接给出答案“不会”，得出这个答案的理由阐释并不充分，也缺少材料作为支撑，至少我是听糊涂了。

（3）关于师生互动问题。整堂课基本都是教师一个人讲解，偶尔提出的问题也存在包办现象，学生思考的空间较少。

（4）语言啰唆，口头禅较多，“那么”一词出现的频率太高了。

导师点评：当局者迷，旁观者清。每一个学员都要认真听取别人的意见，这是走向成功的开始。

读书笔记："以防万一"与"及时学习"

——读肖薇薇《批判性思维缺失的教育反思与培养策略》有感

笔记1："'批判'区别于一般的批评，是'人之为人'这一独立思想主体的超越精神，其方法是使用合理的反思、理性的质疑和辩证的扬弃，其本质是一种求真的精神。基于这样的认识，'批判性思维'是指对于某种事物、现象和主张发现问题所在，同时根据自身的思考逻辑做出主张的思考。"

笔记2："批判性思维是一种怀疑的、审慎的、反思的心态，是一种理性的思维品质，是一种积极的生活方式，是高尚人格必不可少的内涵。具有批判性思维的人，质疑和反思的习惯使他们不轻易盲从，不人云亦云，不轻信权威。他们精神独立，善于内省又关注外界，即使在暂时少数的情况下，也能笃信真理，在极端的情况下，也能冷静清醒。"

曾经看过一本叫《知识不是力量》的书，其中提到一个很有趣的说法："知识的英文为knowledge。它的第一个音节是'know'，'知道'。但是……末尾是'edge'，是'边缘、领先'。……'知识'中，只有'知'与'识'结合时，它才能产生'edge'，成为力量。狭义的knowledge本身是没有力量的。……（而中间的l）就是'热爱'（love），它就是'学习'（learn），它就是'生活'（live）。"该书作者方柏林认为，"过去，学习是为了积累各种知识'以防万一'（just-in-case），现在是按需定制的'及时学习'（just-in-time）"。

这本书首先吸引我的是它的题目。培根的名言——"知识就是力量"，不知道成为多少学生的座右铭，包括曾经的我。学生时代我曾经有过疑惑，记住1840年鸦片战争爆发这件事情的作用到底何在？人们都说以史为鉴，我记住了这件史实又能给予我什么借鉴呢？但是这种想法只是昙花一现，并不曾做过深入有益的探究。

然后翻开这本《知识不是力量》，开篇就是这段很有意思的解释。也许从词源的角度看，这种解析是不准确的，有牵强附会之嫌（从我所了解的情况看，ledge好像是一个词根）。不过这种不是很科学的解释所体现的对批判性思维的理解也能给予我很大的启发。

批判性思维能力训练在当下信息量暴涨、信息迅速更新的年代的确非常重要，每个人必须学会适应时时更新的新环境，能够"及时学习"，而不能再像过去那样记住各种知识，"以防万一"即可。教师的责任必须不再是授之以鱼，而应该授之以渔了。

据肖薇薇老师的观点，目前批判性思维教育缺失的原因有三个：

（1）记忆性教育文化使师生间并非平等互动关系，教师为维护“师道尊严”让学生失去了批判性思维生长的空间。

（2）知识性教育模式使学生只有观点没有思想，弱化了思维自主建构能力的开发。

（3）一元化的评价方式使学生产生强烈的惰性思维，不再愿意思考——在教学中，我一直试图让学生在看书时注意发现疑问，尤其是从上个学期开始，要求学生预习时在教材上将疑问批注下来，但是明显有很多学生处于很懵的状态，看完书基本无疑问可言，甚至有个别学生面对我的提问时要求直接给出答案，可见思维惰性之强。

但是批判性思维的第一环节就是要善于发现问题，然后寻找解决之道。如何使学生改变惰性状态而愿意思考是首先要解决的问题。教学中，因为各方面原因我并没有将通过预习找出疑问作为常规要求来贯彻，只是采取偶尔抽查的方式进行，结果只有少部分学生愿意提问，比如在学习人教版必修一专题一《中国早期政治制度的特点》这一课时，有学生问及“为什么人类早期文明基本都与大河有关？”再比如“雅典人既然追求自由和平等，为什么不给予妇女、奴隶以相同的地位和权利呢？”面对这些挺有价值的疑问，我可能会直接做出解释，比如第一个问题；也有让学生自己先找资料解开疑惑的情况，但是较少为之。如何让更多学生愿意思考并学会如何思考真的是一个难题，至少到目前我在这方面的努力还差得很远。

导师点评：批判性思维就是要有怀疑精神，古人说过“尽信书不如无书”，大概就是这个道理。历史学习的较高层次就是要“知其所以然”，即引导学生“打破砂锅问到底”，这实际上是批判性思维的具体表现。

高一上学期历史半期试卷分析

本学期期中考试于12月初结束。本次试卷由教研组协作出题、共同讨论编制而成，主要考查必修一专题一《古代中国政治制度》和专题二《近代中国维护国家主权的斗争》的内容。共20个选择题，两个大题，预期难度0.77。共有1590名高一学生参加考试，效果分析如下：

一、总体效果（图1及表1）及分析

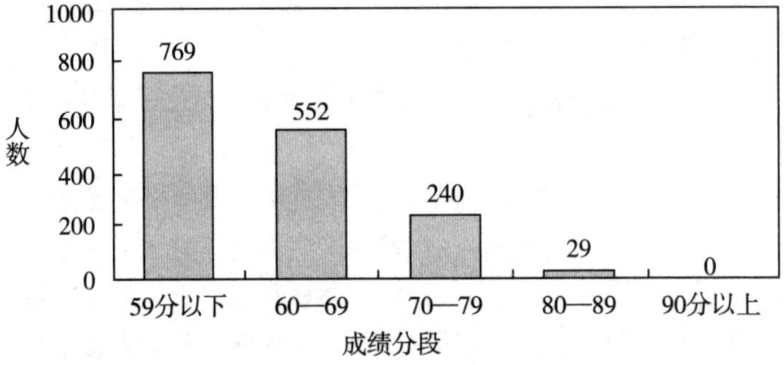

图1　成绩分布柱状图

表1　整体概况表

满分	平均分	得分率	最低分	最高分	信度	标准差	难度	区分度
100	58.15	0.58	0	89	0.7	12.91	0.58	0.3

从上图1及表1分析可以看出，本次考试成绩与预期相差较大：

1. 总体难度是0.58，与0.77的预期难度相差过大。

2. 区分度较好，标准差12.91<15，说明分布较集中，但由柱状图可以看出主要分布于中低分数段，高分数段（80分以上者）分布太少，违背了正态分布原则。

3. 教师对年级学情分析严重不足。

二、各小题具体分析（图2及表2）

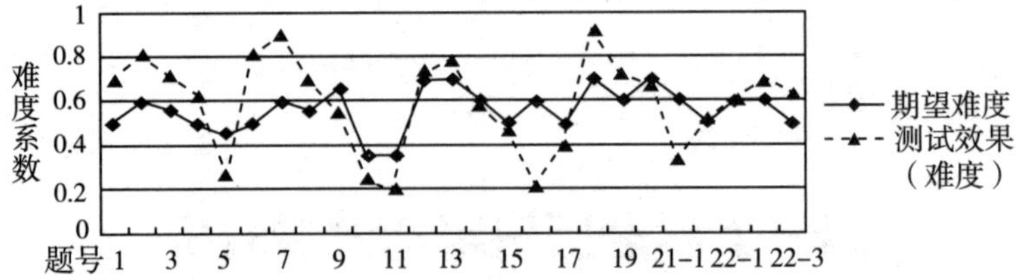

图2　各小题预期难度系数与测试效果对比图

表2　各小题具体数据表

题号	分值	知识点	能力要求	期望难度	效果（难度）
1	5	明代皇权的加强	材料分析	0.5	0.69
2	5	《辛丑条约》“严禁中国人参加反帝斗争”一条	材料分析 基础知识识记	0.6	0.81
3	5	宋代中央集权	材料分析	0.55	0.71
4	5	宋代二府制度	材料分析	0.5	0.62
5	5	义和团、新疆建省、瓜分狂潮、《马关条约》开设工厂时间顺序	基础知识识记理解	0.45	0.26
6	5	行省制度	材料分析	0.5	0.81
7	5	选官制度的总体演变	材料分析	0.6	0.9
8	5	宗法制	材料分析	0.55	0.69
9	5	鸦片战争后中国社会的变化	材料分析 基础知识识记	0.65	0.55
10	5	春秋军功爵制及地方行政管理	材料分析	0.35	0.24
11	5	七七事变	材料分析，基础知识识记，练习册原题改编	0.35	0.2
12	5	门户开放	材料分析 练习册原题改编	0.7	0.73
13	5	《马关条约》及台湾反割台斗争	材料分析，基础知识识记，练习册原题改编	0.7	0.78
14	5	国共合作（平型关大捷）	地图解读 基础知识识记	0.6	0.58
15	5	鸦片战争后民众思想	材料分析	0.5	0.46
16	5	《马关条约》开设工厂及片面最惠国待遇	基础知识识记 （概念运用）	0.6	0.21
17	5	瓜分狂潮	材料分析 知识迁移	0.5	0.39
18	5	国共合作	材料分析 练习册原题落实	0.7	0.92
19	5	义和团	材料分析	0.6	0.72
20	5	抗日战争的胜利	材料分析	0.7	0.67

续 表

题号	分值	知识点	能力要求	期望难度	效果（难度）
21–1	4	大陆政策及抗日战争爆发的背景	基础知识识记	0.6	0.33
21–2	6	近代两次中日战争不同结局原因	材料分析	0.5	0.52
21–3	4	中日战争的启示	史鉴功能运用		
22–1	7	康熙平定噶尔丹成功原因及意义	材料分析	0.6	0.6
22–2	8	二战日本侵略没有受到制止的原因	材料分析	0.6	0.68
22–3	9	二战中中国取得外交成就的原因	材料分析及知识迁移	0.5	0.63

从图2及表2中可以看出：

1. 试卷特点

重点考查学生的材料分析能力（文字材料居多，也有地图材料，比如第14题），以体现历史学科史论结合的要求；开始训练学生的对比分析能力（材料题21–2）、史鉴功能运用（材料题21–3）；基础知识的巩固方面也有所强化，尤其体现在4个日常练习题的改编上（第11到13题及第18题）。

试卷主要问题有：

（1）反映学科素养的题目偏少。

（2）文字材料偏多，图片材料较少。

2. 反映的主要问题

（1）学生对近代史的掌握程度比古代史差。

（2）近代史的相关概念（如片面最惠国待遇、大陆政策等）与事件相互联系理解运用较难。

（3）学生的文言文分析能力较弱。

三、后期教学建议

（1）注意关注学情，对高一的教学应该侧重学习兴趣的培养，在教学中注意深度和广度的把握，不宜过难过深，这也是为自制试卷做前提。

（2）中国近代史部分看似简单，但是需要学生理解运用的概念和知识点很多，后期教学（尤其是期末复习）时必须强化。

（3）文言文阅读是学生的难点，高一阶段需鼓励学生更广泛地进行课外阅读，增强语文功底。

（4）试题命制需加强历史学科素养方面的训练，在材料选择上也应更加多样化。

高三历史二诊试题分析

本次二诊历史成绩总体成绩较差，需要吸取的教训较多，现整理如下：

一、试卷失误情况分析

1.客观题失分情况分析

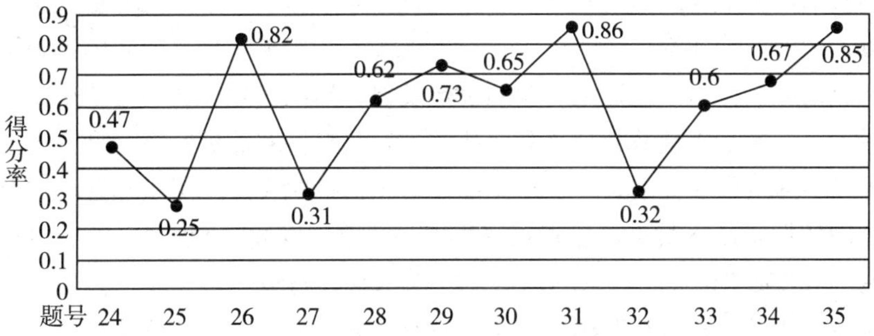

图1　客观题得分率

从图1中可以看出，中国古代史部分24题（古代科技受到儒家学术方法的影响）、25题（汉唐宰相地位的变化）、27题（明代税收制度图表信息解读）及世界古代史部分32题（罗马法与《唐律》比较）得分率都相当低。四个题目的主要错误选项分布见表2：

表1　四个题目的主要错误

题号（正确选项）＼人数＼选项	A	B	C	D
24（D）	211	211	5	385
25（A）	226	76	100	409
27（D）	267	84	208	251
32（B）	212	256	145	198

由表1中可以看出第24题错误选项集中于A、B两个选项。A项属于史实性错误，“成果形式的理论化倾向”并不符合古代中国科技“重实用、轻理论”的特点，说明答错的学生对古代科技的主要特点（教材基础知识）掌握并不扎实；B项属于逻辑性错误，材料主题是“科技著作编写体例”，这与科技是否实用之间没有必然的逻辑联系。

第25题错误率最高的是D项，即“唐朝政治制度趋于成熟”。这属于逻辑错误。隋唐三省六部制的建立标志着政治制度的成熟，主要是由于三省长官（宰相）分工协作，既削弱了相权，巩固了皇权，又提高了行政效率，且一定程度上能够限制皇权，在皇权与相权的博弈中体现平衡，为唐前期盛世的形成创造了有利的政治环境。但本题是考查学生对汉唐间宰相从“不亲小事”到兼领具体官职的变化的认识，这种变化并未反映“三省六部制”实现了皇权与相权之间的平衡。由此可见，许多学生只是单纯背诵课堂所学的结论，而没有真正思考“史实”与“结论”的逻辑联系，即史论结合能力较弱。

第27题错误率较高的是A、C两项。这两个选项都反映了学生对古代中国经济（政策）发展的特征缺乏总体认识（基础史实不扎实）。题目中明确提到了“明中叶税收制度”，由于土地私有制的稳定发展，历代封建王朝中后期（尤其是宋代以后），都面临土地兼并现象日益严重而导致自耕农数量锐减，这种现象的日益严重又容易引发农民起义。任何王朝改革（包括赋税改革）基本都不涉及对土地私有制的抑制，也就不可能真正解决这一问题。因此，A项“土地兼并得到有效遏制”和C项“自耕农数量不断增加”都不符合历史发展规律。另外，本题需要学生对明代“一条鞭法”的示意图进行有效概括：“征税主体从‘里长’（非政府官员）到知县；征税对象从‘甲首户’（人口）到‘土地所有者’（土地多少）”的变化，讲评过程中可以看出学生并不能对图表信息进行有效提取，对这一变化的认识也就无从谈起。

第32题A、C、D错误选项分布都较多。根据材料可以看出罗马法比《唐律》更加严谨，与A项结论相反；两个法律都反映要依据成文法律审案，与D项结论相反。可见选择A、D两项的学生没有读懂材料。而C项“司法公正比立法更重要”并不符合逻辑与常识。

2. 主观题失分情况分析

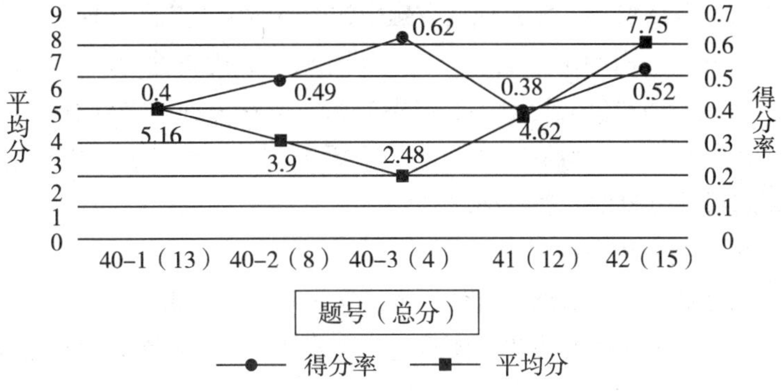

图2 主观题情况分析

从图2中可以看出，主观题得分率普遍偏低。反映的主要问题有：

（1）审题能力较弱。40–1题要求学生回答“18世纪末至20世纪初西方国家政府职能的特点”，但很多学生给出的答案包含对20世纪的特点分析；40–2题中，很多学生并不能明确题目中的“计划经济时代”的具体时间是“一五”计划结束至改革开放前，使得很多学生以“新中国初期”等史实回答。41题要求根据表格提炼“古代中国藏书发展的信息”，很多学生不能准确把握“发展”一词要求对不同时代的藏书信息综合分析提取。44题要求“简评清末教育改革的作用”，“作用”一词要求回答时体现辩证思维，但部分学生没有领会其意图。

（2）知识迁移能力较弱。40–1题对“西方国家‘管制政府’形成原因”的考查实质上是课堂上所学习的“国家垄断资本主义形成与发展”的变相表达，但很多学生并不能在问题与教材知识之间建立有效联系。本题材料中“18世纪西方政府的‘守夜人角色’”实质上是“自由主义”的变相表达，但很多学生因为不理解何为“守夜人”，难以与课堂所学联系起来。

（3）逻辑能力较差。41题对学生的史论结合能力要求很高，但学生的分析与信息之间常常脱节，或所列史实与结论之间不具备因果联系，因此很容易丢分。

（4）表述能力有待加强。很多学生的语言表达存在很大问题，用词不准，语句不通等现象屡见不鲜。

（5）字迹潦草，书写不够规范，格式不完整等。

二、后期复习对策思考

1. 齐心协力，强化教研，争取在以下三个方面加强合作研究

（1）试题精选：不用套卷，不浪费每一道试题，突出思维能力训练与教材核心知识点的结合，以题带复习。

（2）深度研究考试说明及近几年全国卷高考试题，力图把握出题角度与方向。

（3）强化热点研究，思考考试中可能出现的隐性角度，以此串联相关知识。

2. 强化解题方法引导，尤其强调审题中的时空观念及主题把握

客观题部分，需引导学生熟练分析史实性错误、逻辑性错误、价值观偏差等错误类型，一方面通过复习已做题目查漏补缺，另一方面在做题过程中准确使用排除法。主观题部分，需强化对评价类、原因类、特点概括类、比较类、启示类等不同类型题目进行解题方法总结。

同时对答题规范严格要求。

3. 重难点是突破，凸显通史意识、世界意识和现代意识

进一步要求学生掌握模块知识体系及阶段特征，并能够在做题时熟练运用。

向艳秋专集

向艳秋，重庆市黔江中学历史教师，2011年毕业于西南大学历史学院，系重庆市庞友海教学专家工作室骨干学员。任教以来，秉持“成为一名可持续胜任的优秀历史教师”的信念，工作认真负责，为人亲和，课堂教学幽默风趣，颇受学生喜欢。爱观察、爱思考，勤动笔。是重庆市高中促进计划重点课题《教育环境对高中课程改革的影响及对策研究》主研，重庆市黔江中学历史创新基地主研人员。

本专集共收录10篇文章，分别是向老师的教学反思、听课评课、读书笔记、教学案例。向老师语言质朴，擅长细节捕捉，其文反映了一线教师成长的真实历程——读书、教学、反思。

“三省制”制约的是皇权还是相权？

——由学生的问题想到的

唐代三省六部制将相权一分为三，具有分权制衡、集思广益、增强行政效率、确保政策正确性诸多优点而被推崇和赞美。在教学该知识点时，进行得很顺畅。但刘秀忠同学提出的一个问题引起了我的思考：“中书省负责草拟和颁发皇帝的诏令，门下省负责审核和封驳。而中书省草拟的有些诏令肯定是皇帝的授意甚至是皇帝的口谕，门下省审核和封驳这些诏令不就是在审核皇帝的旨意吗？是不是意味着皇权实际上会受到三省制的限制呢？”

学生的问题让我想起了在《唐代‘三省制’的功能和教学处理》一文中看到的类似观点：“这就意味着，即使是唐代的最高统治者，其权力也要受到三省的制约”“唐初的三省制，不仅使三省之间互相制约，也使三省和皇权之间形成制约”等。“三省之间相互制约”这一点是可以肯定的，但“三省制”是否能制“上”？如果能，制约的到底是皇权还是皇帝？

在梳理秦汉两朝君相关系时不难看出：秦朝丞相负责全国政务，相权像一个圆饼；汉武帝设立“中朝”负责“决策”，“外朝”负责“执行”，相当于将圆饼分成了两份。但是“决策”和“执行”这两份合起来仍然是一个整的圆饼，仍相当于秦朝丞相的权力。在这个过程中，分权于下并没有直接使皇权加强，当然也没能制约皇权。

实际上，“皇帝制度”或“皇帝”称号已然决定了皇权是至高无上的，没有人能限制或制约皇权，但可借助制度设置约束皇帝的行为从而让其不滥用皇权。因为即使拥有无限皇权，“皇帝”行使权力时也必须通过一定的人员和机构，按照一定的程序和方式进行。三省六部制就为臣下制约皇帝提供了制度上的可能性。《旧唐书》中有两则小故事：

（庆元年正月）以前检校大理少卿、驸马都尉刘士泾为太仆卿。给事中韦弘景、薛存庆封还诏书，上谕之曰：“士泾父昌有边功，久为少列十余年，又以尚云安公主，朕欲加恩，制官敕下。”制命始行。

——［五代后晋］刘昫《旧唐书·卷一六·穆宗记》

（元和十三年户部侍郎、判度支，同中书门下平章事皇甫镈）以巧媚自固，奏减内外官俸钱以赡国用。敕下，给事中崔祐封还诏书，其事方罢。

——［五代后晋］刘昫《旧唐书·卷一三五·皇甫镈传》

两则材料均提到在皇帝下敕令以后，给事中进行封驳。要么使皇帝申明该敕令的理由，要么使皇帝的敕令作废，在一定程度上干预了皇帝的意志。这里提到的“给事中”秦朝始置，在唐代隶属门下省，成为宰相官僚系统职官，专职行驶封驳权——封还皇帝失宜诏命，驳正大臣有误奏章。

岳麓版历史必修一教材也引用了如下一则小故事：

唐宣宗认为大将军李遂德才兼备，任命他为岭南节度使。在皇帝任命诏书已经发下后，门下省给事中萧放认为这个任命不合适。唐宣宗这时正在欣赏乐曲，听了理由后，觉得这个任命的确不当，叫别人去追回任命已来不及，便当场叫一个伶人骑快马去追回诏书。

——岳麓版历史必修一政治文明历程第12页第4段

上述三则材料有一个共同点：都提及门下省给事中等人对中书省起草的诏令、皇帝下发的敕令有审议、封驳的权力。于是不难得出一点：皇帝的行为会受到门下省的制约。

日本历史学家内藤湖南在《中国近世史》中谈到唐朝三省制度时说：“中书省为天子的秘书官，司掌起草诏书敕令、批答臣下的奏章。这些诏书的颁发或敕令的下行，要取得门下省的同意。门下省有反驳的权力，若中书省起草的文稿有不当之处，门下省可以批驳，甚至将其封还。”

给事中等门下省的正式官员有审议、封驳权，此外，门下省还附设有一批言谏官员，比如左散骑常侍、左谏议大夫、左补阙、左拾遗等。《旧唐书·职官二》中记载：“凡发令举事，有不便于时，不合于道，大则廷议，小则上封。”

细读史料发现，不仅门下省以自己职责的权限和原则干预、限制皇帝的行为，中书省也有类似的行为。2014年江苏高考历史卷第21题材料二便提到这一点：

垂拱三年，或诬告祎之（宰相），（武）则天特令肃州刺史王本立推鞫（审问）其事。本立宣敕示祎之，祎之曰：“不经凤阁（中书省）鸾台（门下省），何名为敕？”则天大怒，以为拒捍制使，乃赐死于家。

——《旧唐书·刘祎之传》

笔者补充刘祎之相关材料如下：

“及豫王立，祎之参预其谋，擢拜中书侍郎、同中书门下三品，赐爵临淮男。时军国多事，所有诏敕，独出祎之，构思敏速，皆可立待。及官名改易，祎之为凤阁侍郎、同凤阁鸾台三品。”

——［五代后晋］刘昫《旧唐书·卷一九九·刘祎之传》

刘祎之时为中书侍郎，供职于中书省。因他不认可武则天亲发的敕令，认为该敕令未经过中书省和门下省的审核，不属于正式文件。武则天因此大怒，认为刘祎之忤逆了她的旨意，藐视她的皇权，因而将刘祎之赐死。

钱穆在《国史新论》中提道：“在唐代，凡遇军国大事，照例先由中书省中书舍人（中书省属官）各拟意见（五花判事），再由宰相（中书省）审核裁定，送经皇帝画敕后，再须送门下省，由给事中（门下省属官）一番复审；若门下省不同意，还得退回重拟。因此必得中书、门下两省共同认可，那道敕书才算合法。……皇帝不能独裁，宰相同样不能独裁。”

其在《中国历代政治得失》中亦有类似言论。

由此可见，中书省、门下省都在一定程度上干预皇帝的言行，力图使皇帝的所作所为在制度框架内，力图使皇帝不专权。明清著名思想家王夫之有言曰：“国必有所恃以立，大臣者，所恃也。大臣秉道，而天子以不倾。”三省制下中书、门下的行为又何尝不是“秉道”而行。实际上早在唐朝初年，唐太宗便意识到这种情况并有意加强大臣对皇帝言行的干预。

“上谓房玄龄、萧瑀曰：隋文何等主？对曰：克己复礼，勤劳思政，每一坐朝，或至日昃。五品已上，引之论事。宿卫之人，传餐而食。虽非性体仁明，亦励精之主也。上曰：公得其一，未知其二。此人性至察而心不明。夫心暗则照有不通，至察则多疑于物。自以欺孤寡得之，谓群下不可信任，事皆自决，虽劳神苦形，未能尽合于理。朝臣既知上意，亦复不敢直言，宰相已下，承受而已。朕意不然。以天下之广，岂可独断一人之虑？朕方选天下之才，为天下之务，委任责成，各尽其用，庶几于理也。因令有司：诏敕不便于时，即宜执奏，不得顺旨施行。”

——［五代后晋］刘昫《旧唐书·卷三·本纪三·太宗下》

历史的性格是多面的。有的皇帝意识到来自制度的干预和制约后跟唐太宗的态度迥异。如武则天直接赐死刘祎之，如唐中宗取“人寒微则政事勤，位卑下则控制易”之意，大量任用通过特殊关系而非正式公文墨敕委任的“斜封官”。如此，不难得出结论：三省六部制确实在制约，但制约的不是皇权而是皇帝。在君主专制时期，这种制约是一抹难得的亮色。但必须注意的是，其制约的实际效能是有限的，取决于皇帝的态度和素质。套用熊培云先生的一句话，所谓“民主”与制约在“高处”——可望焉，可思耶，不可触尔。

情境设置当严谨

——以嫡长子继承制为例

笔者发现，在讲述“宗法制”中“嫡长子继承制”这一知识点时，在一些省市优质课，甚至教研文章中，都设置有下列情境和问题：“周天子年老了，打算立下继承人。周天子有四个儿女：大儿子——二夫人所生，二儿子——大夫人所生，三女儿——大夫人所生，四儿子——大夫人所生。请问：谁最有可能继承王位？反映中国古代早期政治制度什么特点？”

学生的回答及教师所给的参考答案，都是“二儿子”。显然，是将“大夫人”等同于“正妻”，按“嫡长子继承制”，自然是正妻所生的最年长的儿子该继承王位。问题是，“大夫人”就一定是“正妻”？

“夫”，从“二人”，意为一夫（外子）一妻（内子）组成的二人家庭，用来指“外子”。“夫人”意为“夫之人”，即外子的人，也就是内子。在古代，“夫人”含义是变化的。上古时期，“夫人”即为次妃，虽有一定正次之分但无严格尊卑之别。如有“嫘祖为黄帝正妃，生二子，其后皆有天下”。郑玄《通典·职官·后妃》里记载：“昔帝喾有四妃，以象后妃四星。其一明者为正妃，余三小者为次妃，帝尧因焉。至舜，不告而取，不立正妃，但三妃而已，谓之夫人。”材料明确指出，“妃”都称“夫人”。据《白虎通义》载：“天子之配，商之前皆称妃，周始立后。”《曲礼》亦云：“天子之妃曰后。”近人考证司母戊鼎的“司”字，应读为“后”。商朝后期，有“启母贱，不得嗣。少子辛，辛母正后，辛为嗣”的记载，“后”与“夫人”有了较为严格的嫡庶之别。周朝时，“周人上法帝喾，立正妃，又三二十七为八十一人以增之，合百二十一人。其位后也，夫人也，嫔也，世妇也，女御也，五者相参，以定尊卑焉。”即不仅有正次之分，又有了嫡庶尊卑之别。“夫人”在地位上是次于“后”的，“后”才是周天子法定的“正妻”。周朝时，“夫人”主要指诸侯国国君之妻。《礼记·昏义》中有“天子之妃曰后，诸侯曰夫人”的记载。

秦汉时期“夫人”有两种意思。一指“帝王之妾”，如《汉书·外戚传序》有“汉兴，因秦之称号，……妾皆称夫人”。又指“列侯之妻”，如《汉书·文帝纪》颜师古注有“列侯之妻称夫人”。东汉末年到魏晋时，“夫人”为妃嫔名称。比如曹操有许夫人、丁夫人、卞夫人等。隋唐以后，“夫人”也为命妇封诰。比如杨贵妃的姐妹被封为虢国夫人、杨国夫人等。现多是正式场合用来尊称已婚或年长的女性。

综上所述，情境中的“大夫人”并非周天子的正妻，“二儿子”也不是“嫡子”，“王位继承”说也就不成立了。可见，这个情境设置有失严谨。在历史教学中，为了加深学生对历史概念的理解，合情合理地设置一些情境本无可厚非，但太过随意，甚至为了取悦学生而戏说“历史”，有失历史教育的真谛，甚至会形成误导。有鉴于此，历史教师在设置情境时，必须做到“三不”，即“历史的底色”不退；“人文情怀”不缺；“知识的严谨度”不减！

浅谈历史图片在初中历史教学中的运用

对于刚升进初中的学生来说，历史是一门全新的学科。虽然小学时期科学课中略有涉及历史，但只是浮光掠影而已，几乎没有教给学生相关的历史学习方法。因此激发学生对历史学习的浓厚兴趣是上学期乃至本学期的重要任务之一。川教版七年级的历史教科书中插有大量图片，除历史地图外，还有关于历史事件、历史人物和文化遗迹等方面丰富多彩的照片、图画和示意图。它们色彩鲜明、直观漂亮，于是我决定启用它们，让它们发光发热，借此调动学生的学习热情。

一、利用插图，培养学生观察和分析能力

历史知识的特点之一在于其过去性，而教师无法使过去的史实重演。初一学生在识记事物时，具体形象识记仍占主导，抽象识记正在逐步发展，这就决定了直观教学在历史教学中的意义。笔者在给初一学生讲《中国境内的早期人类》一课时，教学目标包括归纳山顶洞人比北京人的进步之处。教材上用了两大段文字来说明，可是学生很难理解并记住。然而这是他们升入初中以来的第一节历史课，如何化繁难枯燥为饱满、生动、简洁呢？笔者通过引导学生分析教材上的五幅图片来进行归纳。

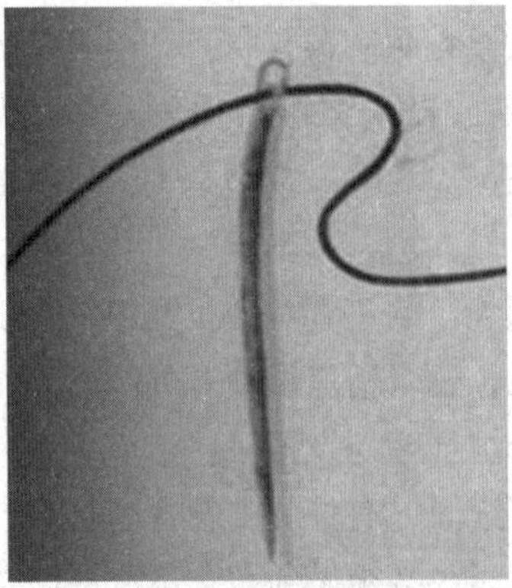

图1　山顶洞遗址出土的骨针

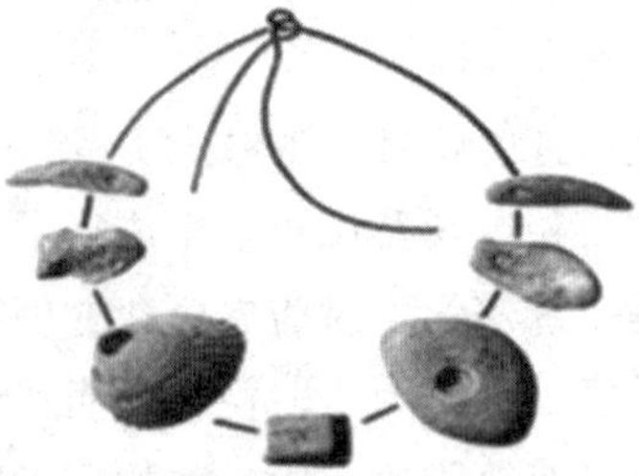

图2　线穿的贝壳手链

笔者首先出示了“山顶洞遗址出土的骨针”一图，让学生思考此幅图片反映的历史信息。有学生马上就观察到“有针眼，还穿了线”；我问：针眼怎么来

的？学生答：“钻的孔，他们已经会钻孔了。”我又问：针眼穿线来干什么呢？学生答：“缝衣服吧，说明他们会缝制衣服了。”然后我又出示了“山顶洞遗址出土的装饰品”一图。该图是一幅山顶洞人把贝壳等用线穿起来的手链。学生马上赞叹：好漂亮。我问：这幅图片说明了什么呢？由于分析第一幅图时他们已经有了经验了，于是很快就归纳出了“他们会钻孔了，而且知道打扮自己了，有爱美意识了”。

然后引导分析了“北京人复原头像”和“山顶洞人复原头像”。学生们通过对比马上就得出了“山顶洞人更像我们现代人”这个观点。最后，出示了“钻木取火”模拟图，学生们就归纳出了“他们会人工取火”。

图3　北京人复原头像

图4　山顶洞人复原头像

图5　钻木取火

这样，借助这五幅图片，学生就很快掌握了山顶洞人比北京人的进步之处，且记忆深刻。整个过程也非常轻松、愉快，一个学生归纳到了，其他学生也不甘落后，参与度非常高，还有了一种良性竞争的感觉。在发现、探究的过程中，教师主要发挥组织、引导、偶尔点拨的作用。在探究活动结束后，对于山顶洞人比北京人的进步之处，师生共同得出如下结论：掌握磨光和钻孔技术、学会人工取火、有爱美意识、会缝制衣服。

在讲“河姆渡遗址”时，目标设计为“依据事实简单还原出河姆渡人的衣食住行”。通过分析教材上的几幅图片，这个看似比较难以达成的目标实现了。

首先引导学生观察“骨耜”一图，学生就得出了“他们经常吃肉，所以有很多骨头”的观点。这个观点还停留在表层。于是我继续引导：“骨耜的形状像什么？这反映了什么历史信息呢？”学生继续观察，得出了“骨耜形状有点像铲子，说明他们会耕地了”的结论，接着立刻引导他们观察“炭化稻谷”一图。学生马上就惊叹了，说“他们已经会种水稻了。河姆渡人用骨耜来翻地，然后种水稻”。然后观察“猪纹陶器”一图。此图学生们的讨论尤其热烈。他们分析出两个观点：一，河姆渡人会制作陶器了。二，河姆渡人已经在驯养野猪了。学生的智慧是无穷的。我听到“驯养野猪”这几个字后问：从哪里看出来是在驯养野猪？学生立刻指明了缘由“因为图片上猪的鼻子很长，鬃毛也很长，跟家猪不像”。最后观察了“河姆渡干栏式建筑想象图”。我引导学生分析为什么这个房子有那么多木桩。学生察看了“重要原始农耕文化遗址分布图”和干栏式建筑文字介绍后，归纳出了“因为河姆渡一带雨量充沛，气候湿热，打木桩是为了防潮”的观点。于是，对于“自然环境对居住形态的影响”学生就很容易理解了。

二、利用插图，培养学生的历史审美感

课本中为学生提供了大量具有较高艺术欣赏价值的图片，如人物图、文物图、复原图、遗址古迹图、艺术珍品图等。这些图片与课文内容紧密结合，图文并茂，烘托出浓厚的历史审美气氛。引导学生观察分析这些图片，不仅拉近了学生与历史的距离，加深学生与中华民族历史文化的亲和力，还能培养学生的历史审美感，提高艺术鉴赏水平。

如《宋代的社会生活》一课，使用最多的就是“清明上河图·街景”和“清明上河图·虹桥”两幅图片。先引导学生分别从衣食住行等方面来概括图片内容，再把图片内容以动态版《清明上河图》的形式呈现出来，同时进行配音解说。学生在优美的音乐中追寻着历史的足迹，“看”宋朝汴河两岸的风光和繁荣景象，“听”街上小贩们的叫卖声。视频以形象生动、直观的方式表达了丰富的历史信息，形象地再现了北宋东京的场景，给人以鲜活的立体感，激发了学生的兴趣和热情，又从“静”与“动”、“局部”和“整体”两大角度比较充分地挖掘了历史信息，加深了对本课知识的理解。所以，让学生形成“以图解文”的思维，可以加快学生理解的速度并增强学生的记忆力，从而大大提高学生学习的效率。

又如讲《青铜工艺的杰出成就》一课时，结合课本“司母戊鼎”“溶铜坩埚”“四羊方尊”“青铜犁铧”等彩图，使学生体会劳动创造美，培养历史情趣，感受到我国古代青铜冶炼技术的高超，并鼓励学生谈感受，提高他们的鉴赏能力和审美情趣。

三、注意区分图片的真伪

有些图片是用漫画、油画和照片的形式呈现的。相对于出土文物的图片，它们的主观性要大得多。因此，教师在运用图片时，也要注意印证图片的真伪。因为照片未必全部可信，须用其他史料印证。“左图右史”始终是一个不过时的学习历史的方法。

总之，图片教学在历史教学中有着举足轻重的作用，它不仅是教科书的辅助材料，而且是实用性极强的直观教材。课堂教学中合理、有效地运用插图，在培养学生兴趣、激发学生热情、发展学生历史思维能力等方面具有独到的优势。“图文并重”无疑将为提高初中历史教学水平开辟一方新的天地。

浅谈儒家仁义困境下的抉择——“仁先于义”

一、何谓“仁”

“仁”字在甲骨文和金文中均有发现，是一个产生较早的古汉字。《说文解字》云：“仁，亲也，从人二。”又有“古文仁，从千心”和“古文仁，或从尸”之解。《尚书》中有“予仁若考”；《诗经》中有“洵美且仁”和“其人美且仁”。但是，“仁”字出现最多，使用最广并且被赋予明确含义的是在春秋时期，儒家学者孔子将“仁”字进行了多种不同的阐释。

在《论语》中，“仁”字共出现109次，其中大多来自于孔子弟子问“仁”，并由此衍生出孔子针对不同对象、不同问题对“仁”的内涵、表现和实践途径做出了不同的阐释。

“颜渊问仁，子曰：‘克己复礼为仁。一日克己复礼，天下归仁焉。为仁由己，而由人乎哉？’”其表现和实践途径被阐释为“非礼勿视，非礼勿听，非礼勿言，非礼勿动”。

“仲弓问仁，子曰：‘出门如见大宾，使民如承大祭。己所不欲，勿施于人。在邦无怨，在家无怨。’”

而当司马牛问仁时，子曰：“仁者，其言也讱。”这是说仁者说话要谨慎。据此，司马牛不是很理解，又问：“其言也讱，斯谓之仁已乎？”子曰：“为之难，言之得无讱乎？”由此三问可看出，孔子对不同的对象，对“仁”做出的解释是不同的，这也说明“仁”是一个很宽泛的概念，具有很强的延展性和灵活性。

当然，关于“仁”的解释最经典的是“仁者，爱人”。

最近我在给初一学生讲《活跃的学术思想》一课时，教材中有一句“统治者要做到体贴人民，人民要敬重和服从统治者，天下就会太平”，这是对孔子“仁”的思想的概括，可是我认为只有这样一句话呈现给学生太过简单。于是，我补充了如上几点。

后来，孟子将孔子“仁”的思想进行了发展，提出了“仁义”，即“仁者，人心也”，主张“居仁由义”。孟子说：“仁，人之安宅也；义，人之正路也。”孟子以“安宅”喻“仁”，说“仁”是人心，是人的道德依据。在现今，以“宅”喻心之说仍有，比如常说的“宅心仁厚”。又以“正路”喻“义”，说“义”是规范，是人的行动原理。关于“路”与“义”，现今仍有相关的表述，如“路见不平，拔刀相助”就是“大义”的体现。“安宅”“正路”之喻既道出了“仁”与“义”各自的内涵，又表明了二者相互依存的有机联系。由此，张岱年先生总结道：“孔子哲学的中心观念是仁；孟子哲学的中心观念是仁义。”

二、何谓“义”

“义”是什么？这是一个很复杂的概念。“义”字在如今有很多意象。比如“主义”，诸如封建主义、资本主义、修正主义等；如“假”，有“义齿”；在表示没有血缘关系时又有“义子、义女、义父母”等；在日常用语中更是常用，比如“义无反顾、大义灭亲、英勇就义”等。但其最初的本意是什么呢？《说文解字》里有“义，宜也，从我从心”，西汉董仲舒也有“正其宜不谋其利，明其道不计其功”。

孔子也谈“义”，但是往往紧扣“君子”，如：“君子义以为质，礼以行之，义以出之，信以成之，君子哉！”“君子之于天下也没，无适也，无莫也，义之与比。”当子路问“君子尚勇乎”时，孔子曰：“君子义以为上。君子有勇而无义为乱，小人有勇而无义为盗。”在孔子看来，“义”是君子的立身之本，是君子行为的最高标准，君子处事合于义时则作，不合于义则不作。

而到了孟子，他把“义”上升到了一定的高度，体现在两个方面。一是他将“义”上升到作为评判人之所以为人的标准。“人之所以异为禽兽者几希，庶民去之，君子存之。舜明于庶物，察于人伦，由仁于义，非行仁义也。”二是孟子明确地把“义”定性为善恶的标准。“鸡鸣而起，孜孜为善者，舜之徒也。鸡鸣而起，孜孜为利者，跖之徒也。欲知舜与跖之分，无他，利与善之间也。”纵观学术界的研究动态，关于“仁义”的内外之争很激烈，应该说从孟子、告子到现今都有学者在争论这个问题。在现今，人们通常将“仁义”自然而然地看成是一个不可分割的主体。但是在阅读儒家经典的过程中，常常会有这样的感觉，即“仁”和“义”并不是天然一体的，它们之间在很多时候会有矛盾。但是，鲜有人去探究当“仁”和“义”发生冲突面临抉择时，儒家学者是怎样选择的，或者儒家是怎样解决这个问题的。

三、在仁义困境下的抉择：仁先于义

关于“仁”与“义”的对立，儒家学者早就注意到了。《论语·里仁》有“唯仁者能好人，能恶人”。《礼记·丧服》有云：“门内之治，恩掩义；门外之治，义断恩。”这个说法引起了孟子和老子的一段关于“仁内义外”和“仁外义内”的公案。但毋庸置疑，它也体现了时人关于“仁”“义”之间对立的认识。董仲舒在其《春秋繁露》里云：“以仁安人，以义正我，故仁之为言人也，义之为言我也，言名以别矣。”即“仁”是用来抚慰他人的，而“义”是用来要求自己的。这里用“他人”和“自己”论证了“仁”“义”的功用，也体现了其对立。实际上，“仁”与“义”要做到统一是很难的。正如人们常说忠孝不能两全一样。当“仁”与“义”处理不好时，往往就会出现不能两全的境地。而此时，儒家是倾向于取“孝”而非“忠”的，对于“仁”与“义”来讲，儒家往往把立足于血缘联系的“仁”看的比维系社会关系的“义”更为重要，即出现了“仁先于义”的局面。

通过读《论语》与《孟子》及相关的儒家经典，会发现有两段辩论很有意思。《论语·子路》中有叶公与孔子的一段对话。

“叶公语孔子曰：‘吾党有直恭者，其父攘羊，而子证之。’孔子曰：‘吾党之直异于是：父为子隐，子为父隐，直在其中矣。’”

用现代文翻译过来很好理解，就是叶公说：“我的家乡有正直的人，他的父亲偷了别人的羊，他会出来指证他父亲。”孔子则说：“我的家乡不一样，父亲犯了罪，儿子会代为隐瞒；同样，儿子犯了罪，父亲也会代为隐瞒。”“直”就在“父为子隐，子为父隐”中得到了体现。孔子所说的“直”可以理解为“直爽”，是出于父子亲情本能的情感。而叶公的“直”则更多的是“正直”，有很强烈的“义”或者“正义”的成分在里面。在孔子看来，叶公所谓的“直”有诸多的理智思考的成分，而显得有作伪或者作秀之嫌。由此可以看出，在儒家的道德体系中，“仁”比“义”有更多的优先性。

《孟子》里面也有着这样一段对话，跟孔子与叶公的对话比较相似。

“桃应问曰：‘舜为天子，皋陶为士，瞽瞍杀人，则如之何？’曰：‘执之而已矣。’‘然则舜不禁与？’曰：‘夫舜恶得而禁之？夫有所受之也。’‘然则舜如之何？’曰：‘舜视弃天下犹弃蔽蹝也，窃负而逃，遵海滨而处，终身䜣然，乐而忘天下。’”

桃应是孟子的学生，他问孟子，舜是天子，皋陶是法官，假如舜的父亲瞽瞍杀了人，这时应该怎样处理呢？众所周知，尧舜都是上古明君，作为圣君和孝子的舜应该怎样面对自己父亲犯法的困境呢？孟子回答：“作为法官，皋陶应该公正严明的执法，把瞽瞍抓起来进行审判。”桃应又问：“难道舜就听任自己的父亲被抓起来吗？”孟子回答：“作为圣君，舜不应该干涉皋陶的执法，相反还应该奖励他。”桃应再次发问：“那作为孝子呢，舜应该怎样做？”孟子这才答道：“作为孝子，舜就应当抛弃天下，将父亲从狱中救出，背着他逃往海边，在蛮荒之地躲藏生活下来，享受天伦之乐。”在这里，实际上可以看出，孟子和孔子一样，着重强调的还是“直”和“窃负而逃”。但是无论是在古代还是在今天，“窃负而逃”显然不符合“义”的规范。然而，古代中国以儒家为正统，儒家的道德体系就是以“仁”为核心的，因此，父子的亲情就应该先于“义”。

由此可以看出，在“仁”与“义”发生矛盾不能兼顾时，儒家学者自觉不自觉地偏向于“仁”先行。儒家通过强调“仁”的优先性来实现“仁”与“义”的统一，影响非常深远。即使社会上一直都不提倡“父为子隐，子为父隐”，但是不可否认，大家都注意到了这一现象，只是不好说罢了。

构建体系、深化理解、促进转化

——高考临近复习策略

赵昌品老师是学校资深的政治教师，也是高三政治备课组组长，是一位温文尔雅、谦谦君子型的长者。虽然学科不一样，但“政史不分家”。赵老师这堂课无论是内容还是方法引导，都使我受益匪浅。

从内容来看，框架体系清晰、层次分明、内容丰富。这堂课的主题是“历史观”（唯物史观），赵老师围绕着这个主题又展开了“社会存在于社会意识的辩证关系”“社会基本矛盾的运动”“社会发展”“人民群众”“唯物史观与唯心史观对比”五个知识点。对于我来说，这堂课非常重要。因为从上周开始，高一历史正好进入了经济史模块的学习。经济史模块要求引导学生注意两个关系：生产力与生产关系；经济基础与上层建筑。但是在授课的过程中，学生对这两点非常模糊甚至很多人没听说过。对于“生产力”这个最革命最活跃的矛盾因子，学生往往能够举一些史例来证明，但是对于“生产力”这个概念本身是很模糊的。我是否也可以借鉴这个体系给学生明晰一下这些概念呢?

从方法来看，层层推导、构建体系、深化理解、促进转化。这堂课让我印象最深刻的是不管是小知识点内部（比如社会存在与社会意识）的联系还是知识点之间（比如社会发展与人民群众）的联系，都是通过层层推导得来的。比如通过生产力与生产关系的相互作用推导归纳出解决两者矛盾的方法，再通过相互作用和解决方法推导归纳出一般规律。又比如通过由“社会基本矛盾的运动”推导出解决矛盾的措施以及解决之后的走向——“社会发展”，又由“社会发展”的途径推导出阶级斗争和改革，从而得出这些实践的主体——“人民群众”，再由“人民群众”又深化到核心的价值观。总的来说，通过层层推导，让学生构建起知识之间的逻辑链条，既实现了知识点与面之间的结合和深化，又把学生在考试中会遭遇的学科体系、核心素养体系和边际素养体系都一一构建起来了。另外，在授课的过程中，赵老师还穿插了一些其他方法，更多次有针对性地提醒学生注意考试规律（不分板块）、出题规律（比如“社会存在”的考查以选择题居多）和答题方法。

还有一点我的感受也很深刻，整个授课过程中赵老师的语气都是温和的，课堂节奏也不疾风骤雨，而是环环相扣、循序渐进的，这对于缓解学生考前紧张的情绪是有好处的。

当然，结合前几次听高三复习课的经验和感受，我觉得这堂课如果能给学生提供一些相应的高考题进行印证、纠错或者强调会更好。比如，在讲社会存在与社会意识的辩证关系时，可以找一道主观题来让学生试试。学生已经做了那么多练习了，实际上可能需要用真题来测试一下。但是找出来看到与说出来听到可能效果会有点不同，毕竟耳听虽然为实，但有题有图有真相岂不更好！

导师点评：我要求写评课稿，目的不在评课本身，而是要求老师学会思考、学会观察、学会表达。本期对评课稿提出了较高的要求，即有一个比较贴切的题目，有中心，有独立的看法等，从这个角度看，艳秋老师这篇评课稿与我的要求是吻合的，读后给人较深的印象，可以看出花了较大功夫，值得肯定。

享受新课改：我与学生共乐共进

我开始反思我的课堂是否符合新课改是由一堂失败的公开课引发的。当时在一个基础较好的班讲授《古希腊的政治制度》一课时，新颖的导入、适当的材料、层层递进的设问、有趣的师生互动环节、富有高度的提升总结——这堂课一定会成功——我这样预期。课后证明，这是一堂准备充分却完全失败的课。评课老师一语中的：“你包办的太多，生怕学生不会。要学会放手让学生去做、去思、去学，甚至享受你的课堂！”犹如当头棒喝，让我豁然开朗。

痛定思痛，我决定“改炉换灶”——享受新课改，与学生共乐共进。美国著名教育心理专家布鲁纳说过：“对学生最好的刺激，乃是对所学材料的兴趣。”我决定激活和点燃学生的热情，让他们享受历史课堂，所以我尝试着着力“活化”教材，让学生对历史知识的学习在轻松快乐中进行。

比如讲汉武帝“罢黜百家，独尊儒术”时，会涉及以下几个问题：为什么汉武帝要“罢黜百家，独尊儒术”？为什么偏偏是董仲舒的思想被重用？“君权神授”和“天人感应”到底是什么意思？而这些问题对学生来说还存在一定的难度，所以学生探究兴趣不高，课堂氛围有些冷，该怎么办呢？我决定尝试让学生走进历史场景，感受历史人物的心理动态。处理方法如下：

先呈现汉武帝与其他诸侯王在土地、人口、军事等方面的实力对比表，旨在让学生通过对比来理解汉武帝当时所面临的严峻形势。学生马上归纳出："有些诸侯王国的势力强大到藐视中央政府的程度，汉武帝的皇位面临威胁。"我问："汉武帝此时最需要什么？"学生指出："最需要找到最有效的强国之策解决王国问题，加强和巩固皇权。"

通过阅读教材，学生知道汉武帝下诏广招天下英才，而儒学家董仲舒凭借自己的"天人三策"一鸣惊人，进而来到了汉武帝的身边。董仲舒何许人也？我又展示了两则材料：一是汉武帝与董仲舒的年龄表；二是董仲舒"三年不窥园"的典故。学生很快算出董仲舒时年45岁，汉武帝时年23岁——有一定的代沟。又通过典故感受到董仲舒很有学问但有点古板，一幅老学究的样子。我趁机问："如果你是汉武帝，你会重用他吗？"部分学生摇头。我又问："如果你是董仲舒，你如何让皇帝相信你？"学生马上说出问题的关键——用最有用的治国之策抓住皇帝的心！

见学生的思维已经被激发起来了，我及时引导学生分析"君权神授"。我问："你认为这四个字中哪个字最有分量？"学生指出"神"字。我问：神授是什么意思？学生指出就是神授与的，神给予的。我问：什么是神给予的？学生马上指出是"君权"。我问："这句话有何意义？"学生说这意味着汉武帝不单纯是老刘家的子弟了，而是上天眷顾和选中的接班人。他的DNA就比其他刘姓诸侯王高了一等且有神的色彩了。由此一来就在皇权至高无上方面占了绝对的话语权。学生感叹董仲舒这招功力强大。我问："如果你是汉武帝，你赞同和喜欢这个观点吗？"学生点头。接着分析"天人感应"。我让学生找出感应的双方，学生指出是"神"和"百姓"。有学生马上就明白了：如果老百姓不服从皇帝领导或以下犯上的话，上天会感应到并降下灾异惩罚百姓。反之若听从皇帝指令服从领导，则上天会嘉奖百姓。我又稍微补充了一点：当时蝗灾、洪灾、旱灾在史书中时有所见，而汉朝又流行"谶纬"之说，王公百姓都比较相信那些神秘的兆示。所以老百姓就觉得上天果然在示警，那些灾异就是上天降下来惩罚他们的。于是在很多人心里就产生了对皇权的敬畏。古人云"攻心为上"，统治国家最重要的在于统一国民的心理和思想。在大多数老百姓对皇权已经有了敬畏之心后，董仲舒建议汉武帝下令"罢黜百家，独尊儒术"，让全国的思想由分散、多维到统一、唯一，整个国家真正达到了政治权力、思想意志的"大一统"。

再看学生们的表情，之前的畏难和沮丧一扫而光，笑着感叹董仲舒真聪明，不仅帮汉武帝加强了君权，还成就了儒家思想的"独尊"地位。

在这样层层探究中，思路一环扣一环，原本深奥的概念变得浅显易懂，另外，教学内容生活化了，历史人物变得鲜活而立体，学生在愉悦中不知不觉拉近了与历史史实、历史概念的距离，达到了教师意料之中的良好效果。

真实课堂的韧性和弹性非常大，有时候也会出现一些"意料之外"的状况，比如课堂上会有学生的“诘问”或“穷问”。而我一直记着恩师庞友海老师的教诲：“不要忽视、厌恶学生的提问，而要善于抓住并及时探讨，引发新的有深度的课堂教学生成。”所以在我的课堂上允许学生大胆合理的想象、大胆质疑、大胆发表自己的观点，我们共乐共进，享受着新课改，享受着思维碰撞带来的满足与喜悦。

比如在学习“唐与吐蕃的关系”一目时，教材配有一张松赞干布的图像。学生在观察图的时候发现一个细节：松赞干布的帽子顶上还有一个小的人头像。学生乐了，又有了疑问：这个头为什么要放在这里？它代表什么意思？而这个显然不是本目知识的重点，有的“权威”或许以一句“这不是本课重点，自己去想”“自己下去查资料”就打发了。但这种课堂多么冷漠、多么功利啊！历史的人文关怀去哪儿了？新课程改革提倡发展学生的批判性思维、创新思维。我示意学生可以前后讨论也可以独立思考再自主发言，教室里马上响起了争论声、笑声。他们的发言虽然词句比较稚嫩，但不乏智慧和精彩。部分摘录如下：

小李豪：我觉得那个头代表的是他自己。把自己的头像放在头顶这个最高最关键的位置以示荣耀。

吴厚非：我觉得那个头代表他的子民。头顶是他认为最高的位置，把子民放在头顶还用帽子把他包起来（学生自发响起掌声，因为他提到了小头用帽子包起来这个细节），意味着他对老百姓的重视，说明他是一个爱民如子的好首领。

罗朝桂：我赞同吴厚非的观点。有句歌词叫“头上有青天”，他把老百姓顶在头上，老百姓就是他的青天。

何汶忆：我觉得那个头代表宗教。因为那个小头像看起来像弥勒佛，而文成公主入藏时把佛教典籍带到了吐蕃，所以可能代表佛教，说明松赞干布信仰佛教。（她的观点引起了很多同学的共鸣，也引发了同学们更多的讨论和观点。）

张钰：我觉得不完全是佛教。那个小头长的是藏族人的样子，可能代表吐蕃本民族的宗教信仰。

李航：我觉得那个小头不仅仅是单个人，而是吐蕃族的神灵和佛教的菩萨以及他自己信奉的某个人物的合体。他把多重身份合一的这个头顶在自己的帽子里，代表自己是多种力量的化身。

宁迅玮补充：就像西周时候的九鼎一样，它是权力的象征。只有松赞干布一个人帽子上有这个小头，象征着他的权力和地位在当时的吐蕃也是独一无二的，是最高的。

……

当时课堂很活跃，学生的脸上写满了自由思辨的喜悦。回想起来那就是一场小型的思维盛宴。相对于“松赞干布被视为观音化身，传说他的出生有三十二中相好，于是头上有一尊阿弥陀佛像”这个所谓的“标准答案”而言，我觉得学生的观点更有意义，更符合新课改的真义。他们的发言也刺激了我思维的发散，在此之前，我从来没有想过这个小头像居然有这么多解读，这也加深了我对新课改的又一重认识："改"其中之一就是把学生的思维从"死水"变成"活水"甚至波涛汹涌。

历史新课改推行得轰轰烈烈，而我也从最开始的不知所措到现在和学生一起享受历史课堂，享受层层探究、反复追问带来的思维碰撞，真正实现共乐共进。"闻道潮头一丈高，天寒尚有沙痕在。"历史新课改一直促进着我的专业成长，我也将那些"沙痕"珍藏。"关山初渡路犹长"，新课改和我一起在路上！

图片材料使用应大胆、求真

——以一幅教材插图解读为例

图像往往有"不立文字、直指人心"的震撼力。图文并存是目前各种版本历史教材的共同特点。在教学过程中，有效的发掘、使用历史图片，能收到意想不到的效果，但图片材料的使用应谨慎。

一、对图片材料的译名、真伪、出处应谨慎、求真

我在教学过程中使用了《放贷者和他的妻子》这幅图（见图1）。该图是尼德兰画家昆丁·马西斯的名作之一，现藏于法国卢浮宫，原名是《The Moneylender and His Wife》，直译过来是《借贷银钱的人和他的妻子》。教材采用的译名是《放贷者和他的妻子》，而通常以下这些译名也常被用来代指它，如《钱商与他的妻子》《高利贷者和他的妻子》《银行家与他的妻子》《银钱兑换商夫妇》《西欧商人清点钱币》《税吏与他的妻子》等。

从字面意思来看，"钱商""银行家""银钱兑换商"意思较为相近，但"高利贷者""放贷者"与"西欧商人"就各有所指了。如果采用"高利贷者""放贷者"，则该图中的男主人公是否从事正规的银行业不得而知；如果采用"西欧商人"，则主要在于说明他生活的地方是西欧，且其身份是一个商人，但又与其是否是银行家不能直接画等号。

图1　放贷者和他的妻子

图2　税吏与他的妻子

图1：尼德兰，昆丁·马西斯，《放贷者和他的妻子》，1514年，现藏于卢浮宫。

图2：尼德兰，马里纳斯·凡·雷莫斯维勒，《税吏与他的妻子》，1540年，现藏于丹麦国家美术馆。

据查证，“银行家”“税吏”“钱商”等大多是另一位尼德兰画家马里纳斯·凡·雷莫斯维勒的作品。在昆丁·马西斯创作原画25年后，马里纳斯仿照该画创作出一系列图式统一的仿画。如图2所示，该作品的标题多为《税吏与他的妻子》（*The TaxCollector and His Wife*）、《兑换银钱的人与他的妻子》（*The Money Changer and His Wife*）或《银行家与他的妻子》（*The Banker and His Wife*）。而人教版教材使用的正是马里纳斯的《税吏与他的妻子》，只是教材上该图的名字成了“西欧商人清点钱币”。

二、详解图片材料的“内涵”与“外延”应大胆、求真

“索象于图，索理于书”，历史图片往往具有很强的“史载”的能力。要使该图的“史载”功能发挥到最大，必须穷尽图中的每一个细节。我给学生推荐了马丁·桑德勒的读图阶梯法，分别从“从信息源中收集信息”“分类整理资料”“归纳概括”“进行推理”“做出预测”五个步骤让他们尝试较为全方位的解读《放贷者和他的妻子》。

学生很快就完成了对画面的基本解读：画面的主体描述的是一个钱商和他的妻子的活动。钱商正在用戥子称金子，神情非常专注。他的妻子在一边翻着书，眼睛却斜视着丈夫的活动，形象地表现出他们对金钱的喜爱和追求。昆丁·马西斯还非常重视对细节和局部的描绘，如桌子上的花瓶、挂着的望远镜、包在绒线宝里的珠宝、男主人公手上的戒指等，这些粗糙与细腻、坚硬与柔软的不同质感无一不在向人们展现当时商品经济的发达。又比如男女主人公衣服的颜色、墙壁上搁着的苹果、各种厚薄不一的书籍，尤其是有一本书还夹着书签，不难看出当时商人们日常生活的丰富多彩以及对知识的重视。

我发现在五步读图法中，“进行推理”这一环节对于学生来说最难，难就难在“合理”二字。在对该图的解读过程中，部分学生问了几个问题：一是画中墙壁的隔板上有个黑色的瓶子，还有一个像盘子一样的装饰品，它们是不是中国的东西？二是黑色瓶子是不是中国的黑釉瓷器？那个盘子是不是中国的青花瓷？三是为什么要摆一个苹果在那里？是否有宗教原罪的意味？四是该图描述的到底是新航路开辟之前的情况还是新航路开辟以后？这几个问题激起了更多学生的好奇与讨论，最终形成了一些答案。

1. 学生的看法

（1）那个瓶子应该是中国的东西。从它的风格来看，粗蒂窄口长颈，比较符合中国传统的审美，与我国很多花瓶瓷器有点像。从它的颜色和质地来看，跟我国的黑釉很像。那个盘子应该也是中国的东西，有点像青花瓷盘。我追问他们原因，有一个女生给出了如下解释：在讲新航路开辟的时候老师提到了西方人对东方尤其是中国的黄金、珠宝、香料、瓷器等东西很向往，他们家里面有一些中国元素很正常。正好这些东西又符合中国的审美，应该就能确定是中国的。

（2）关于苹果的推论比较多。有人认为可能是因为他们家喜欢吃苹果，平时就放在那里的；有人认为可能是画家故意那样画的，把红苹果放在那里做装饰；更多人则是赞同宗教原罪说，因为苹果是《圣经》里面的“禁果”，在西方人的观念里面本来就有“原罪”意味，而且女主人公翻开的书页上画的就是“圣母和圣子”像，两处的宗教意味有映衬的效果。

（3）关于该图呈现的到底是新航路开辟之前还是之后的问题。大部分学生认为是在新航路开辟之前。原因有二：一是教材上把该图放在81页第二子目——“资本主义经济的萌生”那里，既然放在此处，就是为了图文印证，说明当时西欧一些国家和地区（比如图中的尼德兰）出现了资本主义萌芽。二是从图片的名字、男主人公手上的金币和他们的眼神可以看出来，该图体现的正好是在资本主义萌芽以后西欧商人逐渐富裕的情况。也有部分学生认为呈现的是新航路开辟以后。原因也有二：一是并不是说放在哪里就是为了说明那一页的知识点。二是他们质疑在新航路开辟之前商人手里到底有没有那么多金币和珠宝。他们认为西欧黄金和珠宝真正的增多应该是在新航路开辟以后，是在他们对其他国家和地区进行殖民以后才有的。

2. 我的想法

（1）关于瓶子与瓷器。贺丰老师多次去过巴黎卢浮宫看过原画，他也问了他的国际友人，他们并不认为那个瓶子一定是中国的瓷器，而是西欧人常用的一种装水的容器（The carafe of water），有可能是陶罐、陶瓶之类。我将瓶子截图以后在网上查阅显示该瓶类似于“天球瓶”，是一种受西亚文化影响极深的瓷器造型。

（2）关于苹果。我认为学生的观点并没有什么太大的是非问题，但是这几个问题及学生们的解答方式不禁让人感慨“先验倾向”的强大。武其芳曾提到过类似的现象：“教师抛出这样一个问题：新航路开辟的条件是什么？给出当时地球仪等图片，引导学生通过地球仪得出当时人们已经相信‘地圆说’，进而引导学生得出‘地圆说’成为欧洲人希望从海上绕行到东方的认识。”而这种认识的得出并不是学生自发而来的，而是被“诓”进来的。

本图解读的全过程与学生们的观点让我对自己以往的教学产生了深深的、长久的反思，这个事例也说明了在使用历史图片辅助教学的时候，教师应加强对学生识图的方法、能力各方面进行科学的、有效的、合理的训练与引导。

塑能有道看这厢

我有幸听了陈晓华老师的一堂习题讲评复习课。从没听过陈老师上课，但对他的风格有些大概的了解——有才、幽默、举重若轻、云淡风轻。一堂课听下来，原来还不止了解的这些。但因为学科差异，我无法复制原课，只挑拣其中一些跟历史学科共通的方法来模拟和学习。

政史地不分家，历年的考试大纲对文科综合都有总体要求。前几年要求的是“三大能力”，即“记忆”“理解”“运用”，这两年更是着重强调“能力立意”。对于政治学科的“能力立意”主要在于四点：“获取和解读信息”“调动和运用知识”“描述和阐释事物”“论证和探讨问题”。高考题的讲评课正好能较为全面地见识到这几点。

本堂课前30分钟讲了15、16、17三道主观题，主题分别是“创客”“方言”“工匠精神”。其中17题对我来说吸引力更大，因为此题是一种新题型，该题总分为10分，全班只有6个学生得8分，绝大多数在5分以下，部分学生完全是“留白”——没做。对于文科实验班来说，这种状态不乐观。

借用袁伟时说的一句话：“历史在哪里扭曲，就要在哪里突破。”话虽如此，但要“突破”还是有难度的。回看陈老师的课堂，他引导学生主要是从以下方面进行的：

（1）明主题，既弄清考题主心骨，又给该题的知识边界范围“画圈圈”。具体就是让学生明确“工匠精神”的出处——十八届五中全会；明确该题所提的“工匠精神”的归属——核心价值观。

（2）熟读题干，找问题，找切口，让“牛刀”有下手处。

（3）看材料，充分提取和体悟材料内涵。一是找出三则材料的共同点——与主题“工匠精神”的关联。二是强调学生注意充分发现并区分材料中各方面的信息：正面的、反面的、有用的、干扰的。

（4）理思路，问什么答什么，每个关键词对应一个提纲要点。

（5）对部分学生答案进行点评分析，在对比中找出差距—— 一是学生之间答案的差距，二是学生错误答案与该题正确答案之间的差距。

（6）在比对中纠错、勘误。

（7）PPT呈现参考答案，让学生进一步知道自己错在什么地方，进一步掌握正确的答题方法。

（8）让学生总结类型题的答题方法：先答是什么，再答为什么，再总结该怎么做。

（9）PPT呈现该题评分等级与给分标准。

（10）让学生快速回顾，理出自己的思路与答案。

在这十步中，学生为主的探究有六步，教师为主的有六步。通过这一步步的夯实，学科能力的突破和提升有了即时可见的成效。再对照学科能力要求，可见陈老师对学生“获取和解读信息”的能力是非常重视的，学生用在前三点的时间明显更长些。

作为一名文综教师，这些方法在历史习题的讲评中同样适用，我当然毫不犹豫地贯彻“拿来主义”了。当然，教育是一门遗憾的艺术，对于本节课，我个人觉得听得值。只是觉得自己以后在运用这些方法的时候，若能更加放手，更加大胆的让学生说，让学生更进一步地去“捣鼓”“解剖”参考答案，从而形成自己的正确答案，就更好了。

导师点评：一节平凡的讲评习题课，艳秋老师能总结出个一二三，这是在认真听课基础上的思考和提炼。我要大家写评课稿，目的不在评课本身，而是评课之外——学会思考、学会总结、学会提炼、学会自我推荐。有的“优秀老师”可能并不是那么优秀，但善于总结和自我推荐，就变得优秀甚至成为名师；有的老师本来优秀，但不善于总结和自我推荐，结果一辈子默默无闻。

吕后新论

司马迁著《史记》，用浩大恢宏的笔触展现了从黄帝到汉武帝时期的史实。在《史记》中，涌现了一大批人物，他们以其特殊鲜明的形象给后人留下了极深的印象。其中，值得一提的是《史记》中的女性形象。她们或者坚毅卓绝，或者侠骨柔肠，或者凄婉动人，一个个美丽哀愁的形象不禁使人掩卷。其中，吕后是比较特殊的一位。司马迁为其单独立传，而且还收入了本纪之中。对吕后，司马迁的态度是审慎而客观的。“不虚美，不隐恶”，既写出了吕后狠毒残忍的一面，也写出了其为政的理性与果断，肯定了她的作用和影响力。“高后女主称制，政部出户，天下宴然。刑罚罕用，罪人是希。民务稼穑，衣食滋殖。”并非虚美之词。但是，汉代以降，对吕后口诛笔伐的文字历代都有，比比皆是。以皇权、夫权为代表的男权社会对其成见尤深。“吕雉”一词，几乎成为邪恶的代名词，明朝李贽更是称其为“妬虐谋篡之后”。

近代以来，学界对吕后专门研究的文章不是特别多，他们大多是从传统的角度来分析的。受特殊年代历史的影响，对吕后的评价也出现了两种截然不同的观点，一是认为吕后是祸国殃民者，是野心家；二是认为吕后是知名的大法家、政治家。我认为这两种观点都太过于绝对而有失偏颇。进入20世纪90年代后，对吕后的研究也进入了一个新的时期。学者们开始从更多的着眼点来研究吕后。主要有以下几种观点：一是从社会学“角色理论”出发，从家庭和社会两个方面来研究吕后一生角色的变化；二是从悲剧美学的角度出发，认为吕后的一生实际上是逐渐走向悲剧的一生；三是从宏观心理发展的角度出发，研究吕后的心理动态。但是，我发现从女性心理学角度来分析和解读吕后这一历史形象却相对较少，主要有刘昌安先生的《吕后的个性心理特征及形成》，还有史小蓓的《吕后个性心理变化》等。因此，我拟从女性心理学的角度，拨开政治和传统男权观念纷乱迷离的烟幕，客观地审视吕后作为一个女性的生命历程，以其女性心理的发展分析其所作所为，以期引玉。

“吕太后者，高祖微时妃也，生孝惠帝、女鲁元太后”，名雉，字娥姁，是善相人者吕公的女儿。在刘邦微贱的时候，吕公因为“相人多矣，无如季相”而把吕雉嫁给了刘邦（时叫刘季）。当时刘邦30多岁，而吕雉大概十六七岁。在刘邦为汉王之前的20多年间，两人育有孝惠帝和鲁元两个子女。

“在21世纪的今天，对吕后这个人物的解读，如果还止于重复生硬、刻板的政治形象，未免有失偏颇。吕后的历史形象无论是辉煌还是暗淡，我们都不应该忘记她的生命根基——女人。”纵观吕后一生，可以根据其主要的经历分为三个阶段。每个阶段随着环境的变化其女性的自我意识逐渐觉醒，其廓清男权的意识也逐渐有所反映。她逐渐从温柔贤惠走向刚强冷静，最终走向残忍，呈现了完整的心理脉络。

一、单纯的贤妻良母，安于命运，对男权没有反抗心理的时期

约公元前225年—公元前206年，是从刘邦被吕公相为女婿到刘邦为汉王之

前的20年时间。自从吕雉听从父命嫁给刘邦以后，她安于命运的安排，成为两个孩子的母亲，从事劳作，照顾家庭。而“高祖为亭长时，常告归之田”，虽生活比较清苦，一家人倒也其乐融融，可以推测出此时吕后于相夫教子的生活中心境是平和而安宁的。这段时间，吕后受父命和占卜等神秘力量的影响很大。其父因善相人而重刘季，吕雉是相信自己的父亲的，因而她相信自己跟着刘邦能够幸福。后来，一个偶然的机会，让她加强了这种信念。“老父相吕后曰：‘夫人天下贵人。’而相两子，两子皆贵。”究其原因，原来都是因为刘邦——“向者夫人婴儿皆似君，君相贵不可言。”吕雉作为一个有谋略的女性，她没有甘于平凡。因此，在刘邦后来的藏匿过程中，吕雉以一名柔弱女子积极地为刘邦积累政治资本，她不仅鼓励刘邦的自信心，“季所居常有云气，故从往常得季。高祖心喜”，还使沛中子弟日益依附刘邦，而运用的，也是这些当时看来很神秘的天命和舆论的力量，“沛中子弟或闻之，多欲附者矣”。

从一个女性的心理来看，吕雉在这20年里心境是相对比较平和的，她展现的更多的是一种温柔、贤惠的形象，而承担的更多的也是作为妻子、母亲的责任。

二、历经战乱和离别，由自卑到刚强，逐渐显示出政治能力

公元前206年—公元前195年，这前后12年是吕后心境发生重大逆转的时期，可以分为两个阶段。

（1）从公元前206年（汉元年）—公元前203年（汉四年）是一个阶段。在刘邦和项羽争夺天下的过程中，吕后和刘太公一起，带着刘盈和鲁元，作为随军家属，四处奔走，其间的辛苦只有自己知道。后来她不幸被抓到楚军军营，成为两军对垒之时项羽的政治诱饵。在长达两年零五个月的时间里，吕后担惊受怕。虽然项羽未必会杀了他们，但是政治是很复杂的，从“项王患之，为高俎，置太公上，告汉王曰：‘今急不下，吾烹太公。’汉王曰：‘吾与汝俱北面受命怀王，曰‘约为兄弟’，吾翁即若翁。若欲烹翁，则幸分我一杯羹。’”可以看出，他们当时的处境其实很危险。在战乱时节，刘邦连自己的亲爹都不顾，怎么会想到顾及吕后这个女人的生死呢。更何况在当时，女性的地位根本就不高，诸如“儿妇人、儿女子”等秦汉之际人们对妇女的鄙称，在《史记》和《汉书》里经常可以看到这些字眼。当吕太公将吕雉许给刘季而吕媪生气时，吕公曰：“此非儿女子所知也。”意言吕媪见识短浅，在《汉书·王嘉传》里有哀帝使使者逼迫王嘉饮药自杀，王嘉掷杯于地，说：“丞相岂儿女子邪？何谓咀药而死！”言大丈夫不应该像女人一样喝药自杀。《后汉书·来歙传》记大将军来歙被刺客所伤，同僚盖延见之哀泣，来歙斥道：“欲相属以军事，而反效儿女子泣乎！”言大丈夫不应如女子般爱哭。从这些日常的称呼中就可以看出，当时人们的眼里，妇女是懦弱、短见、爱哭、多疑、小气等等的代称，从中也可以看出处于男权社会下女

性地位的低下。然而，即便如此，吕后还是没有放弃自己。她自身的几种角色使她必须承担几个任务，更增加了她的心理负担。作为儿媳，她要服侍刘太公；作为母亲，她担心鲁元和刘盈；作为妻子，她挂念自己的丈夫。而又知刘邦天性好色，尤其在当时他又有了戚夫人，自己却年老色衰，恩宠不再，因此心里微生恨意和妒意，很是无奈。孙百玲在其《女性生命悲剧的形象展示——〈史记·吕太后本纪〉新解读》中将这种恨意的原因归结为“情欲的流离”，有两个方面因素：外在的是长期战乱的分离使她和刘邦夫妻分别日久，夫妻情爱不在；内在的原因是男人喜新厌旧的心理——吕后本人因为农妇出身，年轻时常年耕种，后又因战乱的劳顿，年老色衰。而刘邦天性好色，加上长久的夫妻分别，吕后在他眼里自然不及年轻貌美的戚夫人了。正是这种感情的流离使她严重缺乏安全感，给她带来了沉重的心理压力，造成其心理的自卑。这种自卑、焦虑使她不再相信刘邦能给自己幸福，开始对以夫权为标志的男权社会进行质疑，开始渴望权力使自己强大。而这段时间的军旅人质生涯也给她带来了极大好处，首先，她逐渐在政治的钩心斗角中受到感染，培养了其日后的政治手腕和政治眼光；其次，正是这段时间她的辛劳为她以后顺利地登上皇后的宝座奠定了坚实的基础。可以说，这是她一生中最为关键的一段时间。

（2）公元前203年（汉四年）—公元前195年（汉十二年）四月。此间9年的时间是吕后心境发生重大变化的一段时间。若说前4年是吕后心理转变的引子的话，这9年则是其最终转变完成的阶段。她逐渐成长为有着刚毅、冷静、冷酷和近乎残暴人格的女人，这是由于她所处的环境使然的。她处于一个男权社会的包围之下，而最明显的就是刘邦的夫权和皇权。

马克思曾经断言，从母权制到父权制，是妇女具有历史意义的失败。在中国旧的男性为中心的宗法社会，女性处处受到男性的操纵、压迫、藐视而失去独立的人格。然而，吕后在一步步的斗争中，挣扎着逐渐成长起来。这些斗争，主要表现在与刘邦和戚夫人之间的夺嫡之争。当时，刘邦宠幸戚夫人，而戚夫人又“常从上之关东，日夜涕泣，欲立其子”。而吕后年老色衰，刘邦早就把她抛在一边，空留了一顶“皇后”的帽子给她。“吕后年长，常留守，希见，日益疏。”在吕后与戚夫人之间，刘邦在感情上明显倾向于戚夫人。而从太子刘盈和戚夫人之子赵王如意来看，刘盈自小就仁弱，加上其幼时刘邦常年在外，父子之间没有多少深厚的感情，因此很不得刘邦喜欢。在刘邦战败逃难期间，更有“汉王道逢得孝惠和鲁元，乃载行。楚骑追汉王，汉王急，推坠孝惠、鲁元车下，腾公常下收载之。如是者三”。相比之下，赵王如意则要宝贝得多。“赵王如意常抱居前，上曰‘终不使不肖子居爱子之上’。”因此，在刘盈和赵王如意之间，刘邦更倾向于如意。所以，在这场太子之位争夺战中，刘邦一直是站在戚夫人和如意那一边的，而且态度坚决、意思明朗。

对于吕后来说，刘盈和鲁元是她的骨肉，是她一手将他们养大的，骨肉亲情和养育之情自是十分深厚。况且，在刘邦称帝后，吕后由于长期受冷落，实际上处于失宠的地位。在那个“母以子贵”的年代里，她的儿子越是不济、仁弱，她越是要加倍地疼爱和呵护他，因为他是她下半辈子的希望和依靠。只有依靠刘盈成功的保住太子之位，日后他登临大统，她才有机会做皇太后，拥有权力。在刘邦对其情欲流离后，吕后再不允许戚夫人母子夺走属于她的权力和地位。因此，她不允许在太子之位这关乎生死的事情上刘盈出现半点的闪失，然而，事情往往没有她预想的那么顺畅，这场战役比任何有声的战争都来得突然和惨烈。

“上欲废太子，立戚夫人子如意。大臣多谏者，未能得坚决者也。”刘邦不顾宗法，不顾群臣的劝谏，一意孤行要立如意为太子，使吕后意识到她和刘邦不仅是生理上的疏离，心理更是远远地疏离了。与生理的疏离和游离相比，人与人之间感情的隔膜和伤害更为可怕。所以，最初时“恐，不知所为”。然而，多年的郁积和生活的磨炼使她在无可比拟的皇后尊位上不仅没有变得宽容慈祥，与之相反，强烈的不安全意识使她保持高度警惕，变得冷静而凶狠，对事件及时地做出了正确的反应。吕后敏锐地捕捉到，即使刘邦有意立赵王如意，但是太子是有一帮大臣在支持着的，舆论的力量都集中在了保存太子这一边。吕后决心审时度势，拉拢、巩固、利用刘邦身边德高望重的大臣。当时，周昌在朝廷上有“陛下废太子，臣期期不奉诏”之语，是时，“吕后侧耳于东厢听，见昌，为跪谢曰：‘微君，太子几废。’”但是，刘邦仍旧顶着压力坚持己意。他知道刘盈仁弱，特意在黥布叛乱的时候要刘盈将兵出击。明眼人都知道，这是置太子于两难的境地。当时吕后听取留侯张良的建议请来商山四皓指出：“太子将兵，有功则位不益太子；无功反，从此受祸矣。”于是建议吕后“承间为上泣言”，刘邦早知刘盈不行，见吕后如此，“吾为竖子固不足遣，而公自行耳”，于是亲征，刘盈算是保住了一命。但是亲征之时刘邦为流箭所伤，回来后，“疾愈甚，愈意欲太子”，即使“留侯谏，不听，因疾不视听”，“叔孙太傅称说引古今，以死争太子”，刘邦仍是“详许之，犹欲易之”。可以说，此刻吕后、刘盈的身家性命可以说是很危险了。所幸刘邦置宴，得到一个很好的翻身机会。一直以来因为刘邦“轻士善骂，义不受辱故恐而匿之”的商山四皓，“须眉皓白，衣冠甚伟”，跟着太子次序以进。“上怪之，问曰：‘彼何为者？’”而当四人报上姓名说明来由而“趋去”时，“上目送之，召戚夫人指示四人曰：‘我欲易之，彼四人辅之，羽翼已成，难动矣。吕后真而主矣。”刘邦见连商山四皓这样的人物都愿意辅佐太子，就只有喟叹而再不易太子了。因此，在这场战争中，虽然几次太子之位几乎不保，但是吕后都顶住了压力，借助外力，屡屡化险为夷。

“女性争取权势、地位的内在驱动力正是特殊的社会意识形态对女性压力的一种转化。”吕后作为一个长期处于男权包围和压制下的女性，由于其性格本身

“刚毅”，由此，一旦其切身利益受到根本的威胁，势必会拼死捍卫。应当说，这是对她心智磨炼的最艰难的时期。首先，她隐藏着的危机意识和女人对自己地位的自保意识被激发出来了。其次，太子刘盈的仁弱将她彻底地从后台推向了历史的前台。她逐渐意识到，夫权和皇权可以将自己和子女逼上绝路，而唯有自己强大，才能避免这些危机。

可以说，吕后逐渐抛掉了作为女人的温柔和温情，而更多的，她选择了坚毅，但吕后此时对刘邦还是有期待的。当她意识到自己姿色不再时，她更多期望通过自己的政治才能赢得丈夫对她的肯定。她性格中“刚毅”的一面逐渐在权欲的支配中扭曲，其果敢、冷静、凶狠的政治作风和好杀的天性都初现端倪。“佐高祖定天下，所诛大臣多赖吕后力。”先除韩信，吕后“乃与萧相国谋，诈令人从上所来，言豨已得死，列侯群臣皆贺……信入，吕后使武士缚信，斩之长乐宫钟室”。后除彭越，彭越本来已经被刘邦赦免了死罪，贬为青衣。彭越“西至郑，逢吕后从长安来，欲之洛阳，道见彭王。彭王为吕后泣涕，自言无罪，愿处故昌邑”。吕后假装应承，与彭越一道东去洛阳。但是，此时吕后觉得像彭越这种人如果放归，如放虎归山，后患无穷，因此，一方面，“吕后白上曰：‘彭王壮士，今徙之蜀，此自遗患，不如遂诛之。妾谨与俱来’”。另一方面，她“令其舍人告彭王谋反。廷尉王恬关奏请族之，上乃可，遂夷越宗族，国除”。由此可以看出，在处理有功大将时的果断、冷静、凶狠上，吕后较刘邦有过之而无不及。但是即便如此，仍然不能挽回刘邦对她的感情，戚夫人仍然是她最大的敌人。由此，她最恨戚夫人。最根本的原因在于夺嫡之恨，其次还有两个女人之间的嫉妒和怨恨。不过她这种怨恨，在刘邦尚在时是隐忍的，是被压制的。不可否认，吕后此刻已经有了强烈的报复心和复仇的愿望。当刘邦死后，孝惠帝即位，而吕后也升为皇太后。由于孝惠帝仁柔慈弱，所以本来就有极强政治欲望的吕后自然把握朝政。此时，她的报复情绪不可遏止地展现和发泄出来了。

由此观之，吕后心理的转变过程不是一蹴而就的，而是随着时间和环境的变化而逐渐变化的。在男权社会对其的逼迫逐渐加大到一定程度以后，她的女性意识逐渐被激发出来。只是，她是由以前的有着比较平和心态的女人转而成为一个有着残忍冷酷性格的人。在其称制后，这种性格在其政治权力的支撑下变得更加明显和残酷。

三、打击异己、重用诸吕，维护天下稳定局面

公元前194年—公元前180年，是吕后实际上掌管国家政权的15年。这又可以分为两个阶段，一是孝惠帝在位的7年，二是少帝时吕后称制的8年。

（1）公元前194年（孝惠元年）—公元前188年（孝惠七年），吕后掌握朝政大权。她继续推行刘邦时的无为而治政策，维持百姓安居乐业的状况，恢复生

产，做了巩固孝惠帝皇位的一系列举措。这个计划，是分为三个步骤进行的。

“吕后与审食其谋曰：‘诸将与帝为编户民，今北面为臣，此常鞅鞅，今乃事少主，非尽族是，天下不安。”当时高祖已崩于长乐宫，但是密未发丧，因为担心诸大将在听闻刘邦死后有异心而不听从孝惠帝的调遣，吕后极其紧张地谋划着要除掉他们。可以说，这是吕后很无奈的一个举措。但是，在郦侯一番话过后，经过权衡，吕后最终打消了这个念头，转而“乃以丁未发丧，大赦天下”。虽然当时没有尽将诸臣剪灭，但是或多或少吹出了些风声了，使得而后诸大臣都对吕后有些惧怕。

吕后巩固孝惠帝皇位的第二个步骤就是及时剪灭了戚夫人和赵王如意的力量。这是一直以来威胁孝惠帝最大的一支力量，也是吕后最耿耿于怀的力量。“吕后最怨戚夫人及其子赵王。”一个“最”字，可看出吕后与戚夫人之间怨久年深。“乃令永巷囚戚夫人，髡钳衣赭衣，令舂。”这一段文字，典型的女性报复同性的方法，形象地表明了吕后作为一个女人的心思：你戚夫人不是自恃美貌吗，就要让你不人不鬼；你不是没有受过苦吗，就让你一天不停地舂米。这是女性特有的一种逆反心理，是她长久以来心理不平衡的本真体现。但是戚夫人显然是没有头脑的，此刻刘邦已死，她自己也没有力量再反击，但是她却没有替自己的儿子赵王如意考虑，而是“舂且歌曰：‘子为王，母为虏，终日舂薄暮，常与死为伍！相去三千里，当使谁告汝’”，她不仅没有意识到危险，反而期望自己的儿子来救她。果然，“太后大怒，曰：‘乃欲倚女子邪？’”一个“大怒”，吕后的震怒可想而知。而仔细琢磨这句话，“乃欲倚女子邪？”吕后心里的那根紧绷的神经彻底地被拨动了，想起自己母子几欲不保就是因为这一对母子，怒气更甚，于是“乃召赵王诛之”。一个“乃”字，说明吕后是在听了戚夫人唱了以后才动心要杀掉赵王的。由此可以看出，若非戚夫人自己招之，吕后不至于一定要处死赵王。

德国社会学家、精神分析学家弗洛姆认为：“一切虐待的共同核心是绝对无限制的控制另一个生命的激情。逼迫一个人忍受痛苦或屈辱而无力保护自己，这是一种绝对控制的体现。”吕后对戚夫人母子的恨由来已久，这是刘邦生前就已经料到了的，“是岁，戚姬子如意为赵王，年十岁，高祖忧万岁之后不全也”。吕后对戚夫人和赵王如意的种种暴虐，实际上是一种“完成”自我、“肯定”自我的体现，用来减轻她长期以来形成的自卑感，补救她失衡的心理。但是在吕后盛怒之下要召赵王来诛杀的时侯，孝惠帝仁慈的天性让他不知不觉地成了赵王的保护力量。“自迎赵王霸上，与入宫，自挟与赵王起居饮食。”使得“太后欲杀之，不得间”。但是，后来还是让吕后找到了机会，趁着孝惠帝晨出打猎而赵王因为年幼醒得晚而没有跟从，“太后闻其独居，使人持鸩饮之”。等到孝惠帝回来，“赵王已死”。孝惠帝很愤怒，自己的母亲就这样把年幼的赵王给杀掉了。

因此，母子矛盾逐渐加深。而这一切，吕后没有从自身来反省，而是把这些都归结为是戚夫人的错，认为是她唆使自己的儿子和自己离心。于是盛怒之下更有着一种一不做二不休的心态，“太后遂断戚夫人手足，去眼煇耳，饮瘖药，使居鞠域中，名曰‘人彘’”。吕后此番行为的确太残忍，当孝惠帝见到曾经的戚夫人人不人鬼不鬼的样子时，“乃大哭，因病，岁于不能起。使人请太后曰：‘此非人所为。臣为太后子，终不能治天下’”。可见，孝惠帝对戚夫人母子是有感情的，他并没有因为曾经其威胁过他的地位而加恨于他们。天性仁弱善良的他，绝对承受不了如此鲜血淋漓的残酷事实，而肇事者又是自己相依为命的母亲。由此，吕后和孝惠帝之间的隔阂越来越深，实际上也越来越疏远了。她在失去丈夫之爱多年后，将一腔心血都寄托在这唯一的儿子身上，而如今这份苦心经营的母子情却在她的残忍和报复的火焰中异化，最终分离。

弗洛姆说：“暴虐者之所以成为暴虐者，是因为他觉得自己无能，他想弥补这个缺陷，用的方法就是控制别人，使自己从一个无能的虫子变成一个神。”无论是在诛韩信、彭越时还是在剪除戚夫人母子时，吕后其实一直在自卑和焦虑的心理障碍与地位、权势巩固之间做斗争，她扫除了威胁自己的力量，获得了权势，心理需求得到满足，“自我”得到肯定，自卑感得以补偿。但与此同时，她人性中的“超我”，即道德和良知也不断地在“逆向”疯长。尤其在孝惠帝以怠政的方式回报她的残暴后，她内心的冲突愈益激烈。正如弗洛姆所说：“即使他有权力仍会痛觉到自己的无能。他可以杀人、折磨人，但他却仍旧是一个没有人爱的孤立的、担惊受怕的人。”在拥有大权却“亲离”的情况下，进入了女性更年期的吕后变得更加的易怒、烦躁、焦虑、喜怒无常，这无疑使其原本就复杂的性格呈现出多面性。

在除去戚夫人力量之后，吕后觉得最大的威胁是齐王刘肥。“是时高祖有八子，长男肥，孝惠兄也，母曹氏。”刘肥是刘邦在外面跟别的女人生的私生子，但是刘邦对这个儿子不薄，“王有七十余城”，在当时有很大的势力范围了，由此吕后对其甚是提防。“孝惠与齐王燕饮太后前，孝惠以为齐王兄，置上座，如家人礼。”敏感的吕后直接想到当年刘邦和刘太公的故事：刘邦当了天子之后如家人礼事刘太公，太公后不受，刘邦没办法，只有尊其为太上皇。如今孝惠帝已经是天子，而素来“天无二主，士无二王”，而今奈何人主拜人臣。吕后觉得孝惠帝为人实在太过仁慈，毫无政治头脑；而齐王非但没有推辞反而安稳地享受这家人之礼，这在吕后看来，简直就是在挑衅。于是“太后怒，乃令酌两卮酒，置前，令齐王起为寿”，明显要置齐王于死地。又是孝惠帝出来干涉，“孝惠亦起，取卮欲俱为寿。太后恐，乃自起泛孝惠卮”。在孝惠帝做出暗示后，“齐王怪之，因不敢饮，详醉去”。后在谋士的建议下，“齐王上城阳之郡，尊公主为王太后”。此时，“吕后喜，许之。乃置酒齐邸，乐饮罢，归齐王”。可观之，吕后的易怒易喜易疑，除了性格使然外，还有一个原因，就是她时时刻刻维护着她两个儿女的利益。

尽管吕后有着狠毒、残忍、自私、褊狭、老谋深算等种种不好，但不可否认她在政治上的作为。吕后本人经历过秦末的战乱，深知其苦，由此在政治上颇能审时度势。她最大的政治功绩当属以理性的态度支持曹参继续推行汉初萧何为相时制定的“无为而治”的局面，使萧规得以曹随。可以说，汉初能有几十年的休养生息，与吕后的政治素养是分不开的。“太后曰：‘凡天下治为万民命者，盖之如天，容之如地，上有欢心以安百姓，百姓欣然以事其上，欢欣交通而天下治。’”比如为了安定人心而下诏“欲除三族罪、妖言令，今除之”。为了稳定功臣的心思，孝惠二年春，诏曰“高皇帝匡饬天下，诸有功者皆受封为列侯，万民大安……今欲差次列侯功以定朝位，臧于高庙，世世毋绝，嗣子各袭其功位。其与列侯议定奏之”。即将列侯按功排位以世代相传其功名。这赢得了故旧大臣的一致好评和喜欢。在农业和商业方面，“为天下初定，复驰商贾之律”，使得各行各业各行其是，各安其道。在与少数民族的关系上，尤其在与匈奴的关系上，根据当时国家的实力，采取理性和冷静的态度，维持双方的和平。

当时匈奴实力强大，经常出兵骚扰汉地边疆。不仅如此，匈奴冒顿单于还写信让使者带给吕后，说“孤偾之君，生于沮泽之中，长于平野牛马之域，数至边境，愿游中国。陛下独立，孤偾独居，两主不乐，无以自虞。愿以所有，易其所无”。这是一封带有很强轻慢和侮辱性的外交辞函。普通百姓得知尚且不平，何况吕后身为堂堂一国之太后，其如此“刚毅”的性格当然不能容忍，“高后大怒”，一气之下“诏丞相平及樊哙、季布等，议斩其使者，发兵而击之”。但是，当季布晓之以厉害，以“今歌唫之声未绝，伤痍者甫起”分析了时局，又以“且夷狄譬如禽兽，得其善言不足喜，得其恶言不足怒也”作为劝慰，吕后冷静下来，不仅没有凭一时之气下令出击，反而致书送金送马送美女，平息了匈奴的挑衅，使得原本紧张的局势缓和下来。冒顿得书，复使使者来谢曰“未尝闻中国礼仪，陛下幸而赦之”。吕后在大怒后冷静下来，听从季布的劝告，根据当时国家的实力采取了忍让、理性的态度，维护了汉初边疆的和平稳定的局面。因此，司马迁云：“孝惠皇帝、高后之时，黎民得离战乱之苦，君臣俱欲休息无为。古孝惠垂拱，高后女主称制，政不出房户，天下宴然。”

（2）公元前187年（吕后称制元年）—公元前180年（吕后称制八年）。在此8年间，吕后大用诸吕，这为后人诟其扶持外戚而危刘氏提供了把柄。其实细读这一段历史，可以发现其本身并不是那么简单。在这8年间，其个人权力得到了最大限度的扩张，但同时其焦虑和偏执愈甚，心理逐渐走向扭曲。

在前两个时期，吕后已经转变为一个政治经验丰富，以狠、毒、冷酷著于天下的事实上的女主，其权柄和行事作风让其周围的人唯唯诺诺、战战兢兢。但是

“七年秋八月戊寅，孝惠帝崩”。吕后感到了前所未有的恐惧感——敏锐的政治洞察力让她感到岌岌可危。“对权力的正常追求源于力量，而对权力的病态追求则来源于虚弱。”卡伦·霍妮这句话是当时吕后行为最好的注解。虽然此前吕后成功的冲出了男权主义的包围，但是，作为一个封建女性，她仍然没法摆脱两难的选择，因而终究冲不出历史的束缚。当她发现她生命中最亲近的两个男人刘邦和孝惠帝，一一离去而留下待兴的汉朝时，她已经不再是一个单纯的妻子或者母亲的形象了。“太后发丧，哭而泣未下”，即使她是一个很强悍的政治家，此刻她也是有着很大的恐惧的。当时，外有匈奴的威胁未除，内有各路大将手握重兵而貌服心不服，更有天灾人祸，流民四起。国家急需一个能够稳住各方面人心的人选出现。即使之前吕后为了长远的巩固刘氏江山，屡屡通过刘吕联姻的方式来维护血脉。为了巩固孝惠帝的皇位，居然置伦常道德不顾，将“宣平侯女为孝惠皇后”，即将亲外孙女嫁给孝惠帝。但是，历史很会开玩笑，“及孝惠崩，天下初定，继嗣未明”，孝惠帝并没有留下一个可以让吕后使天下心服口服的法定继承人。由此，形势非常紧张，吕后需要人支持。但是回望，谁是能信任的人呢？

经过女性心理学研究表明，一个女人，她会不知不觉地将两类人天生地当作亲近的人，一是自己的配偶和子女；一是自己的娘家人，往往是自己的兄弟姐妹。因为她自己本身是这两种力量的连接体。历史往往不经意地制造一些漩涡。当吕后惊恐地发现她和她的王朝已经处于比较危险的关头时，她自然而然地想起了自己的娘家人。政治危机已经暂时地将丧子之痛超越，吕后自然是“泣未下”，她的这种心理被留侯年轻的儿子张辟强琢磨得一清二楚。他对陈平说：“帝无壮子，太后畏君等，君今请拜吕台、吕产、吕禄为将，将兵居南北军；及诸吕皆入宫，居中用事，如此则太后安。”丞相果如辟强计，“太后悦，其哭乃哀”。“于是贵外戚，王诸吕以为辅。而以吕禄女为少帝后，欲连固根本牢甚。”因此，诸吕大兴有了一个契机。当张辟强和陈平上奏封诸吕时，吕后顺水推舟，才稍微安稳了心思，才“其哭乃哀”。于是，诸吕得以大兴，封侯者五六人。

后人大多诟其任人唯亲，大封诸吕。但是，早在刘邦的时候，吕氏封侯者就有三人了。“吕后兄二人，皆为将。长兄周吕侯死事，封其子台为郦侯，子产为交侯；次兄吕释之为建成侯。”可见当时吕氏一家功大，并不是食姻亲而肥的。而且，在吕后大用诸吕以后，并没有一味放任其胡作非为，而是赏罚分明，恩威并重，并严加约束。试举三例佐证。

（一）当发现吕氏侯王有不轨行为或者骄恣时，吕后没有包庇，而是理智果断地加以严惩。“建成侯释之卒，嗣子有罪，废。”“六年十月，太后曰吕王嘉处骄恣，废之。”

（二）不一味听从吕氏的谗言，而是比较能明辨是非。只要其势力没有从根本上对自己构成威胁，她还摆出一种高姿态对其进行拉拢，这在陈平的事情上有很好的体现。吕后的妹妹吕媭与陈平不合，屡上谗言，但是吕后并没有因此采取措施惩治陈平，而是“面质于吕媭”，用“顾君与我何如耳。无畏吕媭之谗也”之语宽慰陈平。

（三）在其自知自己将不久于人世之际，以刘邦生前盟誓之语告诫诸吕，诫其不要意气用事，误国误民。由此，终观吕后用诸吕，虽然恩宠极大，但是并没有让其乱政。可以说，吕后用诸吕，有私心，无野心，既是一个女性渴求帮助的心理的体现，又是其个人理性与冷静作为辅助的心智成熟的体现。

在这几年，“太后称制，号令一出太后”，其个人权力达到了顶峰。但是随着权力的增长，其“超我”意识的越来越强烈，她越来越忧心忡忡。她开始反思自己以前的所作所为，在那个相信天相示警和神秘力量的时代，吕后心里极度不安。因此，一系列的自然现象的胡乱猜测和想象加剧了她的心理负担，如“已丑，日食，昼晦。太后恶之，心不乐，乃谓左右曰：‘此为我也。’”又有“三月中，吕后。还过轵道，见物如苍犬，据高后掖，忽弗复见。卜之，云赵王如意祟。高后遂病掖伤”。

不仅如此，吕后此时除了削弱和防范对吕氏权势不满的刘氏王侯外（其先后饿死刘友，逼死刘建，幽杀少帝），对即使与吕家关系极亲的刘姓王和吕姓王侯也逐渐不相信，稍觉其势力比较大一点就削弱。“太后女弟吕媭有女为营陵侯刘泽妻，泽为大将军。太后王诸吕，恐即崩后刘将军为害，乃以刘泽为琅琊王，以慰其心。”

四、吕后与武则天、慈禧等人的比较

从汉到晚清，中国几千年的历史中，各朝各代一个个不安居后宫的异样女性，她们无视后宫不得干政的禁令，不甘屈居于须眉脚下，从而运用不同的手段，使尽计谋和心机，把握时机攫取政治权柄，共同奏响了封建专制的变奏曲。其中，除了本文重点讨论的吕后外，还有另外两支强音的发出者，即唐朝的武则天和晚清的慈禧。吕后临朝称制，发出了封建专制男权社会中的第一声变奏；武则天则干脆改朝换代自己称帝，在其统治期间政治稳定、经济发展，有着很多的创举，奏出了封建专制变奏曲最辉煌的乐章；而慈禧垂帘听政40多年，不思进取、贪图享受，致使国土沦丧，成为后妃执政、君临天下变奏曲的尾声。综合历代史家和文人墨客对此三人的评价，可以看出三人在性格上有很大的相似之处，都是刚毅坚强之辈。《史记》中说“吕后为人刚毅”；国子司业崔融在《则天大圣皇后哀策文》也用“沉潜刚克”之语形容武则天；对于慈禧太后，也有“性格刚强”之评。可以说，正是她们刚毅的性格，使她们在面临危机的时候能够沉着应对，再抓住时机变危机为优势，完成自己政治上的抱负。当然，其自身比较纯熟的为政经验和学识修养也是很重要的。将三人做一个简单的对比，武则天的谋略、胆识、权术最为高明，对后世的影响也最为深远。而吕后，她承袭了“无为而治”的治国方略，对汉初经济的恢复和稳定发展起了很大的作用。另外，吕后是三人中最疼自己子女的一个，她一生的大半部分时间是为自己的子女在奋斗着。她和武则天有一点相似，就是狠或者叫残酷，但是又赏罚分明。对于慈禧，她的权术比较高明，但是她的谋略较吕、武二人差很多。她似乎趋向于中庸，既不是最狠毒的，也不能赏罚分明。

五、小结

吕后的一生，自其壮年开始，随着环境的演变，慢慢地形成了一种先发制人而不甘为人所制的心态，这在其力保孝惠帝的行动以及后来实际掌权的15年里都有很好的体现。直至其临死，对诸吕的告诫也是“毋为人所制”。在当时的社会环境下，一个女性从其出生到最后离开世界，都是生活在男权社会的包围之中的。而吕后在经历一连串的事情之后，能够产生不为人所制的心理并将其运用到政治和日常生活的各个方面，这不能不说是其女性意识自觉性的体现。但是，纵观其一生，其所作所为都是为了维护刘汉王朝的统治。其心理从平和到刚毅最后到阴鸷毒辣的转变，都是因为一直包围在她左右的男权社会的压力所致。为求自保她试图冲破这些压力，虽然一度取得了成功，但是，在成功的背后，在其权力的背后，是一颗孤独和两难的心。本文从女性心理的角度分析吕后在各个不同时期心理的和行为的变化。其青春时期的贫贱和青年时期的流离失所的生活给她带来了沉重的心理负担，造成了心理的自卑；壮年后刘邦对她的冷落和儿子地位的险些不保，增加了她的恐惧和忧虑，但也是在这种忧虑之中，其政治才能得以充分施展。在获得权势以后，虽然自卑的心理得到了一点慰藉，但母子离心和孝惠帝的早逝让其反思自己的行为，心理逐渐走向焦虑、自疑和扭曲；在其称制的时期，即使个人权力得到了最大限度的扩张，但在沉重的心理压力下更加焦虑，最终走向了偏执。吕后的种种变化，本文从女性心理角度分析之，得出变化的原因是男权社会对其心理的压制和环境变化对其的刺激以及她本身对环境存在的威胁感和不安全感等等。对吕后的评价应该本着公平公正的态度，客观审慎地进行。吕后本身并不坏，她有她狠毒狡诈的一面，但也不能否定她治理天下取得的政绩。

希罗多德与司马迁的异同

——《西方“历史之父”希罗多德》与《史记》读后感

在西方，希罗多德的名字是和历史学紧密联系在一起的，因此希罗多德是西方凡人智慧的象征，他的传世之作《历史》是西方史学上第一部名副其实的历史著作。人们说，古希腊是西方文化的发祥地，也是历史学的故乡，而希罗多德正是它的奠基者。早在公元前1世纪，西塞罗就尊称他为“历史之父”，而在近代，在我国历史学家张广智先生的《西方“历史之父”希罗多德》一书中也有“正是由于他的天才创见，西方史学才第一次成为一门真正的学问”之赞语。我对希罗多德的了解主要是通过阅读张先生的这本书。这是一本很简短却很经典的小书。说它简短，因为不过薄薄40页；说它经典，因为它的语言精练、思路清晰，对希罗多德其人其书都做了极详尽、深邃的解读。

在东方，古往今来的历史学家们也往往难以将司马迁的名字排除在中国历史学和自己的思想之外。他的传世经典《史记》历经两千多年而不衰，至今仍是中国史学上的巅峰。历代史学家和文人都对此有很高的评价，鲁迅先生更有“史家之绝唱，无韵之离骚”的盛评。

通过认真地研读这两本书，我发现司马迁和希罗多德这两位东西方史学巨匠不管是在个人经历还是治史的过程，或者是其史料来源、史学思想、史学贡献等方面都有诸多的相似之处，当然也存在很多的不同。

一、希罗多德与司马迁个人经历对其治史的影响

（1）就家庭出身来说，希罗多德出生于贵族家庭，由于家庭的社会地位以及优越的生活条件，他从小就受到了很好的教育。“希罗多德喜欢读书，尤其酷爱史诗。他对诗人希西阿德、政治家梭伦、悲剧家爱斯基里斯以及女诗人萨福等人的作品很熟悉，并常常引用。”这一点司马迁和他很像，虽然司马迁的家庭并不是很显贵，但是他出生于一个史官世家，自小耳濡目染，“十岁则诵古文”。

（2）就个人的经历来讲，希罗多德和司马迁都经历了政治上的牵连，都进行了广泛的游历。希罗多德由于受叔叔的牵连而被迫出走，离开了自己的家乡。司马迁由于遭受李陵之祸，受了极刑。这对两人的心智和毅力都有着很大的磨炼作用，为其后来潜心著书打下了坚实的基础。另外，两人都进行了大范围、长时间的游历。希罗多德一生进行了两次大的游历，他的游历并不是探险和猎奇，而

是漫游，搜集和考证资料。第一次“在东方，到达过腓尼基、叙利亚、巴比伦，甚至到了波斯帝国内部”，“在南方，到达过北非，并到了埃及南端的埃烈旁提涅”，“在北方，到达过西徐亚、色雷斯、马其顿等地”，后来又到了意大利半岛南端、西西里岛等地；第二次“访问了斯巴达、底比斯、特尔菲及不少希腊地区的城市，考察过一些战役的地点及路线，收集了许多史料”。

对于司马迁来说，“二十而南游江、淮，上会稽，探禹穴，窥九嶷，浮于沅、湘；北涉汶、泗，讲业齐、鲁之都，观孔子之遗风，乡射邹、峄；厄困鄱、薛、彭城，过梁、楚以归……奉使西征巴、蜀以南，南略邛、笮、昆明”。长时间的游历使他们在阅历和史料的搜集及考订方面都有了极深的修养，这不能不说是《历史》和《史记》成书的很大的正诱因了。当然，两人进行游历的时间不同，希罗多德是在被迫出走后进行的游历，而司马迁进行游历之时还没有遭遇李陵之祸。

二、治史目的的异同

读史使人明智。希罗多德和司马迁早在两千多年前就注重治史，但其目的或者治史的动机或有不同。在《历史》的卷首语中有这样一段话：“这里发表的，乃是哈利卡纳索斯人希罗多德的研究成果，他所以要把这些发表出来，是为了保存人类的功业，使之不至于由于年深日久而被人们遗忘。为了使希腊人和异邦人的那些值得赞叹的丰功伟绩不致失去它们的光彩，特别是为了把它们发生纷争的原因给记载下来。”由此可见，希罗多德主要是为了记录人们的光辉事迹和人类的功业，也让后人知道那时候发生纷争的原因，明白历史的真相。另外，当时他的写作也受到了统治者的重视和支持，因此，整个过程是公开和顺畅的。

而对于司马迁来说，他治史的原因是多方面的。其一是受天命的影响。在《太史公自序》里边，有“先人有言曰：‘自周公卒五百岁而有孔子。孔子卒后至于今五百岁，有能绍明世，正《易》传、继《春秋》、本《诗》《书》《礼》《乐》之际？’意在斯乎！意在斯乎！小子何敢让焉”。严明自己是五百年后出现的像孔子一样的人物，有义务作史。其二是受父命的影响。其父司马谈是太史公，在他临终之际，因为“今汉兴，海内一统，明主贤君忠诚死义之士，余为太史而弗论载，废之史文，余甚惧焉，汝甚念哉”。即因为自己为太史却对当朝很多史事没有记载，于是叫儿子司马迁继承其志，因此有“余死后，汝必为太史，无忘吾所欲之”的嘱托。由此看来，司马迁治史显然也受了父命的影响。其三，为了“究天人之际，通古今之变，成一家之言”。这也一度是司马迁在受了极刑之后自立的原因。由此观之，两人除了都有意记录前人的功业和总结历史规律之外，其他方面并不是很相似，司马迁明显有更多的个人原因。

三、《历史》和《史记》史料来源的异同

两人所做的史著都是大部头的作品，一个60万字，一个52万字。若没有丰富的史料，是写不出来的。从《西方“历史之父”希罗多德》和《史记·太史公自序》中可以看到，他们史料的来源有很多相似的地方。第一，两人都进行了广泛的游历和考察，从而有了很多的第一手史料。第二，两人都很重视对前人著作的整理和学习。希罗多德学习了荷马、希西阿德等人的著作，而司马迁也在前代人的史实记录中找到很多资料。第三，两人都注重对口头传说、神话等进行考证。第四，两人都大量地引用了碑铭、史诗等的记录。当然，也存在着不同之处。希罗多德主要是从史诗、口头传说、所见所闻中得到资料；而司马迁则受惠于家学的影响比较多，他出生于史官世家，父子都是太史令，因此对国家正规档案的涉猎比较多。

四、史学思想的异同

（1）所记内容和所侧重的不尽相同。希罗多德的《历史》主要记录的是希波战争，又由于他生活在伯利克里时代——“雅典内部民主的最顶峰时代”，因此，推崇希腊、颂扬雅典民主和城邦，向往奴隶主民主政治等就贯穿于希罗多德思想发展的始终。而司马迁的《史记》记录的是从黄帝到汉武帝时期的历史，他追求的是“究天人之际，通古今之变”的原则，因此所记录的涉及很多方面，诸如政治、人物、学术、思想等等。

（2）在天命观和神秘文化的信仰方面很大程度上相同。不管是希罗多德还是司马迁，无疑都存在着浓厚的天命观和宗教迷信思想以及神秘文化的因素。希罗多德曾说“当城邦或是民族将要遇到巨大灾祸的时候，上天总是会垂示某种征兆的”，又说“天象与人事相应，在历史事件与天意之间，有着某种神秘的联系”。因而“在《历史》一书中，类似神谕、梦兆、预言、占卜之类的记录不时可见，书中提到的征兆应验之类，就有三十多处之多”。而对于司马迁的《史记》来说，神秘文化和天命观的反映就更加明显了。中国自古以来就相信神秘示警或者天象示警的说法。《易经》云：“天垂象，见吉凶，圣人相之。”《左传·昭公十七年》也有“日有食之，天子不举，伐古于社”的记录。在《史记》中，相术、神秘文化、天命观、梦兆等出现很多，作者对于祥瑞灾异的记录，也存在着诚惶诚恐不敢有丝毫马虎的心理。另外，司马迁还对这类示警和灾异的征兆提出了一些避免的方法，比如“罪己诏、俭食、释虏囚”等。

五、史学贡献的异同

（1）他们都分别开创了一种新的史学体例。希罗多德作为西方“历史之

父”，不仅仅因为他的《历史》是一部浩瀚的史著，更重要的是他开创了西方史学“历史叙述体”这一新的编纂学方法和体例。而司马迁的《史记》则是中国历史上第一部纪传体通史，因此，其意义也是非凡的，都具有首创的意义。

（2）他们都有一种大的长远的眼光或者叫历史观。希罗多德的《历史》虽然是以“希波战争”为主题，但是“实际上记载的是当时希腊人所能见到和知道的世界范围内的历史”。另外，希罗多德的长远的历史眼光表现在他对异邦人或者外邦人并不抱歧视的态度，而是非常重视学习和介绍他们的长处，主张民族平等。在司马迁的《史记》中，这种跨出一地范围和一国范围的大历史的记录也是有表现的，对于其他少数民族和异域文化等他也是抱着兼容的态度如实的记录。

（3）两人都注重对史料进行考证，辨别真伪，使用历史批判的方法治史。希罗多德很注重对史料进行考证，在长期的游历过程中，他有意识地考察战争的线路和战场。在西方史学中，他还首创了“历史批判”的方法。而对于司马迁来说，作为太史公的职业操守和中国自古以来就有的“秉笔直书”的精神在他的《史记》中体现得很明显。

（4）两人对东西方的历史审美有很大的贡献，即寓历史真实性与文学艺术性为一体。希罗多德的《历史》被认为“不仅是一部历史作品，也是欧洲文学史上第一部著名的散文作品”。书中所描写的人物，上至国王、大臣、政治家、祭司，下至奴隶等下层人民，形形色色的人物性格鲜明，形象栩栩如生。

另外，书中人物安排巧妙，剪裁得体，详略得当，具有很强的故事性。在司马迁的《史记》中，这些特点也都体现得很鲜明。不管是读《历史》还是《史记》，都能使人通过历史阅读与心理想象达到愉悦的目的，具有强烈的美感。在《历史》和《史记》中，都可以通过道德评价、历史评价、审美评价这三个维度去审定。因此，希罗多德被冠以“散文家”称号而《史记》被鲁迅称为“无韵之离骚”。

当然，作为东西方的代表性史学家，由于东西方文化的差异和所处时代、所处社会背景以及个人经历等的不同，两人的史学贡献不可能完全一致。

六、总结

米开朗琪罗说：“只有从高山上滚下来丝毫不受损坏的作品才是好的作品。”希罗多德的《历史》和司马迁的《史记》历经了两千多年的风风雨雨，至今都还未见衰败的迹象，说明它们是经得住考验的珍品。作为后学，我们分析和探究两人的异同，对师贤法圣是有很大的帮助和意义的。

贺丰专集

贺丰，生于辽宁沈阳，求学于上海。2010年毕业于华东师范大学历史系，硕士，以启发式教学见长，发表教研文章多篇，从教以来多次参加市级及以上公开课比赛并取得佳绩，其中《挑战教皇的权威》一课获2017年重庆市高中现场优质课大赛一等奖，2017年全国教学设计海选一等奖；《新中国初期的外交》一课获2013年重庆市录像优质课大赛二等奖，并成为2016年度重庆市“名师工作坊”市级培训项目现场示范课；2017年度教育部“一师一优课”活动部级优课。其主持市级重点课题一项（在研），系重庆市黔江中学历史创新基地主研，重庆市庞友海教学专家工作室骨干学员。

座右铭：摘一片苦心，酿一滴蜂蜜。

《挑战教皇的权威》教学设计

【课标要求】

知道马丁·路德等人的主要思想，认识宗教改革时期人文主义的含义。

【设计思路】

《挑战教皇的权威》一课是岳麓版第三单元“从人文精神之源到科学理性时代”中承上启下的一课，前有文艺复兴，后接启蒙运动，而且涉及西欧人的宗教生活与世俗生活的结合，应该说理解了这一课基本上就能理解整个西欧社会。

本课内容和西欧宗教有关，距离学生生活较远，理论性较强，也比较抽象。所以根据课标要求，结合学生的知识水平和认知能力，确定“宗教改革中的人文主义因素”为重难点进行设计。力图在学生了解宗教改革以及其内部的人文精神过程的同时，培养对国家和民族的认同感，树立积极的进取精神和社会责任感。

【教学目标】

（1）知识和能力方面：知道中世纪天主教会对西欧的控制；了解马丁·路德和加尔文的宗教思想；理解两者思想中共同的人文主义内涵，以及宗教改革对西欧社会转型和资本主义发展的促进作用。

（2）过程与方法：运用视频材料、文字材料与图示，教师引导，启发式提问。提高学生分析问题、解决问题的能力。

（3）情感、态度、价值观方面：从马丁·路德的宗教改革思想和主张中，感受马丁·路德对国家的热爱以及人类命运的关怀，从加尔文先定论思想引申事例中，感受泰瑞·福克斯的奋斗精神，使学生树立积极进取、努力奋斗的信念。

【重点难点】

（1）重点：掌握马丁·路德“因信称义”的主张。

（2）难点：认识宗教改革时期人文主义的含义。

【教学方法】

讲授法、直观演示法、讨论法等等。

【教学过程】

导入：（播放视频）2016年12月，在世人的注视下，位于耶路撒冷老城的耶稣墓在数百年的时间里，第一次由考古人员打开进行考古研究，但考古人员只是在墓里发现了一块灰色的石板，是不是没找到遗体?

（学生预想回答：因为耶稣不存在）

（教师）对了，因为耶稣是基督教故事中的人物，现在还没有考古发现能够确定耶稣这个人真的存在，但为什么还要有他的墓呢？这是因为根据基督教教义，人类由于在伊甸园偷食禁果，犯下原罪，被逐出伊甸园，上帝派耶稣到人间传播福音以死赎罪。耶稣死后复活升天，拯救那些信奉耶稣基督的人，而耶稣在人间的使者就是以教皇为首的天主教会。每周三，教皇都会在教皇国圣彼得大教堂前面的广场和来自世界各地的教众们见面。在信徒眼里，教皇和天主教会就是耶稣那只伸过来拯救世人的手，同样，基督教会修建的圣彼得教堂也破天荒地设计了左右两个大型回廊，在这一设计中，回廊就好像手臂，紧紧地将信徒搂在怀里。大家想想看，这该是一幅多么和谐美丽的画面啊，因此，天主教会在信徒的眼中有着极高的权威。

可是，再来看一下我们这节课的标题，在如此和谐的宗教氛围中为什么还会有人要挑战教皇的权威呢？下面我们来看一段小视频，简单了解一下中世纪的教皇和天主教会。

设计意图：以最近耶稣墓的考古为媒介进行导入，引出基督教教义和天主教会，同时确立本课的唯物史观基础，基督教中的耶稣复活仅仅是教义和神话，这件事并不是真实的。

1. 天主教会的权威

（播放微课：别做梦了——中世纪是天主教会的）

（教师）好，正如视频最后所说的，如果说之前你认为那只手是上帝拯救世人之手，那现在呢？这手是用来干什么的？

（学生预想回答：要钱）

（教师）是啊，更是禁锢之手、控制之手，面对如此“权威”的天主教会，西欧人民的反应是什么样的呢？

（PPT展示材料：16世纪初德国流行一幅名为《灵魂的运输车》的漫画，画中恶魔抡着木槌，将人的灵魂塞入大桶中，装在牛车上向地狱驶去。车身是教皇的身体，车轮辐条分别由主教、枢机主教和修士构成。）

（教师）阅读下面这段文字材料，德国一向是教皇横征暴敛的重灾区，在16世纪初这里出现了这样的一幅漫画，请问这幅漫画反映了当时德意志地区的人民什么样的感受？

（学生预想回答：对天主教会不满）

（教师）于是自然就会有人出现，挑战教会的权威。其实挑战教会权威的人并不是从我们这一课所讲的人物开始的，在文艺复兴的时候，许多文学家和艺术家就用他们习惯的方式抨击了教会的无耻和贪婪，强调要把人从神的束缚中解放出来。但是文艺复兴大多使用的是文学和艺术形式，无法真正地普及到下层民众之中，所以，就需要有人从平民的角度，社会的角度出发，挑战教会，而这样的人恰恰出现在教会内部，出现在教皇钟爱的土地上，他就是德国人马丁·路德。

设计意图：用简短的微课视频向学生介绍天主教会在中世纪的权威，之后再次打出“手”的图片，强烈的反差对比使学生对中世纪天主教会的本质印象加深，有利于后面提升对宗教改革影响的认识。利用一个文字材料，过渡到文艺复兴（承上）和这一课的宗教改革。

2. 马丁·路德与“因信称义”

（教师）作为一个笃信上帝的神职人员，马丁·路德对教会的腐朽生活和敛财方式感到愤怒，于是在1517年，他将自己的改革主张贴在了当地教堂的门上，即象征着宗教改革发端的《九十五条论纲》。马丁·路德的主张归结为“因信称义”，而教会的主张则是“因行称义”。大家来看下这两个主张哪里不一样？

（学生预想回答：信、行）

（教师）“行”是什么？“信”又是什么？

（学生预想回答：略）

（教师）所以，教会认为，信徒想要得救上天堂就必须通过教会做善功，而马丁·路德则认为信徒只需要真诚信仰即可。不都是上天堂吗？那这两个有什么本质的不同呢？依靠自己和依靠教会究竟有什么地方不一样呢？

毕竟，宗教离我们的现实生活远了些，印度在2015年的时候拍过一个电影叫《PK》，里面有一段情节可以帮助我们更好地理解“因信称义”和“因行称义”的区别，我们来看一下。

（播放视频——《PK》挑战神棍片段）

（教师）好，看完这个视频，大家是不是就比较清楚为什么马丁·路德倡导“因信称义”了呢？

（学生预想回答：略）

（教师）对了，是因为教会有可能和电影里这个所谓的神的代言人一样，是个骗子啊。大家应该都听说过一个成语叫“三人成虎”，说的就是一件事情经过口口相传和原来大相径庭，而在马丁·路德的宗教主张里，教会所谓传达上帝的旨意，一定是上帝传达的吗？如果出现差错呢？大家来看下面这个中世纪有关赎罪券的笑话。

（PPT展示材料：一个关于赎罪券的笑话。神父对他的信徒说：“你投下银钱，现在我看见你父亲的左腿已经迈出炼狱的火焰，只剩右腿还在火里面，再继续加钱吧！”信徒说：“不用了，我父亲并没有右腿。”）

（教师）会意一笑之余，简单思考一下就会知道，教会所谓的善功真的是上帝的旨意吗？所谓的上帝是全知全能的，怎么能犯这种认错人的错误呢？因此教会的权威性自然就受到了质疑和挑战，如果你想要知道上帝的本来意思，就是直接和上帝沟通，不需要教会的辅助。因此，在路德的宗教观念中，信徒本人信仰与否，才是得救的最关键因素，所以，我们可以得出一个结论，相比教会的赎罪观，马丁·路德的观念更注重人，更注重理性思维的重要性。

我们再思考一个问题，马丁·路德是一个非常虔诚的神职人员，如果不提出挑战权威的主张，他未来很有可能成为地区的主教，享受荣华富贵，但现在他却成了天主教会的敌人。他为什么会去做这种对自己的未来发展不利的事情呢？对了，因为他是一个德国人。

（PPT展示材料：教皇应该交还我们的自由、权利、财富、荣誉、身体和灵魂，让德意志成为名副其实的德意志。——马丁·路德）

（教师）从这段材料可以看出，在马丁·路德的心中，比起信仰，更重要的是德意志这片自己生长的土地。从马丁·路德的话里，我们能看出他对自己的国家，自己的父老乡亲深深的爱。我们再来看另外一句马丁·路德的名言："即使明天就是世界末日，我也会选择在今天出门，种下一棵苹果树。"同学们，你们从这句话中能体会到马丁·路德怎样的信念？

（学生预想回答：略）

（教师）好，但为什么会是苹果树？还记得前面我们说过的伊甸园禁果吗？亚当、夏娃吃了禁果之后会思考，知荣辱，有了自己的思想，这禁果实际上是智慧之果，是传递文明的果实，这禁果就是苹果。知道了这一点，我们再来看马丁·路德的这段话，是不是有了更深一层的含义呢？从这两段话中，我们可以看到马丁·路德对故土的热爱，对人类文明发展的满满的关怀，这就是我们所说的人文主义关怀。

马丁·路德宣称："只要有信仰，就能得救。"可是，如果有的信徒自认为信仰虔诚可以得救，因此行为放纵、为所欲为，这些信徒能不能"得救"呢？在瑞士的另一位改革家针对这个问题提出了不同的观点，信徒得救与否，信仰固然重要，但也需要另外的东西去证明，这位改革家就是加尔文，他的宗教观念被称为"先定论"。

设计意图：马丁·路德的宗教改革是本课的重点。学生对如何理解"因信称义"和"因行称义"本质上的区别这种枯燥抽象的理论有一定的难度，因此我采用直观的电影视频的方式解决这个问题，一方面揭露教会利用宗教愚弄人民的本质，另一方面也可以引出马丁·路德改革中重视人的人文主义思想因素。最后引用马丁·路德的两句话升华主题，让学生们感受到马丁·路德对国家的热爱和对人类文明发展的关怀。

3. 加尔文与"先定论"

（PPT展示材料：上帝已经预先定好了世人的命运，成功与失败甚至贫富，这是不以人的意志为转移的，天主教所提倡的赎罪方式是无用的……上帝的选择结果是秘而不宣的……上帝挑选的人是有标准的，他必定是一个内心信仰上帝而外

在又淳朴、和善，努力奋斗获得事业成功或者积累大量财富的人。——摘编自加尔文《基督教原理》）

（教师）材料中，加尔文认为什么东西被先定了？（学生预想回答：命运）加尔文认为，上帝早已选定的上天堂的人和下地狱的人，在这些人出生之前就已经注定，那么这些人是不是出生之后就知道自己是不是上天堂或者下地狱呢？（学生预想回答：不是）所以，我们怎么才能证明自己是选民或者弃民呢？课文里有几个字提示了人们如何证明（学生预想回答：成功或财富），是的，那什么是成功？（学生预想回答：赚钱）所以，如果这个人事业有成，生活富足，他就是上帝的选民，是要上天堂的，否则就是上帝的弃民。如果大家是当时的信徒，应该没有一心想要下地狱的吧？所以就要怎么样呢？（学生预想回答：努力奋斗获得成功）所以，这也是加尔文的主张所隐藏的另一个主要内容，要人们更加重视现世的生活。好，但如果某人接受了“先定论”，努力奋斗以证明自己是上帝的选民，但经过长时间的努力都无法在事业上获得成功，他会不会继续坚持下去？会不会怀疑自己的选择？在你们的桌子上有一个信封，里面有一个人向你讲述他的故事，看完这个故事之后，来谈谈从这个故事中，你感受到了什么？

（学生阅读材料，分组讨论，分享感受）

（教师）好，这就是泰瑞·福克斯——加拿大历史上最伟大的人物之一告诉我们的道理。同样，我们也可以用它来理解刚才的问题，接受“先定论”的教民们，会坚持下去吗？会的，因为成功不会一帆风顺，唾手可得，只要你去为之努力、奋斗，你就是胜利者。我们更多的是要为自己的生活奋斗，为更多的世人奋斗，为自己的理想而奋斗。我们再来看，马丁·路德的观念更重视人，加尔文的观念更重视现世生活，从这两个结论中同学们能看到什么？什么思想是重视人又重视现世生活？是的，这两点也是人文主义精神的基本特征之一，因此我们可以得出结论，无论是马丁·路德还是加尔文，他们的思想是人文主义精神在世俗社会中宗教领域发展的结果。

设计意图：加尔文的“先定论”本身理论性强，逻辑也较为混乱，但是其中蕴含的“努力奋斗就会成功”的精神却是对学生进行价值观教育的极佳素材。在简要介绍加尔文的思想，点出其重视生活，对资本主义发展的作用之后，利用一个小设问，引出加拿大最著名的泰瑞·福克斯的故事，让学生感受既是伟大人物又是差不多同龄人那种不屈不挠的奋斗精神，激励学生在学习和生活上努力奋斗，永不放弃。

4. 余音回响，百年不绝

（教师）接下来，我们再来看宗教改革的影响。有人说，宗教改革的影响力仅限于天主教领域，而对西欧社会影响不大。大家想想，这种说法对吗？（学生预设回答：略）还记得前面视频里那个图吗？中世纪的欧洲，政治也好，经济也好，思想文化也好，都受到教会的全面控制，如果你想改变这种情况，那就必须要挑战教会的权威。我们再来看，马丁·路德的观念，挑战了原来在基督教中高高在上的教皇的权威，并获得了成功。既然能够挑战宗教中的权威，那么世俗生活中的权威——专制王权呢？那么“权威的古代科学家”的结论呢？因此我们说，宗教改革把人从神的束缚中解放出来，真正找到了自我，推动了启蒙运动和科学理论的进一步发展。加尔文的观念中，积累财富是信徒被上帝选中得救的重要证明，这不就激励着人们开拓进取、创业成功吗？不正有利于资本主义在资本积累时期对外扩张、加速发展吗？所以我们可以说，宗教改革对于整个世界的发展，都起到了非常大的影响。宗教改革使人们从笃信权威到怀疑权威再到挑战权威，使人们从约束自我到发现自我到最终解放自我，从节衣缩食为教会到积极进取促成功，通过宗教改革，人性得以解放；通过宗教改革，资本主义得以充分发展。所以我们可以得出结论：宗教改革是西欧社会转型的历史起点，无论是资本主义发展历史，还是在人类文明的进步历程中，都起到了举足轻重的革命性作用。

斗转星移，今年距离马丁·路德的宗教改革算起来已经整整500年。500年后的今天，教会变成什么样子了呢？去年八月，我去了一趟罗马，教堂依然星罗棋布，每周三圣彼得广场之上依然会有教皇和信徒之间的会见仪式。我去的时候，教皇的专车已经从广场离开，但我听到了之后教皇通过视频发表的讲话。大家猜猜讲话的内容是关于什么的？上帝？基督教？还是赎罪券？教皇的讲话内容是关于“恐怖主义与世界和平”，没想到吧？这就是那个马丁·路德等人讨伐的天主教会。

（PPT展示材料：他把教皇的权威拖出宫殿走向大街，访饥问苦，关注现世的生活和幸福、财富与贫穷、公平与正义，挑战了天主教的传统观点，推行了宗教改革，成为新的道德之音！——《时代周刊》对现任教皇方济各的评语）

我们再看《时代周刊》给现任教皇的评语，发现了什么？这进一步强调了天主教会要更多关注现世的生活和幸福、财富与贫穷、公平与正义。这不正是人文主义精神的进一步体现吗？那个曾经高高在上的天主教会也放下所谓的身段，关注世人，不正说明人文主义精神的巨大力量吗？所以，与其说那是上帝的拯救之手，教会的控制之手，不如说这是人文主义推动文明发展的进步之手。这也许是这只手所真正表达的意义。

设计意图：通过设问和材料将宗教改革的影响和地位和盘托出，另外通过自己的旅行、在教皇演讲现场的见闻和开头天主教会的权威相照应，让学生直观感受到天主教会的变化，思考这种变化的内在因素。最后再次打出“手”的图片，通过对比，升华主题，结束本课。

（注：本课获得重庆市2017年高中历史现场优质课大赛一等奖）

《美苏争霸》一课课内练习题之商榷

前两天我在高二某班听了一节历史选修常规课，课题是《美苏争霸》。由于不太清楚前后课程的衔接与主讲人的思路，暂且将这节课定义为美苏争霸这个部分的总结。这节课整体而言，上出了选修课应有的节奏，不是简单的对照书本，而是通过题目将选修和必修乃至高考全国卷结合起来，这一点是值得肯定的。但从个人的角度而言，我想探讨一下本课中的重头戏，开放性试题形式的读图题。

开放性试题是近几年高考全国卷中出现的一种有别于其他传统题型的新题型，它以立意为主，主题多样，不拘泥于形式，重点考查学生依托材料进行高水平的综合把握与强思辨的分析论证能力，可以说这道题的出现使得历史学科彻底摆脱了原有死板考查的印象。从2011年的初出茅庐到2015年的稳定成熟，开放性试题已经成为高考全国卷历史部分中靓丽的风景线，甚至不少学校专门成立了开放性试题的研究小组，专门研究这道题，或者从各种角度模仿开放性试题进行考查。侯老师这节课的立意也是以这种考查方式为主。但我想探讨的是，是不是所有的读图、图表、材料题都可以作为开放性试题的模样进行呈现呢?

上文已经说过，高考全国卷的开放性试题主要是体现素养立意，关注思维品质，追求学科价值，依托材料但不拘泥于材料，思维度广，角度多样，考查学生综合运用所学知识进行逻辑思辨的能力。因此这类题既好命制又不好命制，好命制是因为其角度多样，不拘泥；不好命制则是因为其最终落脚点和考查点是考查基础知识，这就要求学生能够通过材料和所学知识建立起合理有效的联系，从高考全国卷来看，在建立联系这个环节，真题是不会设置太多障碍的。也就是说，开放性试题是不会达到让学生大眼瞪小眼无话可说的地步，再差的学生也可以根据题干和设问拿到一些分数，而如果选择太过抽象和过于狭窄的思考空间，开放性试题则会让学生无从下笔，也就达不到区分度、考查学生知识掌握程度的目的。

来看课上展示的这道题。这道题是以美苏核弹头（注意是弹头）的数量趋势图表为主干，问题是指出图中的任意一种趋势，并说明其形成的历史原因（见图1）。

这道题从立意来讲，可谓精妙。但前文说过，开放性试题最终的目标是考查学生是否能够通过材料和所学知识建立起合理有效的联系，这就要求该题的材料要能和所学知识点或者说主干知识建立合理的联系。但这道题的问题我个人认为恰恰出现在这里，能和军事核弹头的数量趋势挂钩的知识点（我指教材中的知识点）过于单一。

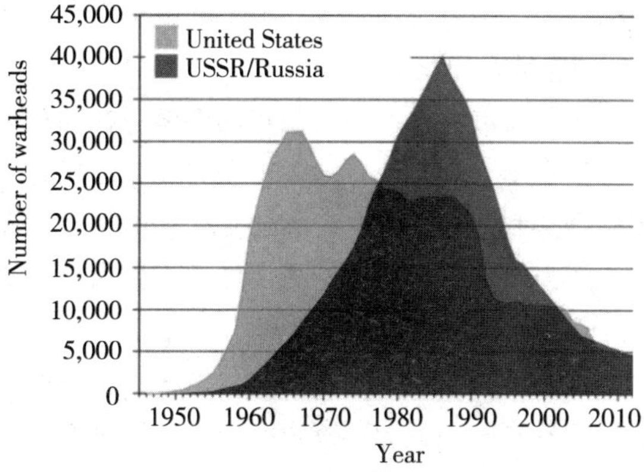

图1　美苏核弹头的数量趋势图表

如果试解该题的话，首先要指出趋势，这里就存在单一整体趋势、单一局部趋势、全局整体趋势、全局局部趋势的选择。开放性试题在选择论点的时候对考生的要求很高，因此在这里我觉得应该有学法指导和说明。但我可能走神了，貌似没听见。其次，论证趋势，个人觉得问题就在这里，非常不好论证。从学生的回答角度来看，大部分学生把美国和苏联的核弹头数量下降归结为经济原因，即20世纪70年代的美国经济滞胀和80年代中期后的戈尔巴乔夫胡乱改革造成苏联解体，经济无力支撑维持军备；或者说归结为西欧和日本的崛起对美国造成的冲击。表面上看似乎与经济有关，但还是要说，其实关系并不大。

第一，是核弹头不是日常消费品，造完之后存放即可，美国经济再差，总不能连放核弹头的仓库都没有，经济再差，应该也只是削减当年的制造量，因此应该是总量缓慢上升才比较符合经济变差的逻辑。

第二，西欧和日本的崛起不但不会减少美国核弹头数量，反而会加剧美国的核威慑意愿，如果是这样，核弹头数量还是应该缓慢上升才对。还有一位学生指出趋势在80年代末下降是因为《中导条约》的关系，这个逻辑是正确的，而且也是这个图里唯一一个能用所学知识去解答的，可惜这个是选修上的知识点，和必修的关系不大。

这道题能够论证什么呢？这道题从逻辑和史实的角度，只能论证成美苏两国的核威慑理论。

苏联在1957年8月发射了第一枚洲际弹道导弹，瞬时击中了6 000公里以外的目标。在这种情况下，以往两国交战时所谓的国土广袤、战略纵深这些“优势”概念统统都成了泡影。就算你国土再广袤、战略再纵深，对于导弹来说不过是多飞几分钟的事。向来不用担心本土的防守的美国就发现，在洲际导弹的面前，美国所谓的国土广袤优势完全不值一提，完全暴露在了苏联的核打击之下。1957年10

月，苏联又发射了人类第一颗人造卫星。据说很多美国普通老百姓晚上看到苏联人造卫星在天上一闪一闪，担心说不定哪一天上面就会丢个核弹下来。对于他们来说，遭受核打击的威胁从未如此真实。

因此，美国开始疯狂地加速核武器的制造和部署。在利益驱动下，美国军方也有意无意地在各种报告中夸夸其谈，认为苏联的核攻击能力十分强大，以此向总统施压要求更多的经费制造核武器。有趣的是，苏联军方也在向中央委员会拼命强调美国的核打击能力，请求拨给他们更多经费去扩大核武器库。地球两端的两个超级大国都在拼命做着同一件事。

到了20世纪60年代初期，美国已经拥有大约27 000枚核弹，而苏联的数量有多少？大约是美国的十分之一。美国军方也有声音质疑是否需要这么多的核弹，理由是有报告声称只要有200枚核武器就能够在第一次核打击中生存下来，就足够维持必要的二次打击能力。但是，要造多少枚核武器才能确保有200枚核武器能够存活下来？500枚？1 000枚？还是5 000枚？没有人经历过全面核战争，也没有人敢做这个保证。所以即使反对声音再多，也没有人愿意冒险减少核弹头的供应与装备。

所以，根据上述史实和该题材料，试分析此图出现的原因如下：

首先，由于相互毁灭保证的存在，美苏双方都需要考虑制造更多的核弹，以保证足够数量的核弹能在第一轮核打击中存活下来。由于核武器在实战中几乎没有被使用过，双方都很难计算出要保证足够的二次打击能力究竟需要制造多少核弹。

其次，一个国家的核力量是国家最高机密，因此美苏在判断对方实力时都会出现很大的误差。而两国的军方为了自己的利益，都会在报告中有意无意地夸大对方的实力。

最后，政治家的政治需求，以及给予普通民众安全感。例如在肯尼迪竞选总统时，他对艾森豪威尔政府大肆抨击，指责他们导致了美国在军事上的落后，同时强调增强美国军事力量的紧迫性。

因此，这道题，个人觉得更适合作为大学课堂的军事理论或者国际政治理论探讨的例题出现，如果作为考查所学知识中的经济领域相关知识的话（比如20世纪50年代美国经济强，弹头多；70年代勃列日涅夫大力发展军工业，弹头多），过于牵强。如果没有必要的材料和知识做依托，对于高中学生来讲，若没有相关的知识储备，很难从国家利益和核威慑角度理解此图背后的深层含义。

不过瑕不掩瑜，这道题也有它的价值，就是可以当成简单的开放性试题步骤练习去做，教师可以不必关注答案本身，重在指出答题的步骤，引领学生遇到这种题的时候用正确的答题规范作答，这一点我觉得是可行的。

浅谈殖民地发展的差异性

——听课有感而发

前几日，听了秦老师的一节课，课的内容就不赘述了，前面几位老师的评课已经说得很是明白透彻，除了秦老师出奇快的语速之外，本课讲授内容里有一个地方引起了我的注意。

在其中的一个环节，秦老师提到了有关“半殖民地半封建社会”的解释问题，大概意思是：殖民地带来的是不好的影响，是落后的体现，那么脑子快的学生可能就会想到，那香港呢？这么多年的殖民统治，反而使这里成为全亚洲的金融中心之一，这不都是在殖民统治下取得的吗？美国、澳大利亚，在独立之前不也是殖民地吗？殖民地之间，为什么有这么多的差异性？殖民地真的落后吗？

这种殖民地发展的差异性也是很多国内外学者思考的内容之一，前些年，一篇著名的论文——“The Colonial Origins of Comparative Development：An Empirical Investigation”引发了大量的热议和辩论，说的就是殖民地的发展差异研究。这篇文章的作者试图通过对殖民地殖民者（或者说移民定居的殖民者）的死亡数据与殖民活动、殖民形态等的对比分析出与殖民地发展有关的一系列结论。作者发现，有的殖民地国家的殖民者死亡率很低，这样的殖民地国家最后都成为了“逆袭”的国家，如美国、加拿大、澳大利亚等等，而很多殖民地国家殖民者死亡率很高，不管是正常死亡还是非正常死亡，这样的殖民地现在都属于欠发达的地区和发展中国家。虽然说文章中的很多举例不是特别合适，但其中的一些观点和数据似乎可以解释前面提到的这个问题。

世界殖民体系确立之后，世界上大部分地区都成为了大国的殖民地或者沦为保护国，为什么美国、加拿大、香港地区、澳大利亚能成功逆袭，原因是多方面的。从中不难发现，这些成功逆袭的殖民地大部分来自于英属殖民地，而英属殖民地最大的特点就是当地在殖民地建设中基本上完全复制宗主国也就是英国的政治模式，而且这些殖民地在被殖民之前基本很少有其他类型的政权存在，这也就能让这些地区的人民迅速地适应宗主国的优秀政治模式并且在适当时机将其发扬光大，而这种发扬又恰好抑制了宗主国对于殖民地的剥削，这才使得这些殖民地最后在独立或者殖民地过程中成功逆袭。

虽然殖民地的发展看似很好，但我们还是要看到，大部分殖民地的情况还是比较恶劣的，所以关于美国、香港这样的国家或地区为什么会在殖民统治下发展迅速，第一是个别现象，第二取决于宗主国的制度建设，第三就是当地的物产和地理位置很优越，自己就能发展，而香港也是一个例外，本身面积狭小很好治理，所以英国才能治理出全世界瞩目的地区，要是地盘再大一点的话，隔壁的印度是个很好的参照物。

关于这个问题，大家可以多讨论，或者学生有提出这种想法的时候引领他们多思考，发展非常好的殖民地终究是少数，不要忘记殖民者的目的是什么……总不能好了伤疤就忘了疼，看到个例就鼓吹整体。

历史课堂创设情境应注意的几个问题

在全面铺开新课程改革的背景下，历史课堂教学方式也在悄然发生改变。从学生如何学好历史课逐步转化为学生如何“学好”历史。众所周知，历史是过去的事情，如果学生的学习思维无法代入具体的历史情境之中，就很难对历史事件有真正的理解与感悟，因此，“创设情境历史教学”应运而生。诚然，创设情境可以搞活历史课堂，使得许多枯燥、抽象的历史表述变得鲜活多彩，栩栩如生。但如果把握不好历史课堂与创设情境之间的联系，就很容易陷入误区难以自拔。

最近，我先后通过现场观摩和网上视频这两种方式观看了两堂历史公开课，第一节课是甲老师在某网络平台上传的公开课《近现代中国物质生活和社会习俗的变迁》。该老师在这节课上只选取了一个人物作为研究对象——末代皇帝溥仪，该课分为“少年皇帝——奢侈自我的‘帝王生活’”“青年溥仪——政治起伏中的虚荣生活（1924—1945）”“晚年溥仪——朴实幸福的公民生活（1959—1967）”以及活动探究四个部分，运用大量史料将末代皇帝的生平与中国的社会变迁有机地结合起来，将本课“变迁”的主题展现得淋漓尽致。在该课的最后，甲老师在学生活动探究后揭示出“物质生活的变化更多与思想的变化息息相关”，过渡到中国的社会现实之中，作为收尾，它从思想性上又上升了一个高度。

第二节课是在某历史教学研讨会上现场观摩的一堂研讨课，主题是太平天国。乙教师选取了干王洪仁玕的一生来透视太平天国，以洪仁玕“晓梦——追梦——迷梦——碎梦”的人生追求为主线，凸显出大时代背景下理想与现实的冲突与碰撞。

这两堂课都以创设历史情境作为主打或特色，但授课效果却相差千里。下面我就结合这两堂课来谈一谈历史课堂创设情境应当注意的几个问题。

第一，历史课堂创设情境应该为历史教学服务，这是最基本的一条要求。创设情境实际上是营造出一种历史氛围，使学生能够更快地融入历史学习之中，因此，创设情境应该紧密围绕课标或者历史学科核心素养要求来做文章，而不是为了求新求怪，为了更吸引眼球，更别出心裁来创设课堂，也就是说，创设情境对于历史教学来说应该是有效的。从这一点来看，甲老师的这节课关于溥仪的种种材料都是围绕着本课的要求“了解近代以来物质生活变化的史实：服饰的变化、饮食结构的变化、住宅的变化；了解近代以来社会习俗变化的史实：婚姻风俗的变化、丧葬礼俗的变化、其他社会风俗的变化”来设计进行的，因此学生融入了情境，本课任务也就完成了一大半。相比之下，《干王梦·天国秋》一课在内容上确实新颖，但这堂课上完之后，学生确实对洪仁玕的个人情怀有了一定了解，但是这课对课标要求的“太平天国”一课所落实的种种知识能力基本没有太多的设计和落实，以至于有的教师在课后提问环节中不解地问乙教师这堂课的授课目的是什么，是想要解决什么问题。因此这样的创设情境新颖有余，实用不足。

第二，在历史课堂创设情境的过程中，教师应该起到较为客观中立的引导作用。在甲老师的《社会生活变迁》一课中，教师一直是以一个旁观者的身份，不断抛出一系列问题引导学生通过种种史料慢慢接近溥仪，了解他的生活，了解社会的变迁。语言平实，引导性强，学生得以自主进入创设的情境之中，这堂课的效果也就展现得淋漓尽致。很多教师认为在创设情境的过程中，教师应该“在精心设计课堂、创造气氛的同时，对语言进行润色、加工，使之具有艺术性。艺术性的语言与历史情景的展示相结合，使学生随着教师的讲解产生移情现象”。但我认为，创设情境应该是通过大量真实的材料一步一步让学生自己进入到情境之中，而不是教师利用自己的“无处宣泄的感情”强行把学生带入到情境之中，在这个过程中，材料的选取和教学时机的把握就显得异常重要。我在教授“抗日战争”一课的时候就利用了一个小小的认知冲突创设了情境。我在讲授抗日战争过程的时候特别强调台儿庄战役是“大捷”，很多学生当时面露诧异之色，因为书上写得很清楚，中国军人死伤数量是日本军人的一倍，怎么可能是“大捷”，一定是吹的。于是我在几分钟后打出一则材料，是来自日本公开出版物中的一幅画作：12名勇敢的国军将士对抗一辆日本坦克。看到这幅画的时候，学生的表情从诧异转为震惊，此时我又旧事重提“台儿庄大捷”，问学生：你们还觉得这个不是大捷吗？这场战争是怎么打下来的？看到这幅画你的第一反应是什么？最后以一句国歌作结“用我们的血肉筑起新的长城”。从学生最后的反应来看，这个情景创设是成功的。

当然在这种涉及民族情感、家国情怀的情境中，教师如果善于煽情创造气氛，也许会有更好的收获，但是并不是所有的课堂、所有的历史都适合煽情创造气氛。在《干王梦·天国秋》一课中，乙教师使用了洪仁玕的大量诗句，意图剖析干王的内心世界，然而晦涩的诗句很难让学生进入到情境之中，于是授课教师硬性地使用齐读的方式让学生接受这些情景，不但如此，最后授课教师展示了自己写的一首关于洪仁玕的现代诗，并且声情并茂地朗诵了一遍。说实话，通过这首诗，我们能看出授课教师对洪仁玕的“爱”，但授课教师试图通过自己对洪仁玕的“爱”来要求学生对洪仁玕有所触动，强行拉学生进入情境之中，最终只能导致这一情景创设感动天，感动地，感动了自己，却远离了历史，远离了课堂，远离了学生，课堂效果不佳。这是创设情境教学需要注意的一个方面。

史料的选取必须慎重

——以《商鞅变法》一课为例

我最近观摩了一堂高中历史公开课《商鞅变法》，该课自始至终都贯彻“史料教学”的指导思想，是一堂较为成功的公开课。但我认为一些史料的选取和利用值得商榷，在此略陈管见。

关于如何评价商鞅变法，该教师提供了以下两则材料：

材料一：“今卫鞅内刻刀锯之刑，外深斧钺之诛，步过六尺者有罚，弃灰于道者被刑，一日临渭而论囚七百余人，渭水尽赤。” ——刘向《新序》

材料二：“初，商君相秦，用法严酷，尝临渭沦囚，渭水尽赤，为相十年，人多怨之。” ——《资治通鉴·周纪二》

教师用这两则材料来互证说明商鞅使用严刑峻法治国，轻罪重罚，影响极坏。我认为材料的选取和运用不太妥当。前一则史料的来源经过查证后，并不是出自刘向的《新序》，而是其子刘歆一篇小短文的《新序论》，这篇文章被收录在清代学者严可均编辑的《全汉文》一书第四十卷中，是很容易查到其出处的。更何况该教师也在课上展示了来自《新序论》的一则材料，用“秦孝公保崤函之固，以广雍州之地，东并河南，北收上郡，国富兵强，长雄诸侯，周室归籍，四方来贺，为战国霸君，秦遂以强，六世而并诸侯，亦皆商君之谋也”来说明变法的有效性。但在这里却疏于查证，确实不妥。这两则材料一则来自于汉代，一则来自于宋代，虽然说的是同一件事，但《资治通鉴》距离商鞅生活时期较远，应是直接采用了《新序论》中的说法，属于史料的转载转抄，与《新序论》之间不存在互证的关系。特别是后一则材料中写商鞅“为相十年，人多怨之”，而《史记·商君列传》中则明确说到“行之十年，秦民大悦”，这就和《资治通鉴》的描述有较大出入，但司马迁也写到了“宗室贵戚多怨望者”。同样我们可以发现

《资治通鉴·周纪二》中关于商鞅文字的后半部分与《史记·商君列传》极其相似，例如《资治通鉴》中提到商鞅在变法前对秦孝公说“夫民不可与虑始，而可与乐成。论至德者不和于俗，成大功者不谋于众。是以圣人苟可以强国，不法其故”，司马迁在《史记》中则写道：“愚者闇於成事，知者见於未萌。民不可与虑始而可与乐成。论至德者不和於俗，成大功者不谋於众。是以圣人苟可以强国，不法其故；苟可以利民，不循其礼。”除此之外，《资治通鉴》中还引用了《史记》中赵良和商鞅的对话，由此可以推测出“为相十年，人多怨之”应是对《史记》中“宗室贵戚多怨望者”的误抄，因此《资治通鉴》中关于商鞅的信息来源是不完整的，也是不可靠的。

教师想以此来证明商鞅变法的残暴一面，但材料却缺乏明显的说服力。首先，《新序论》这篇小文的作者刘歆是西汉名儒刘向之子，也是西汉后期的著名学者，他比司马迁晚出生一个世纪。刘歆的主要成就是经学以及对皇宫内图书的点校整理方面，因此相比于专致于写史的司马迁来说，他获得的史料来源应该不会比司马迁多。换言之，“渭水诛囚”这件事情，如果刘歆知道，那司马迁知道的可能性也是很大的。从《史记·商君列传》的文字中我们可以看出，连迁徙不满新法之民于边城这种事都记载的十分清楚，“渭水诛囚”这么大的一件事，司马迁应该是不会放过的，但在《史记·商君列传》中，我们却看不到关于这件事的只言片语。而且司马迁评价商鞅“天资刻薄”而“少恩”，多少是对商鞅有点看法的，自然也不会为了美化商鞅而隐瞒这件事，所以这件事是否存在也被打上了一个大大的问号。

其次，1975年底，我国考古工作者在湖北省云梦县睡虎地秦墓的考古发掘中，发现了一批秦代竹简，其中有一部分是墓主人抄录的秦代法律文书，虽然不是所有的法律条款，但大部分常用的法律条款都囊括其内。通过对数百例的法律条款的解读，我们可以发现除去动摇军心之人要处以斩首之刑［誉适（敌）以恐众心者，翏（戮）。翏（戮）者可（何）如？生翏（戮），翏（戮）之已乃斩之之谓（也）］，杀人者处以车裂极刑［甲谋遣乙杀人，甲可（何）论？当磔。］以外，大多数刑罚措施是数额不一的罚款“赀二甲”“赀一盾”或者“黥为城旦”。例如《睡虎地秦简·法律答问》开篇就写道：“害别徼而，驾（加）罪之。可（何）谓驾（加）罪？五人？臧（？）一钱以上，斩左止，有（又）黥以为城旦；不盈五人？过六百六十钱，黥（劓）以为城旦；不盈六百六十到二百廿钱，黥为城旦；不盈二百廿以下到一钱？（迁）之。求？比此。”由此可见，秦律中虽然也有断指、削鼻等如今看来非常残忍的附加刑罚，但更多是罚款或服劳役的惩罚方式。根据秦律条文来看，刘歆说“弃灰于道者被刑”是不准确的，最多就是罚款了事。可见刘歆《新序论》的这则材料是无法证明商鞅变法的严酷的，也就无法指导学生得出符合史实的结论。

此外，该课还引用了另一则评价商鞅变法的材料：

材料三：商鞅认为以诗书礼乐为代表的儒家学说是于国有害的寄生虫。他把礼乐、诗书、修善、孝悌、诚信、仁义、贞廉、非兵和羞战统称为“六虱”，认为应统统毁灭。

教师意在证明商鞅变法轻视教化，蔑视伦理道德，从而导致社会风气的败坏。这则材料的来源是《商君书·勒令第十三》，原文为：“六虱——曰礼、乐；曰《诗》《书》；曰修善，曰孝弟；曰诚信，曰贞廉；曰仁、义；曰非兵，曰羞战。国有十二者，上无使农战，必贫至削。十二者成群，此谓君之治不胜其臣，官之治不胜其民，此谓六虱胜其政也。十二者成朴，必削。是故，兴国不用十二者，故其国多力，而天下莫能犯也。”与前面的“渭水诛囚”一样，这一史料的选取和运用也值得商榷。从材料出处来看，这则材料选自《商君书》，从其名称来看是商鞅所著，应是比较可信的一手史料，但该书内却有很多自相矛盾或不合情理之处。如在《勒令第十三》中我们看到了“六虱”代表的12种品行，而在同书的《弱民第二十》一节中，却写道：“农、商、官三者国之常食官也。农辟地，商致物，官法民。三官生虱六，曰‘岁’，曰‘食’；曰‘美’，曰‘好’；曰‘志’，曰‘行’。六者有朴必削。农有余食，则薄燕于岁；商有淫利有美好，伤器；官设而不用，志、行为卒。六虱成俗，兵必大败。”一般来说，同一个人的著作里面，某一专有名词指代的对象应该是差不多或者是相同的，而在《商君书》中《弱民第二十》的“六虱”和《勒令第十三》的“六虱”指代的对象却有着非常大的出入，这是不合情理的。另外在此书中还多次出现了商鞅死后才出现的人和事，比如《徕民第十五》出现了几百年后的秦赵长平之战（“且周军之胜、华军之胜、长平之胜，秦所亡民者几何。”），《错法第九》出现了战国时秦国大力士乌获（“夫离朱见秋豪百步之外，而不能以明目易人；乌获举千钧之重，而不能以多力易力。”），由此可见，《商君书》的内容并不完全出自商鞅本人或其思想体现，而是后人假托其名而写成。《勒令第十三》也极有可能是后人的作品，因此在材料中写出“商鞅认为”是十分不恰当的。即使“六虱”说是商鞅本人的思想，我们依然无法得出其“毁灭诗书礼乐”“蔑视伦理道德，从而导致社会风气的败坏”的结论。在《勒令第十三》这篇文章中，作者虽然把“六虱”视为造成国弱的重要原因（“国富而不战——偷生于内，有六虱，必弱。”），但也只是在治国方面不采用这些主张而已（“是故，兴国不用十二者，故其国多力，而天下莫能犯也。”），在原文中根本看不到“毁灭”掉“六虱”的语句。因此前面材料中的“认为应（将六虱）统统毁灭”的结论应该是该材料的编者在参考了韩非的“燔诗书而明法令”这则材料之后主观添加的，并不符合“六虱”这则史料的本意。至于“导致社会风气败坏”的结论更是无从谈起，如果真的在全国范围内毁灭“诚信、仁义、贞廉”这些社会道德，那秦国怎么可能会像《史记·商君列传》中所记载的那样“道不拾遗，山无盗贼，家给人足”？《商君书》的作者认为“六虱”误国，我认为主要原因是为了迎合秦国对内加强对地方的控制，中央集权；对外积极扩张，进行大规模征伐战争的需要，毕竟在战场上时时刻刻处于你死我活的状态，对敌人仁至义尽只会令自己的生存可能大为减少。春秋时期，宋襄公在泓水之战的表现也恰恰证明了这一观点的正确性。因此，从《商君书》这一史料推出商鞅轻视教化，蔑视伦理道德，也是该史料的选编者不妥当的主观臆想。

历史是靠史料来说话的，史料是历史学家进行历史研究和历史认识的依据，也是历史教学中重要的教学资源。但史料的选取必须慎重，经过细心的比对和考证后才能应用于教学中，不能奉行“拿来主义”，随波逐流，不求甚解，疏于考证，以致史料教学流于形式，无法收获其应有的功效，这一点是历史教学工作者在教学中需要注意的。

历史试题设问应严谨

——从半期试题的问题说起

前日我看到了高二年级的历史半期试卷，总体来看，此次考试的试题符合高二学生的学情及认知能力，并对部分高考题型进行了较为有效的训练。但就个人来讲，我觉得试题材料和设问中有两处不妥，在此探讨一二。

第一是在选做题的设问中，问题设置的是：“日本大地震引发福岛核泄漏事故以后，政府对东京电力公司实施了监管。据此并综合上述材料，请就政府在经济发展中的作用谈谈你的认识。”此命题方式个人感觉不妥。纵观这几年的高考历史试卷的问题问法，基本都是历史学科的常用命题语言，而“就政府在经济发展中的作用谈谈你的认识”是典型的政治性语言或者设问方式，历史感不强，考生极易因为此题设问方式的原因造成失分。好比让你翻译一段法国人的对话，里面出现了Robert这个人名，你会认为翻译成罗伯特？不，应该按照法语去翻译成罗贝尔（法语大部分结尾t/s不发音）。那为什么你会想到罗伯特？因为在你长期学英语的惯性思维中，它就应该是罗伯特。所以，在考试中，虽然是历史试题，但出现政治类的问法，因此考生受到长期应试思维和做题习惯的影响很容易也答出政治类风格的答案，这在历史试题的命制中是应该注意的。

另外，也要注意对学生的思维方向进行引领。近两年的高考中，我们明显可以发现在试题的命制中，命题人越来越多地将学科内综合的思维渗透到其中，以

2018年的高考为例，全国II卷的历史部分第40题的材料选自一篇理工类期刊文章，并设问“根据材料并结合所学知识，说明大豆在美国广泛种植的原因”，不少学生从地理学科角度思考这个材料，造成失分。因此，应在练习和考试中有针对性地进行训练，强调在答题过程中使用体现历史学科的学科语言。

第二是这次第40题使用的一段材料：

“当代学术界仍然普遍认为：缠足起源于北宋或之前稍早的五代十国，在南宋时开始流行化，明朝时开始普遍化和更加小型化，满清时登峰造极。

——《从宋朝后持续1000年的缠足陋习的起源和发展》”

问题：“缠足陋习从宋代开始愈演愈烈的主要原因是什么？（2分）对中国社会发展有何影响？（4分）”

这一材料的设置和设问方式个人认为都不是很合理。从设问来看，第二问存在“缠足对中国社会发展有何影响”和“缠足的主要原因对中国社会发展有何影响”两种解读方式，答案迥异，对考生的正确判断会造成一定阻碍。而第一问也存在对材料的不合理解读，问题中的“缠足陋习从宋代开始愈演愈烈”和“南宋时开始流行化”无法形成合理有效的对应关系，应是对材料的误读。

此外，在这段材料的选择和史实呈现上，我也表示有一定怀疑：缠足真的和理学有关？并不见得。先来看这段材料的出处“从宋朝后持续1000年的缠足陋习的起源和发展”，进行搜索后发现，这不是公开出版物里的正式论文，而是某论坛的一个帖子（地址如下，欢迎围观：http：//bbs.tianya.cn/post-worldlook-489646-1.shtml），所以其论述的科学性和规范性也就打上了一个问号。再来看其内容，在这篇网文第三段我们看到了引用的材料，但继续向后看我们就会发现，本帖的作者在列举其原因的时候就根本没提“理学”，而且这帖子也说了宋代的缠足和明清时期完全就不是一回事：“宋代的缠足与后世的三寸金莲是有区别的！据史籍记载，宋代的缠足是把脚裹得‘纤直’但不弓弯，当时称为‘快上马’。所用鞋子被称为‘错到底’，其鞋底尖锐，由二色合成。目前这种缠足鞋的实物已在考古中有所发现。”因此，从考古发现的实物推测，南宋女性穿这种鞋所缠裹出来的脚虽然还是比自然发育的女性的脚要小，但是却要比后来明清女性的小脚要大。既然作者都没提，那么这个材料又怎能牵扯到理学上呢？

此外，从资料来看，缠足的兴起也跟宋代理学家毫无关系。我们在宋朝的理学著作中找不出任何支持女子缠足的言论。恰恰相反，我们可以看到一部分理学家是明确反对缠足的。元代笔记《湛渊静语》说：“宋程伊川家妇女俱不裹足，不贯耳。后唐刘后不及履，跣而出。是可知宋与五代贵族妇女之不尽缠足也。”程伊川即北宋大理学家程颐。程氏家族直至元代，都坚持不缠足。朱熹的弟子车若水也在他的《脚气集》中对缠足进行控诉：“妇人缠足不知始于何时，小儿未四五岁，无罪无辜，而使之受无限之痛苦。缠得小来，不知何用？”所以，宋代缠足与宋代理学基本没有什么关系。

因此，这一材料和这一问题，如果仅仅是为了考查这个知识点而生搬硬套的话，我想是值得商榷和注意的。

“投石问路，曲径通幽”

——批判性思维在历史课堂教学中的应用

随着高中课程改革的不断加深，对应试教育的改进呼声也是愈发壮大。2012年由国际知名教育机构发布的《2012中国SAT年度报告》显示，参加美国高校入学考试的中国高中生中，只有不到7%的人成绩达到1800分的“及格线”，而达到美国优质大学普遍要求的2000分以上成绩的更是只占2%。专家指出，这是由于中国的教育缺乏对批判性思维的训练导致的后果，一时间，“批判性思维”成为高中课程改革中的一大热点名词。

没有批判，难有创新，这是许多教育工作者的共识。在历史学科之中，批判性思维的培养对于历史学习者更有着非常重要的意义。和其他学科不同，历史学科的“争议性”知识和问题的比例更多，光靠教师进行讲授，只能导致学生被动接受观点，丧失主动学习的兴趣。而培养学生在历史学科的批判性思维，可以促使学生主动诱发质疑，将学会质疑作为学习历史的前提，这样学习历史也就事半功倍。在国外的高中课堂，对于批判性思维的培养，教学途径主要有单独设置批判性思维课堂、进行隐形课程培养，以及在常规的学科教学过程中有机结合批判性思维进行思维训练三种模式。鉴于中国教育的特定环境，在常规的学科教学过程中有机结合批判性思维进行思维训练的模式更易于在高中课堂中普及和推广。我下面就结合具体教学实例来谈谈批判性思维在高中历史课堂中的培养。

任何课堂都是生成的，历史课堂也不例外，教师虽然会对课堂总体情况进行预想和设计，但还是会有非常规的情况出现，而这种非常规的情况处理好了，就是批判性思维培养的优良土壤。在教授高中历史选修四《中外历史人物评说》的导学课上，我为了强调这些历史人物在每个特殊历史时期的突出意义，提出了一个问题：“翻看目录，我们书中选取的这些杰出人物都有什么样的共同特点？”结果学生的回答令我稍感意外：“这些人物都是男性！”面对这个也许会被有些人视作“捣乱”的回答，我却发现了进行批判性思维培养的契机，于是我临时改变原有教学过程，启发学生思考：“为什么我们选取的这些人物都是男性？就没有特别杰出的女性历史人物吗？”学生的思考积极性一下子高涨起来，在经过了数分钟的讨论后，得出了从古至今，男性的社会地位较女性高，更有利于杰出人物的产生的结论，然后我又趁热打铁，指出：“女性杰出人物也有很多，我们一起为这本教材补充一些女性杰出人物。这个任务就交给大家分组完成，每组对应课文专题特点介绍一位杰出女性人物，在常规课时结束后进行集中展示。”并提示了玛丽亚·特蕾莎、居里夫人、撒切尔、武则天等女性杰出人物供学生参考。这样既锻炼了学生的批判性思维，又深化了学生的自主学习意识和史论结合、收集信息的能力，可谓一举多得。

一些不按常理出牌的历史事件也可以成为进行批判性思维教育的重要案例，教师可以提出一个看似简单的问题，让学生认为自己的答案绝对正确的时候告诉他这是错的，这个错误的答案会成为学生进行批判性思维的起点。例如在讲授必修一专题五《新中国初期的外交》的时候，我和朋友一起讨论出了一个导入设计：1949年南京解放前夕，国民政府打算迁往广州，这时南京城内有美国大使馆和苏联大使馆，你觉得谁会留下，谁会离开。学生基本都会回答苏联留下，美国离开。答案揭晓，美国大使留下，苏联大使跟着国民政府去广州了。学生脸上出现各种惊讶和疑惑的表情。我见目的已经达到，就出示相关材料，引领学生思考为什么会出现这样的“不合常理”的状况，打破他们的固有观念，刺激思维向多个方向发散，使大脑用新的方法重新建构知识，经过讨论和思考，得出了大国处理国际关系的一般准则。

“历史是任人打扮的小姑娘”这句话虽是以讹传讹之作，但也点出了历史事实与历史资料之间的区别。高中历史越来越重视史料教学，而选择恰当的史料可以培养学生的批判性思维能力。在教授《商鞅变法》一课时，我绘声绘色地把《史记》中商鞅投宿客栈一事讲给学生，学生听得津津有味，然后我提出一个问题：这个《史记》中的故事很生动，但有没有什么不合理之处呢？然后让大家进行讨论，很快就有人发现了其中的问题，比如一个西汉的史学家可以把故事写的像他在场一样生动，比如故事中既然店老板不知道这是商鞅，又怎么会把拒绝一个没带身份证住店的普通人的平常故事流传几百年等等，问题越攒越多，一个看似确凿的故事地基已经悄然崩塌。这时我又抛出一个问题：既然这个故事的真实性存疑，为什么司马迁要这么写？我们应该怎样对待浩如烟海的历史史料？讨论之后，学生得出结论，这和司马迁儒生的身份是分不开的，也和当时尊重儒学，大肆批判秦朝有关，对待史料要辩证地去分析，不能凭借孤立的史料得出结论。通过这一课，这个班的学生在处理史料方面的能力较之前长进许多，也逐渐对历史书和资料中的问题开始有自己的思考和见解了。

正如前面这些生动的课堂情景所展示的一样，批判性思维在高中历史课堂中的培养方式是多样的，因此教师可以大胆地把自己的课堂变成培养学生批判性思维的实验室，鼓励学生大胆思考，合理批判，高中历史教学才会向着更优质高效的方向发展。

清新脱俗，不落窠臼

——评《中国古代科学成就》一课

《中国古代科学成就》这一课既好讲，又不好讲，好讲是因为贴近学生生活，科技史的东西趣味性强，容易调动学生的积极性；不好讲在于四大发明这个东西，似乎已经成为俗套。看过几节公开课，大多教师在处理这一问题时虚张声势，故弄玄虚地讨论问题，反而显得做作和不自然，而秦老师的这节课带给了我们全新的感受。

开场白别具一格，贴近生活。诺贝尔医学奖刚刚出炉，秦老师就拿来为己所用，这个导入既贴近生活又恰到好处，正好可以引起学生的思考：四大发明究竟是怎么来的呢？

关于四大发明的介绍，对火药和指南针略讲，着重讲述造纸和印刷术，有舍有得，有详有略。利用的材料多样化，信手拈来，选择雕版印刷和活字印刷的切入点来讲“四大发明”的前世今生，用李约瑟的材料引出所谓的“四大发明”并不是中国人的产物，同样又用李约瑟引出李约瑟难题，材料的衔接紧凑可以用天衣无缝来形容。

整个课堂一气呵成，个人觉得如果可以打磨成录像课的话，再好不过。

当然，我从来不是一个会说优点的人，我在听课的时候喜欢一页一页地胡写乱写，引发出我更多的思考，所以，下面说一下我对这节课里面一些细节处理的个人看法。

第一，开头用中医，我的反应是简直不能再棒了，因为到最后讲中国科技的特点的时候，中医简直就是中国科技许多问题的代名词，到时候再拿出来，承前启后、首尾呼应，画面太美简直不敢看。然而……我到最后都没看到这个画面，是一个遗憾。

第二，关于四大发明为什么没有中医，这个地方如果是我来讲，会先提示一个“评选标准”的问题或者材料，让学生阅读材料之后带着问题去看四大发明，这样从课堂流程上来讲，会不会更紧凑一些，逻辑上更顺畅一些？

第三，关于讲四大发明时候的一些问题。

（1）关于书法这个概念，要强调的是，书法、书法家和纸的发明是不是真的有关系？书法的定义是一种艺术类别，一般指书写汉字的艺术。狭义而言，书法是指用毛笔书写汉字的方法和规律，书法家是擅长书法的人，具有汉字书写能力并能将其推至艺术高度的人，简单来说就是以书法为主要创作的艺术家，或者是精通书法的人。所以，材质这个东西倒在其次，因为纸没有发明就说李斯不是书法家这个论断是不恰当的。南北朝时期大量的石碑出现，能说西安碑林里的碑只是字而不是书法艺术吗？

（2）关于雕版印刷和活字印刷哪个更先进的问题，这个我的感觉就像是说君主立宪制和民主共和制哪个更先进，就像精装书和平装书哪个更好一样。因为它们的受众群体不一样，自然会有很多不一样的答案。如果说雕版印刷可以代表中国，在课堂上，至少我们还缺少相应的范例和有说服力的史实，另外，现在很多报纸的报头都是拿书法家的单字拼出来的，看起来是不是也没有什么违和感？所以，更能保存优秀的书法这个说法值得商榷。

（3）关于“四大发明”中指南针是否真正发挥功效被外国友人认可这个问题，有很多史料都说到了这一点。

意大利数学家杰罗姆·卡丹早在1550年就指出，中国对世界所具有影响的“三大发明”是司南（指南针）、印刷术和火药，并认为它们是“整个古代没有能与之相匹敌的发明”。

1620年，英国哲学家培根也曾在《新工具》一书中提道：“印刷术、火药、指南针这三种发明已经在世界范围内把事物的全部面貌和情况都改变了。”

而后，在1861—1863年，马克思和恩格斯更是将这些发明的意义推到了一个高峰。马克思在《机械、自然力和科学的运用》中写道：“火药、指南针、印刷术——这是预告资产阶级社会到来的三大发明。火药把骑士阶层炸得粉碎，指南针打开了世界市场并建立了殖民地，而印刷术则变成了新教的工具，总的来说变成了科学复兴的手段，变成对精神发展创造必要前提的最强大的杠杆。”

恩格斯则在《德国农民战争》中明确指出：“一系列的发明都各有或多或少的重要意义，其中具有光辉的历史意义的就是火药。现在已经毫无疑义地证实了，火药是从中国经过印度传给阿拉伯人，又由阿拉伯人和火药武器一道经过西班牙传入欧洲。”

英国汉学家麦都思指出：“中国人的发明天才，很早就表现在多方面。中国人的三大发明［航海罗盘（司南）、印刷术、火药］，对欧洲文明的发展提供了异乎寻常的推动力。”

来华传教士、汉学家艾约瑟最先在上述三大发明中加入造纸术，他在比较日本和中国时指出：“我们必须永远记住，他们（指日本）没有如同印刷术、造纸、指南针和火药那种卓越的发明。”这个发明清单被后来的著名英国生化学家、历史学家和汉学家李约瑟发扬光大。

所以，司南实际上是很多人认为的中国有作用的发明之一。秦老师对于司南的解释这个过于理想化了。虽然我们复原的时候没有正确复原，但并不代表它没有发挥过作用。

（4）在讲到中国科学问题的时候，可以把高考题里面宋应星的那段材料拿出来，学生思考和得出结论会更有说服力。

宋应星（1587—约1666）青年时曾考取举人，后来连续六次赴京参加进士考试，均名落孙山。45岁以后，面对明末流民遍地的现实，宋应星不再追求科举功名，转而探求“致富”之术。他全面搜集整理传统农业、手工业技术，撰成《天工开物》一书，书名取“天工人其代之”“开物成务”之义。正如宋应星在该书的序言中所说，“是书与科举功名毫无关系”，当时士大夫对这部书不屑一顾。后来乾隆时编《四库全书》，不予收录，民间更不敢印行。这部书在19世纪传入欧洲后，被誉为“17世纪中国科技的百科全书”，是我们今天探讨古代科技成就的重要文献。

最后，还是那句话：秦老师，你明年有空把这个课改一改录了吧，真是好课。

程朱理学与陆王心学的联系与区别

北宋初期，在复兴儒学的过程中，儒学家吸收佛道思想，发展出一种以“理”为核心的新儒学，即理学。理学肇始于北宋的周敦颐，经程颢、程颐兄弟完善，最后由南宋的朱熹集其大成，建立起完整的理学体系。两宋这些儒学家的主张，被人们称为“程朱理学”。南宋时另有一儒学家陆九渊，在“心”与“理”的关系等问题上与朱熹分歧很大，形成一门新的流派，人称“心学”。心学到明代由王阳明集其大成，因此心学也被称为“陆王心学”。程朱理学和陆王心学都属于理学这个广义范畴，两个学派有很多观点是相通的。然而，作为不同的理学流派，两派在许多方面也存在各种各样的差异。

一、程朱理学与陆王心学的联系

（1）从内容上看，程朱理学和陆王心学都强调尊崇孔孟之道，发挥孔子“仁”的学说，都是儒学思想的体现。

（2）无论是程朱理学还是陆王心学，无论是“存天理，灭人欲”还是“致良知”，其内在实质都是要求人们以“仁”的思想和“天理”为参照标准，规范个人行为，克服私欲，维护封建统治的社会秩序。

（3）二者都从外来文化（如佛教）中吸收理论为己所用：程朱理学吸收了佛教的“灭欲观”将其改造为理学观念，陆王心学则更多地吸收了佛教的修行思想。

（4）二者都是我国古代哲学思想的重大成就，对中国的传统文化产生了非常深远的影响。

二、程朱理学与陆王心学的区别

（1）对世界本原的看法不同：程朱理学认为世界的本原是外在的“理”，理学的集大成者朱熹在其著作中说：“未有天地之先，毕竟也只是理。有此理便有天地；若无此理，便亦无天地，无人无物……有此理，便有气化流行，发育万物。”他认为“理”是整个世界之本，它自身无生灭，却对万事万物的生灭运动起着主宰作用。陆王心学认为世界本原是内在的“心”。和朱熹不同，陆九渊认为有心则有理，有心则有万物。心学的集大成者王阳明认为世界的万事万物“只是人大脑的具体体现，如果没有人的思维也就不能体现其事物的存在和价值”。

（2）对认识世界本原的方式看法不同：程朱理学主张只有深刻探究万物，以外在的“天理”为行为规范，才能真正得到其中的“理”。因此要首先通过接触世间万事万物，在体会到各种知识的基础上加深对“理”的体验，最终贯通明“理”，即为“格物致知”。心学则认为人天生具有良知，“天理”就在自己心中，不需要通过世间外物或者咬文嚼字埋首经书，只要通过内心的自修自省，克服私欲，就能“致良知”“人人皆可成圣”。这是程朱理学与陆王心学的最大区别。

（3）对“知”与“行”关系认识不同：程朱理学主张“格物致知”，强调“先知后行”。陆王心学强调“知行合一”，认为“知和行看成是一个事物统一的不可分割的两个方面，知与行同时存在，且不分先后”。

三、考点模拟试题精练

1. 朱熹认为“理”在心外，提倡“格物致知”以通“天理”；王阳明强调“理”在心中，主张“致良知”以知“天理”。从这材料可以看出（　　）

A. 两者都颠覆了传统儒学的信条　　B. 两者都有利于儒家信仰的强化

C. 朱熹观点不利于理学精神的推广　　D. 王阳明否定了天理涵盖的内容

【解析】从所学知识角度可以得出，朱王二人都强调尊崇孔孟之道，发挥孔子“仁”的学说，都是儒学思想的体现，故A项错误；朱熹强调“格物”获得“天理”，王阳明强调“格心”获得“天理”，都是对汉唐以来没落的儒家信仰的强化，故B项正确；朱熹强调“格物”获得“天理”，有利于理学的推广，故C项错误；材料反映王阳明对朱熹“获得天理的路径”不赞同，而非对“天理”内容的否定，故D项错误。

答案：B

2. 儒学与艺术理念的交织是中国古代绘画史上的一大特色。明代画家唐寅认为“学画花者，以一株置深坑中，临其上而瞰之，则花之四面得矣。学画竹者，取一枝，因月夜照其影于素壁之上，则竹之真形出矣”。这体现了中国儒学发展史上的（　　）

A. 天人感应　　B. 格物致知

C. 发明本心　　D. 心外无物

【解析】根据题干中“学画花者，以一株置深坑中，临其上而瞰之，则花之四面得矣。学画竹者，取一枝，因月夜照其影于素壁之上，则竹之真形出矣”可知，唐寅认为每一株植物都有各自的特点，在总结了具体的形象特征之后，画家就能以此类推，掌握万物画法。说明其属于程朱理学的“格物致知”观念，所以B项正确。天人感应属于董氏儒学的思想观点，故A项错误；发明本心属于陆王心学的思想观点，故C项错误；心外无物也属于陆王心学的观点，故D项错误。

答案：B

3. 公元1175年，朱熹与陆九渊在江西信州鹅湖寺进行著名的哲学辩论会——鹅湖之会，朱亨道在《象山年谱》中言：“鹅湖之会，谈及教人。元晦之意，欲令人泛观博览而后归之约。二陆之意，欲先发明人之本心而后使之博览。朱以陆之教人为太简，陆以朱之教人为支离，此颇不合。”对这段话理解正确的是（　　）

①两人对先秦儒学的态度相左。②朱熹注重内在，陆九渊注重外在。③二者对教人修养方法上有极大的分歧。④两人探寻世界本源的方法不同。

A. ①②　　B. ②③　　C. ①④　　D. ③④

【解析】二人对先秦儒学的态度是一致的，朱陆同宗儒学，认同儒家伦理道德，故①错误；朱熹注重外在格物探寻天理进行修为，陆九渊注重内在治心探寻天理进行修为，故②错误。③正确，④正确，选择D项符合题意。

答案：D

4. 阅读材料，回答下列问题（21分）

材料一：朱熹见学生仍不明白，就拿起一个砚台对他说，你来看这个。只见砚台上有一个大螺壳印子。学生奇怪地问：“这样大的螺，一定是生活在海里的，怎么钻进石头里去了呢？”朱熹道：“这就是了。砚石是从山上采来的，说明这山千万年前曾经是海底。这螺儿活着的时候，钻在海底的泥土里；海底上升变成山，泥土干硬变成石头，这螺不就到石头里了吗？既然山、海那样看起来永恒的巨物，都可以互相变化，那么世界上还有什么不能变的？所以，《诗经》里说‘天命无常’。这个无常的天命感动到人的内心，就使人常处忧患，兢兢业业，小心翼翼，认真对待周围的一切，这就悟出了个‘敬’字，进入了良知‘仁’的境界。”学生感谢地说：“先生的意思，我理解了。”

——摘自朱邦华著《儒家故事》

材料二：王阳明的学生有一天问他："为什么天地之间，善难培养，恶难铲除？"王阳明正色道："天下任何事物本来就没有善恶，它之所以有善恶，全是你强加给它的。我问你，黄金是善还是恶？"学生说："黄金是好东西，当然是善的。"王阳明问："可如果它在你胃里呢？"学生摇头道："那这就是恶的了。"王阳明又问："粪便是善的还是恶的？"学生肯定地回答："那玩意儿肯定是恶的。"王阳明笑了："粪便可以让庄稼生长，在老农心中，它就是善的。"

——摘编自王阳明《传习录》

材料三：戊戌维新时期，"西学中源"说成为思想界论争的一个重要话题。众多倡导者出于不同目的演绎出各种不同的版本，把"西学中源"说推向高潮。有人以朱熹对"格致"二字的一番阐发，得出："西人格致之学，实原本于《大学》，尤无异于朱子《补传》所言也。"唐才常专门写了一篇《朱子语类已有西人格致之理条证》的论文，煞有介事地证明朱熹已经在天文学、气学、化学、电学、光学、声学等走在了西方近代科学的前面，并感叹道："就朱子而言格致，既为西学中之阿庐力士托得尔（即亚里士多德），苟精而求之，安知无贝根（培根）、达尔文其人者乎？"

——董贵成《戊戌维新时期"西学中源"说的论争》

（1）材料一体现了朱熹思想中的哪一观点（方法）？（2分）结合所学知识指出这一观点（方法）与近代西方科学思维的不同点。（4分）

（2）材料二体现了王阳明的哪一观点（方法）？（2分）结合所学知识指出它与材料一观点（方法）的异同之处。（4分）

（3）根据材料三，概括唐才常等人对朱熹思想的态度。（2分）并根据所学知识，对这一态度进行评价。（4分）

（4）结合上述材料以及所学知识，谈谈我们应该如何对待宋明理学思想？（3分）

【解析】本题以宋明理学为主题，考查学生提取信息、比较概括以及跨时代综合分析能力。第一问通过"砚台上的螺壳，想到海陆变迁，然后上升到天理（道德良知）的境界"这一信息可以得出朱熹的观点是"格物致知"，再结合西方近代科学思想的相关内容答出两者的不同点。第二问通过"天下任何事物本来就没有善恶，它之所以有善恶，全是你强加给它的"这一信息可以得出王阳明的观点"心外无理"，结合心学和理学的相关内容回答双方的异同点。第三问，通过"朱熹已经在天文学、气学、化学、电学、光学、声学等走在了西方近代科学的前面"等信息，可以得出唐才常等人对朱熹思想的态度，再结合"戊戌维新"时期的社会特点对这一思想进行评价。最后一问是开放性题目，结合材料以及对思想的一般逻辑分析方法进行解答即可。

参考答案：

（1）格物致知；不同点：朱熹格物强调“明道德之善”，而非“求科学之真”。

（2）心外无理；相同点：都强调个人的修为，最终目的都是对儒家思想（天理）的理解与遵循。不同点：朱熹强调接触世间万事万物，在体会到各种知识的基础上加深对“理”的体验；王阳明认为天理就在自己心中，不需要通过世间万物，通过内心自省便可加深对“理”的体验。

（3）态度：高度评价朱熹，认为朱熹思想影响了西方近代科学的起源与发展。

评价：这种评价认为西方学说大多起源自中国，在维新变法时期可以减少变法阻力，有利于维新变法的推行；在近代中国落后于西方的大背景下，有利于国人重拾民族自尊心，但不是对客观现实的正确理解与反映，不利于中国学习西方先进科学技术。

（4）应该实事求是评价宋明理学思想，对宋明理学思想中有利于树立个人理想与社会责任的部分应予以发扬，对不符合社会主义价值观和道德思想建设的内容要予以批判和扬弃。

试谈全国卷历史学科开放性试题的特点与应对策略

——以2016年高考试题为例

众所周知，高考中的历史学科开放性试题（即大家通常所说的“全国卷41题”，2017年高考变为42题）是对新课标理念和历史学科“核心素养”的重要考查手段，它和传统的强调记忆和套路的模式化历史考试方法不同，主要通过对某一材料的解读与认知，综合考查学生对历史学科基本技能的掌握程度，因此成为多数专家和一线教师研究的热点题型。下面就结合2016年高考试卷I卷和II卷中的两道开放性试题，谈一谈开放性试题的特点与应对策略。

一、全国卷历史学科开放性试题的总体特点

有人说，高考开放性试题的最大特点是“年年岁岁意相似，岁岁年年题不同”，从2011年的“西方崛起”题开始，每年的开放性试题从形式到主题，都有很大的变化。从2016年开始，高考全国文综卷从原来的两套试卷增加到三套试卷，而开放性试题在这一年也呈现出更多新的特点。

第一个特点：立意新颖。把2011年—2015年的开放性试题设问放在一起，我

们可以看到，虽然考查的对象和方式都不一样，但是都无一例外是要求对“所给材料”进行分析说明，也就是说，所给材料是考生立论答题的主要依据。而2016年的三道题中，丙卷（III卷）的题依然是这种套路，但乙卷（II卷）的要求已经明显变为“解读材料”然后使用“其他史实”进行论述，甲卷（I卷）则只是“结合材料”，围绕某个主题“自行拟定具体论题”。也就是说，材料本身不再是学生立论答题的主体依据，而更像是一个引子，引导学生找到更合适的答题角度和思考方向。

第二个特点：更加强调思辨（独立思考）能力。从以往的设问中我们可以发现，虽然是开放性试题，但是基本都是给定一个可以操作的答题角度，汉唐题要求是“根据历史变迁”，目录题则要求“提出修改建议”。2015年的公式题虽然答题时空变得异常宽泛，但出题人也会通过陈述性语句暗示考生一个可以操作的答题方向（题干中的“这一公式表明，科学技术有乘法效应，它能放大生产力诸要素”），因此开放性试题更多开放在“答题思路”上（题目要求中的“可以赞成、反对、补充、修改或其他”）。2016年则变得更加开放，其中I卷和II卷都是要求考生“提炼观点”或者“自拟论题”来“自圆其说”，这对学生的独立思考能力以及历史思辨能力提出了更高的要求。

第三个特点：对学生基本能力的考查加深。与以往全国I卷、II卷的41题相比，2016年的三道题都不约而同地强调了“时空观念”素养的重要性，其中乙卷和丙卷是显性时空定位（地图），甲卷则是隐性时空定位与答题时空判断（世界史上的制度构想与实践）并重。

从这三个特点来看，2016年的历史开放性试题呈现出与以往完全不同的命题思维倾向，对学生的要求上了一个新的台阶，而我们也可以发现，新台阶并不是空中楼阁，是建立在近年来强调最多的“历史学科五大核心素养”之上的，是对核心素养的考查与呈现。

二、2016年全国I卷、II卷41题试题与学生试答分析

在开放性试题大变脸的状态下，学生们的答题表现又是什么样的呢？根据重庆市余朝元教研员统计，使用全国II卷的重庆市，41题的难度为0.34。从数据上来看，似乎是明显准备不足。开放性试题的解题要求大概可以分为四个方面：突出知识立意、能力立意、素养立意；解题思维上倡导逻辑分层，角度多元；答题原则上坚持论从史出，史论结合；语言表达上强调逻辑严密，文字通顺。但在考场上，真正做到这些要求的考生还是较少的。我所在的学校在2017年秋季学期开始时，在高三年级进行过若干次高考模拟测试，使用的就是近三年全国高考I卷和II卷的原题。我从应届班和复习班中抽取了一部分试卷，对学生的答题情况和存在的问题进行了归纳和统计，虽然这一数据不太可能反映参加高考的考生的整体问

题情况，但由于大部分的学生思考方向和角度多少还是趋同的，所以对于我们探究开放性试题的解题对策还是有一定的指导意义的。

1. 2016年全国Ⅱ卷的试题与学生试答分析

2016年高考全国文综Ⅱ卷历史学科41题题目如下：

材料：

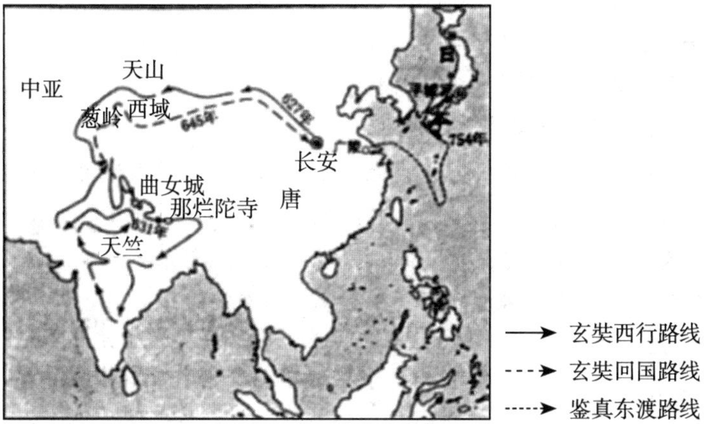

图1　玄奘西行与鉴真东渡路线示意图

玄奘（602—664），为寻求准确的佛经文本，西行“求法”，历经艰辛，十余年中，行程数万里，游历百余国。回国后，译出佛经1 300多卷，精炼而准确。由他口授而成的《大唐西域记》一书，是研究中外文化交流的重要典籍。

鉴真（688—763），深明佛学，50余岁时，受日本邀请，发愿东渡。他排除千难万险，历时12年，经6次努力，最终到达日本。鉴真东渡，对日本的佛学、建筑、雕塑、医药、艺术乃至日常生活，都产生了很大的影响。

——据袁行霈等主编《中华文明史》等

解读材料，提炼出一个观点，并结合中国古代史的其他相关史实，加以论述。（要求：写出观点，观点合理、明确，史论结合）

这一试题首先要求学生能够把“鉴真”和“玄奘”两个孤立的“人”进行“概括归纳”，即“中国人”，同样，所做的事情也要进行归纳，即“文化交流”，这样结合“文明史观”就可以得出论题，注意到“其他史实”就可以使用其他的中国史中文明交往的史实进行论述。从本校学生这道题答题情况来看，存在以下问题：

（1）学生所提观点不符合材料主旨。如答出“宗教交流有利于国家交流”“中国与西方国家友好往来”“唐朝文化事业异常发达”“中外文化相互影响”等等。

（2）审题不清，使用材料失实。如答出“鉴真东渡对日本文化的影响”“玄奘西游对中国文化的影响”。

（3）阐述混乱，发明历史。如答出“玄奘西游打通与西方的交往通道”“玄奘西游是宣扬国威的政治行为”，甚至出现了“没有鉴真就没有现在的日本”的答案。

（4）生搬硬套“模版”，文不对题，按照观点题型的模式答题，如我认为材料这一观点是对的（可是并没有提出任何观点）等等。

2. 2016年全国I卷的试题与学生试答分析

2016年高考全国文综I卷历史学科41题题目如下：

阅读材料，完成下列要求。

材料：人民订立契约建立国家，他们是国家的主人，人民主权不可转让，也不可代表。议员不能是人民的代表，只能充当人民的“办事员”。英国人“只有在选举国会议员的期间，才是自由的；议员一旦选出之后，他们就是奴隶，他们就等于零了”。人民主权不可分割，否则主权者将被“弄成是一个支离破碎拼凑起来的怪物”。

——据卢梭《社会契约论》

结合材料与所学世界史的相关知识，围绕“制度构想与实践”自行拟定一个具体的论题，并就所拟论题进行简要阐述。（要求：明确写出所拟论题，阐述须有史实依据）

相比全国II卷，全国I卷的试题要求就更高一些，要求学生首先要能读懂这段材料的含义并自我“提问”，卢梭是不是在批评代议制无法体现人民民主主权？他对英国代议制的批评是否符合历史事实，是否符合历史进程？人民主权是不是不可代表的？直接民权和间接民权哪一个更民主？卢梭的观点可不可以真正实现？在问题中运用世界史的相关知识提出论题并进行解答。从本校学生这道题的答题情况来看，存在以下问题：

（1）学生未能正确理解题意，表述简单。如草拟的论题为“社会理论与实践的关系”“卢梭与法国大革命”“卢梭与英国君主立宪制”“卢梭与社会契约论”等等。

（2）考生论题与论据内容相隔万里。如有的考生的论题为“人民主权不可转让”，而后面写的则是西方人文主义精神的起源和发展的过程。

（3）学生论题论据角度片面，无论从逻辑还是史实角度都难以令人信服。如有的考生论题为“制度构想与实践的差距”，资本主义的制度构想是非常完美的，但是实践却是完完全全的失败。这一观点无论从“制度构想”还是“实践”角度都不符合唯物史观引领下历史思维的客观要求。

（4）考生大量使用中国历史事实进行论述。如用太平天国运动的“天朝田亩制度”实践和中国处理港澳台问题的“一国两制”进行论证。（不过这一点我认为值得商榷，因为这道题的边界界定似乎较为模糊，因此在2017年的全国I卷文科综合历史部分42题中，开放性试题着重强调了把中国历史与世界历史相结合的历史思维要求，应该也是对2016年这一题在思维和限定语上的修正。）

三、全国卷历史学科开放性试题的应对策略

根据开放性试题的特点以及学生试答过程中存在的这些问题，我认为在近年的高考全国卷的复习过程中，开放性试题的应对策略有如下几点：

1. 注重基础知识、阶段特征、时空观念的活学活用，目标定位快、准、狠

高考试题愈发重视基础史实、阶段特征与时空定位，因此在复习中就要渗透进“定位”的意识。在定位这一块，我认为在这几年的历史教学中，我们很多人都在强调以逻辑推导、逻辑演绎去推出答案，推出思路，忽视了高考试题是基于高中历史教学基础之上的限时考试这一特点。因此，在解题的时候，先要做到根据史实进行时空定位、考点定位、史实范围定位，这样才会做到不偏题，不过分推导，目标明确，答题思路明确。

2. 注重思维与逻辑的发散性练习，收发自如，张弛有度

针对开放性试题“开放”的特点，我们可以进行如下应对：第一，需要我们对教材知识进行整合，教会学生从多个角度梳理知识线索。在这一点上，我推荐西安刘建荣老师工作室的整合方式，从文明、国别、阶段、章节、考点等多个角度整合知识，归纳线索。第二，我们无法代替学生考试，因此要激活学生在学习中的主体地位，在开放性试题强调思辨的理念下，对历史事件、史实、阶段等方面需要我们尽量激发出学生的创造力。在这一点上，我推荐深圳吴磊老师的高三复习模式，通过一系列鲜活有趣的复习课堂（比如用四格漫画说明一个历史事件，历史阶段；课堂上使用大屏幕投影某历史名词，下面的学生对这一名词进行提示，让背对屏幕的学生猜出写的是哪一个知识点），让学生成为复习的主体，不再惧怕思辨性强的开放性试题。第三，高考真题是复习的最佳指路人，因此，对高考真题进行一定程度的变式训练也是训练思维发散与整合的手段之一。

3. 进一步强化答题规范化与基本解题思路规范化指导

针对41题，我们要指导学生明确解题要领，大致可以概括为12个字：细斟酌，定论点，想史实，下结论。具体思路也可归纳为三步，提炼观点，要具体、明确，不能含糊其辞，特别注意题目要求来判断自己的观点提炼（论题选择）；论证方面要做到论证充分，史实准确，逻辑合理，尽量从多角度分析思考问题，层次清晰；最后总结，进行升华和补充。但也要注意指导学生认识到不能使用机械和教条的记忆方法，引导学生灵活运用，不能生搬硬套。

刘承委专集

刘承委，1987年出生于山东省肥城市。2011年7月毕业于东北师范大学国际政治系，同时入职重庆市黔江中学担任政治教师。教育上，坚持生本教育，善于倾听并与学生平等交流，努力形成自己的教学风格和管理特色；教学上，注重学生思维训练和能力培养，注重培养学生的核心素养，所教学生成绩一直名列同等班级前列，在市区级教学竞赛中取得一、二等奖若干。其致力于教学研究，积极撰写研究论文，到目前为止在全国公开刊物发表论文5篇，其中中文核心期刊2篇。担任两个市级课题主研，其中《渝东南民族地区教育环境对普通高中课程改革的影响及对策研究》为重庆市高中促进计划重点课题。“惟日孜孜，无敢逸豫”，本人定会努力朝着学者型教师的目标前进。

座右铭：见贤思齐焉，见不贤而内自省也。

三言：政治教师的责任与担当

《论语·里仁》有言："君子欲讷于言而敏于行。"意思是告诫人们要少说话多做事，以免祸从口出。但作为一名思想政治教师，我有着特殊的责任与担当。为此，思想政治教师既要行，也要言，要做到"三言"：敢于言、敏于言、巧于言，充分发挥政治教师语言的魅力，建立起政治课堂的话语权，达到政治课堂应有的社会功能和个体教化功能。

一、政治教师要"敢于言"

所谓"敢于言"，是指政治教师要敢于举旗亮剑，立场坚定、态度鲜明地进行意识形态教育。意识形态工作解决的是举什么旗、走什么路、朝着什么目标前进这些根本问题，对这些问题的认识必须方向一致，高度统一。舆论氛围好不好，关键在引导。由于种种原因，很多政治教师在宣扬主旋律、社会主义核心价值观等内容时遮遮掩掩，羞羞答答，更有甚者直接站在了社会主义的对立面，在课堂上大发牢骚。也许这是出自无心之口，但你是否想过，高中阶段是中学生形成世界观、人生观、价值观的关键时期，我们的牢骚、怨气会对他们形成怎样的负面影响呢?

有的教师觉得在课堂上宣扬主旋律很官方，有点不自在，会让学生感觉有点假。可是多次的经验告诉我，在课堂上举旗亮剑，立场坚定、态度鲜明地宣扬主流价值观获得的绝不是学生的不屑与鄙夷，而是佩服和认同。"只有中国共产党才能救中国，才能发展中国是历史证明的，这也是由她的先锋队性质和全心全意为人民服务的宗旨决定的。对于中国共产党，我们需要赋予时间，给予包容，需要我们有所作为。我也是一名党员，我接受你们的监督，需要你们的包容，更期待你们的认同。"课堂在静了几秒后，响起了热烈的掌声。在这掌声中我读到了学生对我所表达观点的认同，更体会到政治教师敢于言所获得的别样精彩。

二、政治教师要"敏于言"

"敏"，灵活、迅速。"敏于言"是指教师依据一个"理"字，逻辑清晰、幽默机智地处理问题、分析观点、掌控课堂。

政治是一门讲理的科学。一个概念的论述、一个观点的表达都必须有理有据、富于逻辑。现在的很多政治教师对于叙述性很强的教材文本感到很头疼，因为很难根据一个中心找出其“原因、特点、地位、意义”等模式化的词汇划分文本。但是政治教材文本的编排都是根据一个“理”字按照一定的逻辑编排的，政治教师需要用敏锐的语言把文本的逻辑转化为语言上的逻辑，帮助学生去体会这个“理”。比如在《文化生活》第八课第一框中有“发展人民大众喜闻乐见的文化”这一目。此目就很难根据一个中心做出其原因、意义、措施之类的划分，即使划分了，也打破了文本的整体架构，事与愿违。细读本目，你会发现本目围绕“我们所倡导的大众文化”这个“理”展开，逻辑性很强。所以在讲本目时，我让学生阅读找出文本的逻辑，引导学生归纳出：“目前人们的文化需求呈现出‘三多’（多方面、多层次、多样化）的特点，所以我们要提供‘二多’（多种类型、多种风格）的文化产品。但是不管什么样的文化，形式上都必须是人民群众喜闻乐见的，内容上都必须是健康有益的，这就是我们所倡导的大众文化。”然后以春晚节目重口难调为例体会上述论证与结论，学生很自然地理解了此种观点，而不是生硬地去记忆“原因、特点、意义、措施”等方面。

课堂只有预设，没有彩排。课堂难免会出现一些突发状况，语言的幽默机智可以化“险”为“夷”，使课堂尽显灵动的魅力，异彩纷呈。比如我在对《在文化生活中选择》这一框作结时，再次提出了导入中的算命现象，问学生面对算命先生该怎么办。根据预设，我想要的答案是“不去相信”“拆穿它”诸如此类，以给本堂课画下圆满的句号。可是有一位学生却说“该算，宁可信其有，不可信其无”。学生都笑了，笑的意思有两层，一是认为该学生太固执了，不懂教师的意图；二是带有看热闹的心态，看看老师究竟怎么处理。当时对于这种观点，我没有预设到，有点懵。随后我朝这位学生微微一笑，缓了缓节奏，说：“这个想法很奇特，打了老师一个措手不及。”（学生笑）环视四周，我接着说：“我们每个人都会根据自身经验、自我认知做出自己的判断，很明显，该同学‘不走寻常路’，根据心里所想说出了很多学生想说但不敢说的话，勇气可嘉，值得佩服。可是我们不能只有初生牛犊不怕虎的精神，还要反思，而反思的前提就是知识，扎实的专业知识是批判或者做出选择的必要前提。对于算命这一现象，需要这节课学到的有关落后文化的知识，你掌握了吗？知识与批判如同车之两轮，机之两翼，缺一不可。没有知识为前提的批判，那叫固执。我们首先要做聆听者，再做反思者，最后才做批判者，最好还要做个建设者。”这样既通过认同照顾了学生的尊严，又委婉地表达了不能只是根据经验做出判断，扎实的知识储备是有必要的。

三、政治教师要“巧于言”

《论语·学而》有言：“巧言令色，鲜矣仁。”意为花言巧语，装出和颜悦色的样子，这种人的仁心就很少了。而政治教师要“巧于言”。这里说的“巧于言”绝不是花言巧语的意思，而是要讲究说话的技巧和方式，做到上下联动、四方协同与有取有舍、借力打力。

巧于言，巧在上下联动，四方协同。即政治教师要借助各种教学资源的联动力量。语言单方面的效力毕竟是有限的，所以语言发挥效力还要借助语言的各种联动力量。教师可以利用的联动力量有多媒体、教师的肢体语言，以及我们现在所提倡的微课。多媒体生动形象，内容量大，能够弥补语言画面感不强、翔实程度不足的缺陷。教师的肢体语言既可以带动学生情绪，又能更生动、更直观地传达教师所要传达的信息。对于微课这种授课方式，似有“山雨欲来风满楼”的态势，一时间大有取代传统课堂授课方式的态势。微课的推行要稳中求进，不可贪多求快，不过目前把它作为我们语言的联动力量倒是不错的选择。微课，直接、具体，具有视频动态生动的特点，并且可以重复使用。有一次我在讲辩证否定观的时候，将辩证否定观的原理生活化后编辑到《鹰的重生》这个视频中，将其作为导入，语言的生动、事例的典型、画面的冲击力既激发了学生求知的热情，又将知识化繁为简，学生在观看中领会到辩证否定观的实质。

巧于言，巧在有取有舍，借力打力。即政治教师要把部分话语权转交给学生。教师工作的对象是学生，我们的意识形态教育要让学生听进去、愿意听。意识形态教育如果搞“一言堂”，课堂成为教师的独角戏，那么就会引发学生的排斥情绪，加剧认同障碍。所以政治课堂要有取有舍，在亮剑处亮剑，在息声处息声，要借力打力，借学生之力达成政治课堂对学生之效。比如在讲《文化生活》中社会主义核心价值观的内容时，我先义正言辞地说：“社会主义核心价值观是社会主义核心价值体系的内核，是社会主义核心价值体系的高度凝练和集中表达。在培育和践行社会主义核心价值观的过程中，国家、社会、公民都要有所作为，我们要将其内化于心，外化于行。”敢于言的部分没有舍弃，然后抛出一个问题，问：“14亿的中国人存在认知不同、选择各异的特点，倡导社会主义核心价值观与此相矛盾吗？”学生随后展开讨论，选取中心发言人。在之后的学生观点分享中，诸如“凝聚共识、引领风尚”“人心齐，泰山移”“人要有点信仰”“火车跑得快，全靠车头带”等准确而又生动地表达了核心价值观意义的语言层出不穷，教师就无须赘言了。看似教师舍弃了语言上的教化，惜字如金，实则是借力打力，四两拨千斤，借学生之口达成对学生的教化。大音希声，智者寡言，有时候沉默、话语的转让也许会起到更好的教化功能。

注：本文发表于《中学政治教学参考》上旬刊2015年第8期

让知识的讲解充满“烟火气”

——听李英瑜《田纳西河流域》一课有感

一提到常规课，我们的感受就是呆板，强调知识的传授、记忆，整齐划一，教师讲、学生记，课下巩固练习等，这对知识的讲解严重缺乏生活气息，与新课改的生活化要求相差甚远。可李英瑜老师的这堂课，却处处充满着烟火气，做到了常规下的不常规。“烟火气”主要体现在以下两个方面：

第一，以通俗易懂的方式去阐述地理知识和思考逻辑。李老师善于引导学生从多角度去分析问题，更难能可贵的是用朴实的语言、有趣的分析把这些冰冷的角度赋予了生活的温度。如在解释含沙量大为什么不适合航运时，学生较难理解，李老师用生活中河流杂物多或者奶茶的事例解释含沙量大水的浮力大，用学生生活中常见但又缺乏深度思考的事例来解释地理现象，深入浅出，既提高了学生的学习兴趣，又加深了学生的理解。再如在分析我国西南三省一市为什么水能资源开发率非常低的原因时，引导学生从有没有、能不能、要不要去替换成自然资源、市场、生态等，这样把知识逻辑转化为生活逻辑，语言朴实，学生理解和记忆就更加容易了。尼采评价叔本华的表达是“懂得如何以朴素表达深刻，以不带花哨的语言，传达震撼人心的东西，讲述严格科学的事情而不会学究气”。李老师的语言表达、知识讲解确实没有学究气，充满烟火气，着实生动。

第二，对知识的要求不仅要知其然还要知其所以然。这个问题我们经常说，可是学生一问都会背，但是做题时迁移不过去，原因为何？其中一个原因就是学生对知识的感悟不全面，这种感悟包括知识背景、整体意味和侧重方向。就像一个人只知道长什么样子，不知姓甚名谁，家住何方，自然就很难在茫茫人海中找到他。李老师这堂课对每个知识的讲解都要让学生知道原因，并通过通俗化的分析帮助学生厘清原因与结果的逻辑因果关系，真正做到了知识讲解的全面性，原因、过程、结果，环环相扣，妙趣横生。这对我政治授课有很大的启示。在做政治题时，很多学生对一些概念的理解太过表面化，如“博采众长”这一词，很多学生读到了将中华文化推出去，马上就选这一词，所以学生只体会到“对外”，没有体会到“长”。还有，学生还有一个通病，就是对一个政治原理不会根据材料解释，生搬硬套，也说明学生根本没有全面理解知识的内涵。所以对政治概念、原理的讲解一定要将其知识背景、整体意味、情感导向、特定用法等讲述全面，并一定要充满烟火气，这样学生才能真正理解知识，并真正学会运用。

课堂要有“烟火气”，其实就是课堂上选择学生易理解的案例，通过全面生动的叙述或创设生活化的情境让学生感悟知识的内涵，学会灵活运用。李老师这堂课做的确实很好，如果自习再配合有效的学法指导，加强核心概念和原理的记忆、理解，学生素养会不会再次提高呢？

读《反思之困与教师元反思》有感

本周我在阅读了陈志川这位名师的一篇文章《反思之困与教师元反思》后，有了些许想法。

一、教师反思之困

（1）将教师反思等价于实践经验的纯粹积累。实践经验的累积是反思的一部分，但不是反思本身。教师反思不是平铺直叙的积累和材料信息的占有，而是新旧材料的互动与主体的觉醒。

（2）教师反思过分关注实践细节与操作技艺。由于教师职业的特殊性（塑造生命的道德性事业）和持续推进的教师专业化，使得实践细节和操作技艺成为其应有之义。教师反思以回答“如何教学”，而“如何教学”又被细化为操作性的程序，最终难免滑向以行为主义方法为主的教学形式。

（3）教师反思的维度过于单一。教师反思被简化为教师的自我批评，没有鼓励教师正视教育问题的复杂性，而将教育问题简化为个人道德水准的高低问题。应将教师反思放在更宽阔的职业体系、社会背景与人类文化境域中。

二、教师元反思的必要性及途径

（1）教师元反思的必要性。元反思是在“反思之后”的思维活动，或者说是“超越反思”的思维活动，即对反思之反思。以往的反思容易蜕化为形式主义的操作，只关注技艺的科学化改进。教师反思不仅是解决问题的方法，其本身也是问题之一。作为问题的反思与作为方法的反思具有同等重要的意义。所以，对教师反思进行反思，即提倡一种元反思的意识和行动，使得反思本身成为待检验的对象，对教师而言是至关重要的。

（2）教师元反思的途径。教师元反思可以从以下三个层面展开：对教师反思的方法进行再思，对现行反思的形式是否合理、唯一、必要等问题做出澄清；对教师反思的内容进行再思，审视自己在反思中是否有遗漏、是否太过偏执、是否视角狭隘；对教师反思的结果进行再思，努力营建教师反思的整体性、跃迁性和道德性。

三、心得

（1）对元反思的内涵有了一定的理解。元反思与我们平常所说的反思主要区别在针对的对象。我们以往的反思是针对我们的教学内容、教学行为的疑难或困惑，而元反思针对的是反思本身，把反思作为了一个单独的研究对象。对元反思的研究有方法论研究的功效，方法论只是告诉我们如何去突破困境，而方法论研究是在考虑方法论本身是否科学，是否有改进的地方。我们平常的反思不能仅仅停留在用反思去提升教学技巧和能力上，要把反思本身作为一个研究对象，对反思本身的内容、方法、结果多总结、多研究，多甄别，从而选用一个更科学的反思工具去反思我们的教学行为和教学认知，不要首先在工具上就犯了错误，以一个不科学的方法论去指导行为，其行为的科学性就更值得推敲了。

（2）本人的教学反思喜忧参半。作者提出了教师反思的三个困境，阅读时我对号入座，看看自己有没有这种困惑。对比发现，困境的一二方面都有不同程度的体现，即将教学反思等同于实践经验的纯粹积累，等同于教学素材的积累，忽略了经验、素材的再验证和升华以及对认知冲突的深度思考。另外受到既有经验和社会、学校的有形无形的规范，使得自己过多关注于如何教和优化教学方法等等，对“为什么这样教，为什么这样优化”缺乏深度思考。可喜的是，我的反思没有陷入作者所提的第三种困境之中，即把反思仅作为教师的自我反思。我想这与自己的政治教师身份有关，政治关注的本身就是社会，所以在反思的过程中会有一个大的视角，思考的维度会更广一些。

（3）教师要有“大情怀”。这里的“大情怀”主要有两层含义。一是虽然学校、社会给我们更多专业化的要求，但是教师不要仅把自己当成教书匠，不能仅关注提高教学能力、教学技巧，还要有把学生培养成“人之为人”的情怀。二是教师要有“会当凌绝顶”的视角，对于一个问题既要有参与者的热情，更要有旁观者的冷静，能够以一个更高的视角去做“元”思考。比如，对教育本身，我们不能只练就一身教书的技巧，这只是持之以技。我们更多地还是要对教育本身进行思考，对教育的本质、教育的目的、教育的时代价值等问题进行人文思考，这才能持之以智。

（4）本文观点鲜明，视角独特，具有一定的情怀。但是我觉得该文在观点的论证上存在一定的问题。比如在解释元反思的内涵时，作者用了大量的西方教育家的观点去辅证自己的观点，但是辅证的观点直接引用太多，没有进行有针对性的解释和过渡，自己的观点论证不足，解释模糊，给人拾人牙慧的感觉。所以写文章或表达观点一定要有自己的一套话语体系和逻辑，要做到以我为主，为我所用，不能照本宣科。

导师点评：我们接触的书、文章太多，不可能都看，这就需要我们做出鉴别，有的可以不看（看一下题目即可），有的可以粗看，有的可以细看，有的要精看。我们这学期要求每周精读一篇文章并写出读后感，当然我选给学员的文章不一定都是精品，但肯定是有可取之处，与我们的职业相适应，对我们有帮助的。第一次选的我基本都读过，第二次没有时间读。所谓“精读”，不仅要领会，更重要的是要批判性地内化为自己的东西，为我所用。从承委老师这篇读后感可以看出，他是将其内化为自己的东西了，能够指出这篇文章的优缺点和问题。这就是批判性思维的具体表现，也是做知识的主人，不要成为知识的奴隶。

由一堂公开课引发的关于批判性思维的思考

按照学校要求，我要上一堂公开课，于是选定高二（16）班，内容为文化生活第四单元第八课第二框《在文化生活中选择》。本节课的设计思路如下：以教师右眼皮跳，是不是要算命导入，让学生列举日常文化生活中不好的现象，然后通过问题的层层递进，让学生自己辨别落后文化与腐朽文化。通过讨论，解决社会主义国家仍然存在落后文化与腐朽文化的原因。通过活动设计，让学生体会中国特色社会主义文化的特点、作用与地位；让学生猜想本人面对算命先生的做法作为本课的结束。在本堂课，除了完成基本的教学目标外，我还想锻炼一下学生的批判思维。所以纵观整堂课，都可见批判性思维的存在。

导入要求教师现身说法，带动学生思考日常文化生活中类似的例子。该部分学生发言积极，思维活跃。讲授的第一部分是让学生对上述所举的例子进行分类，教师的意图是让学生从抽象意义上去体会落后文化与腐朽文化的不同。这一部分虽然课本上给出了落后文化和腐朽文化的形式和危害，但是这样记忆太机械了。这一部分也许学生还没适应教师上这堂课的风格，在发言的踊跃程度方面明显不如之前。即使发言，大多也是课本上的话语，直接照搬。第二部分讨论原因的环节，教师特意说了一句“原因很多，不必完全拘泥于课本”。所以在发言的环节我听到了“经济决定文化，经济还不够发达，文化就相对滞后”“传统文化具有相对稳定性”“文化具有相对独立性”“公民的文化素质相对偏低”等不是课本上的语言，这些回答主要来自之前的知识和自身经验两个方面。可见学生完全可以根据自己的先前知识和自身经验对某个问题做出自己的判断和选择，他们不是没有批判思维，只是这种思维被以前的教学方式所禁锢了。在第三部分的活动环节，活动的开展本身就具有建设性，通过活动让学生自我构建起明确的文化选择，从而审视反思自身的行为。同时，在本环节我一改之前都是教师对学生发言的评价，让学生去评价学生的发言。评估是最高层次的批判。该环节，学生对突如其来的改变显得无所适从，在对学生回答的评价上明显不到位，或者评价只是局限于好或坏，对于为什么是好或坏没有明确的解释。结束环节，针对导入中教师面对算命先生该如何做让学生设身处地去想一下，这个时候学生的思维被激活了，很多学生说不该算，因为那是落后文化。但是有个学生的回答却让我不知如何处理。他说“虽然知道是骗人的，但是不如试一试，万一有用呢”。最后一个环节的目的就是让学生通过本节课的学习，做出正确的文化选择，而该学生的发言明显不在本人的预设范围之内。通过本节课，本人针对批判性思维有些许想法。

1. 批判性思维不仅仅是批判、怀疑，它是一种综合的思维能力

批判性思维如果仅从字面意思来理解，把它理解为怀疑、证实，那就不“批判”了。批判性思维是一种综合的思维能力，它是在质疑、分析和评价的基础上，清晰、准确、有深度，并有一定逻辑性地得出自己的观点或做出自身的行为。所以在课堂上，我让学生调动原有知识和既有经验来表达自身观点和态度。另外，评价对方回答好坏的环节的设计就是要让学生从多角度分析对方观点或活动设计，从而提出针对性的问题和建设性的建议，这就需要学生具有质疑的态度和清晰、富有逻辑地表达自身观点等能力。所以，教师要把批判思维作为综合、系统思维来看待。

2. 学生本身的批判性思维被我们固有的教学模式禁锢了

学生尤其是95后的学生（现在应该是00后了），他们本身就具有一种挑战权威、不服输的群体特质。可是我们平常的教学方式单一，单纯的知识传授，一切以分数和升学为目的，缺乏平等交流，这就禁锢了学生的批判性思维。这就是为什么我们一直被外国教育所诟病、钱学森之问的症结所在。要想改变，就要辩证地看待原有的教学模式，有所突破。

3. 要将批判性思维纳入到日常的教学目标之中

平时我们的教学中也许会渗透一些批判性思维的方法，但是明显不够，还没有把它纳入到教学目标之中。现在的高考多以能力立意，有些试题还特意让学生从不同的角度叙述，只要言之成理即可。我们平时总是抱怨学生创新不足，或者说遇到新题学生不会变通。我们总是在给学生现成的东西，他们也习惯了直接“拿来”课本知识，学生如有违逆，则视为大逆不道。这样，我们还要奢求学生具有批判性思维吗？还奢望他们会创新吗？所以教师要切实将批判性思维的培养纳入到真正的教学目标之中，才符合新课改理念，才能适应现在的高考。

4. 教师要掌握教给学生批判性思维的技巧、程序和方法

纵观整堂课，会发现学生在针对自身经验回答问题的时候都比较活跃，能够根据自身的体验和具体环境具体思考。这本身就是批判性思维的表现。而反观自身，我在对学生批判性思维的培养上，能力和意识明显不足。比如上文提到的一个学生在最后仍坚持要算命，我只是说了一句“这是你自己所做的决定”，便无下文。如果当时我说：“这是这位学生根据教师右眼皮总是跳的具体环境做出的具体决策，虽然在文化选择上态度不对，但是这种针对具体环境具体思考的思维本身就是批判性思维的表现。我们平时觉得很离谱的事情，背后都有它具体的原因，我们要针对具体环境做出具体思考和深入思考，不要笼统定性。”这样就更合理了。所以教师要掌握一些批判性思维的方法和程序，诸如指导学生发现和质问基础假设，检查事实的准确性和逻辑的一致性，说明背景和具体情况的重要性，用想象和开创替代选择，这样才能真正帮助学生养成深思熟虑的习惯，尤其是理智的怀疑和反思态度。

5. 批判性思维进政治课堂不能去政治化

思想政治教育一个主要的功能就是意识形态的教育，要让学生认同中国共产党的领导，认同社会主义，认同社会主义核心价值观。对于以上这些是不能随意进行毫无根据的批判的，如果这样，那么指导思想就会呈现多元化，不利于统一思想，这就是所谓的“愤青”。所以政治课堂是宣传意识形态的主阵地，但是对于具体知识、既成问题可以大胆批判，从而更新观念，推陈出新。

也谈“主旋律”

在政治教材《文化生活》第八课有“奏响主旋律”一词，那么何为主旋律，怎样奏响主旋律，课本并没有明确指出。我在这一周里阅读了《求是》理论版中多篇关于社会主义核心价值观、意识形态的文章。在此我想结合政治课堂和“主旋律”谈谈自己的看法。

一、政治课堂要占领精神制高点，大谈主旋律

什么是一个民族的精神制高点？当然是这个民族焕发的具有美学意义和传承价值的精神风貌，而这些具有美学意义和传承价值的精神风貌要靠文学艺术作品。主旋律文化是中国特色社会主义文化，这些文化既批判继承了中国传统文化的精髓，又融入了改革创新的时代精神，当然也包括“红色文化”。可是在当

下，电影要分主旋律电影和商业片，主旋律电影投资商都不愿投资，票房也很惨淡。人们好像对“红色文化”存在天然的屏蔽反应，所以现在很多抗战电影偶像化，随意添加恋爱情结，故事叙事上简单化、弱智化，这些都是对“红色文化”，或者说是对主旋律的一种不自觉和不自信。政治课堂上教师要吸收文学艺术作品的教训，要发挥“红色文化”的美学功能，在不媚俗的情况下倡导学生喜闻乐见的主旋律文化。政治教师要敢于举旗亮剑，立场坚定、态度鲜明地提倡和发展主旋律文化。

二、承担起做好政治教师的责任担当，站稳课堂主阵地

习近平总书记指出：“意识形态工作是党的一项极端重要的工作。”“历史和现实反复证明，能否做好意识形态工作，事关党的前途命运，事关国家长治久安，事关民族凝聚力和向心力。”伟大事业、伟大斗争需要伟大旗帜的引领。在思想文化交流交融交锋、不同制度模式和价值观博弈日益激烈的时代背景下，首先要做好意识形态工作，在举什么旗、走什么路、朝着什么目标前进的根本问题上不出偏差，更不能犯颠覆性错误。思想一乱，道路、理论、制度都会相应发生变化，后果不堪设想。当代学生在民主意识、主体意识增强以及社会多种社会思潮的影响下，在信仰或者思想层面的选择上就更加困难或易变。所以作为一名政治教师，我要站稳课堂的主阵地，传授基本的知识、理论，同时还要借它弘扬主旋律，宣传马克思主义，传播正能量。政治课堂“去政治化”和“泛生活化”是要不得的。

三、提升教师的上课艺术，掌握课堂话语权

话语体系承载着特定思想价值观念，是国家文化软实力的重要组成部分，是一个国家在国际舞台上确立话语权的前提和基础。当今时代，谁的话语体系更具道义感召力和思想穿透力，谁的话语和叙事更能打动人，谁就拥有国际话语权，谁就在国际竞争中赢得优势。话语体系要有中国特色、中国风格、中国气派。同样政治教师也要形成自己上课的艺术，有自己的特色，并要牢牢掌握住课堂的话语权，这种话语权的建立与政治教学任务和当下社会思想多元等相关。政治教师要加强自身修为，以身示范；要根据学生实际、教学内容发声，传达出学生乐于接受、弘扬主旋律的政治话语，掌握课堂的话语权，发挥出政治课堂应该具有的价值。

评《世界的物质性》

2014年12月2日上午，我在高三（28）班听了秦密林老师的一堂政治课——《世界的物质性》。本堂课是一轮复习课，学生有一定的政治基础。

谈一下我对上好一堂政治复习课的理解。一轮复习课，面对的学生是对课本知识及体系有所了解的个体。所以除了常规的三维目标的达成、联系时政、核心概念与原理讲解的精练透彻、教学策略灵活、贯彻新课改理念等，还有两点是比较特别的。一是破疑，对核心概念、原理、知识体系等方面的误区，教师要讲述清楚。二是立新，要温故知新，在完成预设的复习知识、方法的同时有生成性知识、方法。

以以上标准看，这节课有喜有忧。

一、喜，即优点如下

（1）教学目标设计合理。本课的教学目标为“辨析实例，说明世界是物质的，物质是运动的，运动是有规律的，阐述坚持从实际出发，‘实事求是’的意义”。对于本框，肯定就是说明世界是物质的。这一点秦老师详细解释了，并重点解释了物质的概念。

（2）对教材能灵活处理。本节课的教材编写是先证明自然界是物质的，并在此目列出了物质的概念，进而论述人类社会是物质的，人的思维是社会的产物，从而总结出世界是物质的世界。但秦老师对教材重新编排，先讲述了物质的含义，在论证世界是物质的，最后总结归纳原理。这种编排不拘泥教材，更适合学生的思维认知。

（3）知识点全面而详细，板书设计合理，对知识的讲解透彻而有层次，对学生的易错点着重指出并解释。语言铿锵有力，不怒自威。

二、值得商榷的地方如下

（1）对物质与物质的具体形态关系解释欠妥。在讲“客观实在性”的时候，秦老师说物质与意识相对，是“自然界、人类社会中万事万物……总和”。省略的部分在黑板上没看清，但将物质作为万事万物的总和是不对的。恩格斯在《自然辩证法》一书中说“物、物质无非是各种物的总和，而这个概念就是从这一总和中抽象出来的”。恩格斯强调的不是“总和”，而是“抽象”。所以，正如秦老师所说，物质与物质的具体形态是共性与个性的关系。如果定为总和，则是整体和部分的关系。还有一处，将“客观实在性”定性为“抽象概括出来的共同属性”有待商榷。不如把“共同”改为“本质”，“本质属性”即为“特性”。否则在讲运动是物质固有的根本属性时，学生对“特性”“属性”就会产生疑问，造成无谓的麻烦。这两处都是比较重要的。

（2）对学生学法指导不够。整堂课是秦老师一人在讲，偶尔有一对一提问，知识全面而有层次，但是有包办一切之嫌。学生的主体性、自主性没有得到发挥。这一点可以从学生的某些表现看出，比如学生不拿笔或呈现出懈怠的形体语言。学生也许有这种感觉，反正秦老师每一点都讲得很详细，我只要照着记就可以了，学生的思维惰性就出来了。所以要加强学法指导，或让学生自己去体会，或通过个别活动进行思想的碰撞与交流，或告诉学生学法，让其在后面的学习运用并体会，形成生成性的知识或思维。

（3）本堂课在教学技巧上要改善，主要是根据知识的难易、学生的层次合理分配时间和实施教学策略。我建议不如将板书的三个层次分为理解、识记、运用。物质概念是本课的难点，定位为理解，教师重点讲述。第二个层次世界的物质性难度不大，又为复习课，定位为识记，教师板书出大体结构，学生直接记忆。第三个层次总结出原理，原理贵在运用，总结后利用多媒体展示一道主观题，让学生进行运用。这样，不仅教师可以教得轻松，学生学得轻松，提高了课堂效率，还可以顺便进行课堂评价。

当然，评价一节课的好坏本身就是仁者见仁，智者见智的东西。对学生学情的掌握只有任课教师最具发言权。所以，以上若有不妥之处，还望指正。

谈设问的标准

——以秦雪娇老师《近代民族资本主义》一课为例

星期一下午第二节听了秦雪娇老师的一堂历史课，内容主要是近代民族资本主义经济的特点及影响因素。别的不谈，仅谈该堂课的设问标准。

一个好的问题可以激发课堂活跃度，锻炼学生思维。那么一个好的问题的标准是什么呢？我认为主要有三点：一是时机把握恰当，该设疑处需有疑，无须设疑则不必画蛇添足，在重点和难点以及需要拓展的地方需要设疑。二是要有符合学生基点的思维力度。单纯地问“是否”的问题最好不要有，明显对错的问题不要问，这样的问题没有思维力度。同时引发碰撞与思考的问题要有但不能多，过多学生消化不了，等同于无用功。三是要高效。高效来自于对学情的把握和问题设计的边界性。那么以此看秦老师的这堂课的问题设计，问题已经避免了简单的是否回答，简单多余的问题没有。但是也存在问题，一是时机把握不恰当。比如在问“民族资本主义经济与外资经济的关系”时，是在学生画完图表之后，学生对一些基本概念还存在疑问（从学生的表情以及做图标的效率上可以看出），不如在补充当时的国情之后再让学生总结，这样更适合。二是问题有点大，问题的直接材料或者限制因素较少，学生回答没有边界性。比如最后一个问题“中国民族资本主义经济发展对中国当下发展经济的启示”，此问题就太大，虽然立意很好，但是太大，看似切入点很多，但是过多等同于没有，学生根本不知道如何有理有据地去分析，不能算作有效问题。不如给段详细材料，让学生有针对性地去分析，这样更适合提升思维，也更适合高考命题走向。

导师点评：这是一篇短小精悍，很有见地的评论，如关于一个好的问题的标准的回答就可看出作者的真知灼见，很好！这是在听课后有针对性的思考，也算是反思（听课后的反思）吧。有一个公式：教师成长=专家引领+同伴互助+自我反思，其中最关键的是“自我反思”。在这一点，承委老师是比较优秀的。

做好课堂的顶层设计

——听贺老师一课有感

“顶层设计”原本是一个工程学术语，却在“十二五”规划中成为中国新的政治名词。其在工程学中的本义是统筹考虑项目各层次和各要素，追根溯源，统揽全局，在最高层次上寻求问题的解决之道。国家的“五大理念”“四个全面”等都是顶层设计的具体体现。一堂课，也需要做好顶层设计，说得通俗一点就是要确定主题以及与之相关的结构安排。

课堂顶层设计，首先要做到系统优化。做到系统优化就要立足整体，注重内部结构的有序性和各要素的优化趋向。对于一堂课，就是要确定主题，同时围绕主题的各个课堂要素（资源、具体方法）进行展开，如本堂课的主题就是分析影响，冷战时期影响两大阵营关系的因素。贺丰老师在给出影响国家之间关系的要素之后，通过两两关系的变化来分析体会这些因素是如何推动关系的变化的。同时，能够注重各教学要素的配合，如既强调灵活运用课本，又注重思维拓展；既有核心知识的理解运用整体贯穿，又有对易错点的重点强调作为补充，主体明确，要素全面，真正做到了系统优化。

其次，课堂顶层设计要规划明确，不能随意。国家顶层设计关乎国计民生，顶层出错，后果不堪设想，所以设计的制订必须慎之又慎，不能随意主观。同样，在一堂课里，教师必须规划好每一步，每一步的意图、实施程序要明确。在整堂课里，可以体现出明显的贺式风格，洒脱随意，不拘一格。这种优点建立在贺老师渊博的知识储备和豁达的性格之上，但是仅从这节课可看出贺老师准备不足，课堂预设太过随意。比如最后一个图表虽立意高远，但是几经更改以及经不起推敲，就给人以准备不足之嫌。所以每一个环节教师都要想好它的意图，以及每个环节之间的关系，这样才能提高课堂效率。

最后，课堂顶层设计要对学生口味，具有可操作性。顶层设计最终还要靠各要素、部分去完成，缺乏“从群众中来”的顶层设计脱离民意与实际，在具体实施上难度就大。该堂课的设计已经考虑到学生需求，并试图在实施上调动学生的热情，但是受传统一轮模式的影响，基本上还是处于教师“独角戏”的境况。并不是说教师独角戏不好，但在这堂难度不大，知识记忆偏少（自我感觉）的课堂里就有点不合时宜了。对于这样的内容和课本编排，我们要提前想清楚什么样的学习方式是学生喜欢的和获益大的，同时具备操作性。比如可以在学生阅读课本的基础上，整理探讨三个问题：

（1）中美、中日关系是如何变化的。

（2）为什么会发生变化以及上述变化存在什么联系？

（3）根据教师给出的影响国际关系的因素和上述思考，分析美日关系变化流程及原因。

当然我不是历史老师，没看课本教材，只是根据教师讲授体会出的结构并不一定符合考纲或授课者的真实意图，只是以此强调符合学生口味和教学实施的可操作性，要将其考虑到课堂的顶层设计中去。

历史课堂批判性思维训练

批判性思维是一种基于充分的理性和客观事实而进行理论评估与客观评价的能力与意愿，它不为感性和无事实根据的传闻所左右。历史教学应该且应当注重对学生的批判性思维的训练，而贺老师就是在对史料的解读中经常带有批判思维，不是照本宣科，这对提高学生兴趣和能力培养大有裨益。

如在讲述“凡天下田，丰荒想通，此处荒则移彼丰处，以赈此荒处，彼处荒则移此丰处，以赈彼荒处”，如此“无人不均匀，无人不保暖”的设计对广大被压迫、饥寒交迫的农民来说本应有很大的吸引力，但为什么没成功呢？贺老师说它违背了农民安土重迁的思想以及实施过程中与此制度相违背的种种现象，学生深有感触。尤其是农民安土重迁的思想，我想课本上应该没有，但事实如此，如此批判性解读站得住脚。这让我想起《天朝田亩制度》中的另外一句话：“凡天下，树墙下以桑。凡妇蚕绩缝衣裳。凡天下每家，五母鸡，二母彘，无失其时。”初读此语，感觉甚好，让农民种桑养蚕，有鸡有猪，多么和谐。可是细读，如此详细的规定对农民的积极性是鼓励还是压制呢？我非得种桑养蚕吗？我非得养五只鸡、两头母猪吗？我种粮食，养公猪，或者养更多的鸡和猪会怎么样呢？所以规定太多太细，反而是对农民选择性和积极性的一种压制。另一句“余则归国库”，你只能在我规定的范围内种植或养殖，多了就归国库了，这样农民政权的狭隘性就突出了，太平天国的“大同”就真的要打折扣了。

贺老师这堂课是贺老师在用自己的批判性解读来引导学生得出结论，学生喜欢听，但是学生在能力上或者基本知识落实上还是有问题。我们担心学生知识储备有限，如果我们把自己找到的史料都给学生，让学生自己去阅读揣摩对比，然后用自己的话语说出来是不是在能力培养上直接有效些？在基础知识的落实上，如果这堂课下课后学生去落实，效果不错。但是我们不敢保证高一的学生听了热闹之后课下能认真去揣摩，所以课堂上如何兼顾兴趣和基础知识，应该是每个教师思考的问题。

导师点评：从这篇评课稿看得出，承委老师不仅认真听了课，还进行了有一定深度的思考。尽管不是“内行”，但做出了“看门道”的点评，实属难能可贵！但也值得改进：第一，题目显然太大，不合本内容实际；第二，关于批判性思维的定义不够简洁；第三，在关于这节课具体内容的点评时笔墨太少，缺乏进一步的理性分析。

质疑、品评、对照、价值判断，提升学生文本感悟能力

——听陈小华试卷讲评课有感

听了陈老师的一堂课，陈式风格明显——擅长调侃，气氛轻松，师生配合融洽。虽是一般性的试卷讲评课，但可以看出陈老师的授课风格多变，语言诙谐幽默，讲评方式灵活，这也是很多学生喜欢听陈老师上课的一个重要原因。

在本堂课的试卷讲评过程中，我发现很多学生的题目错因集中在文字语言感悟上出现偏差，对文字的理解（文字的内涵、外延以及约定俗成的解释等）学生往往只知其一，不知其二，尤其是对那些擅长推理的学生。这也是我班学生存在的问题。在本堂课中，陈老师采取了学生质疑，师生共同答疑的方式。可是在答疑的过程中，又陷入了陈老师的独角戏，解释大权落入了陈老师一人之手，虽有师生争论，但是学生也只是提及自己的错因，并没有给出自己的思考过程和对此题的再认识。那么如何有效运用试卷提升学生的文字语言感悟能力呢？

“感”是对语言的直接接触和感受，要注重整体性和形象性。“悟”是在感知的基础上，在提炼、对照、想象中对文本的内涵或实质进行深层次理解，注重思想性和情感性。基于此，我觉得政治教学对文本的阅读要特别注重学生以下几个方面的训练——质疑、品评、对照、价值判断。

质疑处找盲点。朱熹说：“读书无疑者，须教有疑，有疑者却要无疑，到这里方是长进。”教师要鼓励学生质疑，同时要认真对待学生的疑问。“善待问者如撞钟，叩之以小者则小鸣，叩之以大者则大鸣，待其从容，然后尽其声。不善答问者反此。”对于文本的感悟亦是如此，我们要先提出自己的疑问。在陈老师的这堂课中学生提出了很多疑问，有些甚是好笑。比如有学生对“三日不读书，照镜则面目可憎，对人则语言无味”中的“面目可憎”提出疑问，觉得就是真的长相丑陋。虽然我们觉得好笑，但这是学生真实的疑问，这体现了学生真实的认知水平。如果不让学生质疑，那岂不是自欺欺人了吗？

品评中找偏差。品评，即让学生再字斟句酌读一读，根据自己的理解及材料情境具体说一说。通过读一读，说一说，教师可以发现学生在什么地方出现了问题。在解读“面目可憎”时，陈老师提问是不是长得丑陋，有些学生说是，有些学生说不是。偏差找到，如果在此时能让学生谈一谈具体理解，能对学生的偏差掌握得更准确些。比如可以让认为不是的学生给那些认为是的学生讲一讲，同等级别的讲述反而会让学生理解得更透彻一些，甚至可以通过小辩论，让学生真正体会出因时、因地、因条件的变化去理解具体的词汇。

对照处抓实质。虽说“一千个读者，就有一千个哈姆雷特”，可是一个句子、一个字词在不同的语境中就有其特定的理解，或者说一个字词本身就有其约定俗成的理解，学生由于知识储备和生活逻辑的不足，导致了望文生义。还是以“面目可憎”为例，在此处是我们平时讲的长相丑陋吗？显然不是，在特定的语境中，此词的意思是长时间不读书，自己就自惭形秽了，并不是长得真丑或者道德水平下降了，所以与选项中“人格”一词无关，而学生多错在了此选项。所以学生就需要对“面目可憎”和它本来的意思对照。我在上课的时候遇到一道题，其中就需要对“人道主义援助”和“国际新秩序”进行对照，二者表面都和国际相关，但是实质内容却相差十万八千里，学生对这些词进行对照，才能提高理解的针对性。

价值判断是归宿。政治学科本身就带有极强的意识形态教育。所以政治试题是在旗帜鲜明的讲政治。对于此，学生的价值判断必须准确、鲜明。比如在一套试卷中出现过，对于腐败我们是不是要“坚持适度原则”。适度原则本身是一个很正确的词，但是用在腐败上就好像可以做“苍蝇”，只要不做“老虎”就行，明显与我国反腐态度不符，所以不能选“适度原则”，而选择了“防微杜渐”。价值判断是在上述三步之后必须要遵守的政治要求。

政治学科虽然不是语文学科，但是文字的感悟能力很重要，而且学生出错也多数集中在这些边边角角的地方，看似无伤大雅，却杀人于无形。所以我们要注重学生对文本的质疑、品评、对照、价值判断，切实提升学生文本感悟能力。

导师点评：“外行看热闹，内行看门道”，承委老师的这篇评课稿从专业的角度进行了较为深入的分析，也提出了合理的富有建设性的建议，自己得到提高，也帮助了他人，何乐而不为！

妙用语言技巧，达到教育目的

——一堂情真意切的历史课引发的思考

2015年11月25日，我在高一年级听了向艳秋老师的一堂历史课。这节课的目的是为了让社会主义核心价值观进课堂，侧重对学生情感态度价值观的教育。

纵观整堂课，可以用“三好”概括其优点。第一是结构好。整个构思分为战争的苦难，共赴国难，欢呼、铭记、传承历史三个篇章，每个篇章之间又有问题做为篇章的划分和过渡。第二好是事例好。本堂课运用了众多的视频、图片、文字等，调动学生多重感官。并且每个事例都很典型，比如张一曼留给儿子的信件，王建堂与王者成父子“死”字旗，都引起了学生共鸣，教育效果明显。第三是升华好。在每个篇章最后，向老师都会做简要的总结加以升华。如铭记历史的篇章里说到“铭记历史，是为了更好的未来”，向老师又说：“我们是吸取教训，而不是铭记仇恨。”这一句就使得整堂课的格局更宽阔了。

整个课堂在教师情真意切的语言和鲜活的事例下，学生大都泪眼迷离。但是如果教师在语言的管控上再下些功夫，这堂课效果会更好。下面我针对这堂课，谈一谈教师在情感教育方面语言表达的一些小技巧。

一、假以他言，借力打力

很多时候，教师为了提高课堂效率，剥夺了学生的话语权，其实借助学生的语言，可以更好地达到教化作用。这堂课有两个给我印象特别深的地方，分别是赵一曼留给儿子的信件和王建堂与王者成父子“死”字旗。向老师讲述到这两处时，都让学生齐读了相关内容，并通过饱满而富有情感的语调带动学生情感，这让学生深有感触，很多学生已是热泪盈眶。可是如果在学生读完赵一曼留给孩子的信件和王建堂留给儿子的“死”字旗内容时，把话语权交给学生，让学生去表达此刻的情感，学生都已经热泪盈眶了，其表达肯定情真意切，有血有肉，教化功能也就水到渠成。

二、沉默留白，意蕴隽永

沉默是最好的倾诉，沉默也有千钧之力。学会留白，小小课堂也可容纳万千世界。向老师在举完实例后生怕留有语言间隔，总是会问学生这个听过吗，那个知道吗，对不对。其实这都是多余的，因为学生对材料知道与否与你目的达成是没有决定作用的。把背景材料或铿锵有力，或慢条斯理叙述后，不要怕留有语言间隔，有时些许沉默效果更佳。比如在摆出赵一曼与儿子合照和留给儿子的信件之后，教师说：“如此祥和的母亲，如此疼爱自己孩子的母亲，是什么让她舍弃孩子捐躯报国的？又是什么心胸让自己的孩子继承自己如此凶险的事业的？”此话一出，沉默了几秒。短短几秒，却有山呼海啸之势，万千情绪如积在听课人胸口。在展示了“死”字旗之后，只是念叨几遍“死旗一面，时刻随身，伤时拭血，死后裹身”，多余的话不说，留白几分，这时可以脑补多少画面：奔赴前线的路上，父亲送给儿子“死”字旗，眼神中有不舍，有担忧，更有决绝……

三、反差对比，冲突明显

好的文学作品一般都会反差对比强烈，才会令人印象深刻。情感的教育也要有反差对比，形成鲜明冲突，才能令学生深有感触。其实在本堂课中可以形成多处反差对比，除了第二点中提到的两个事例，可以在母子的深情与母亲要儿子继续从事自己未完的事业，父亲对儿子不舍却又决绝处形成对比，凸显全民抗战的坚定决心，另外三个篇章也可以形成强烈对比。比如第一部分抗战之苦难，运用了一小段视频和一张小孩面对被战争毁坏的家园哭泣的图片，事例是够的，但是在渲染上不够强烈，学生对第一部分没有感受到国破家亡、妻离子散的痛苦，对日本帝国主义的暴行还是停留在口头上，所以这样就没有与第二部分全民抗战之决绝、第三部分抗战胜利全民之欢欣雀跃形成鲜明对比，学生对后两者的感触程度就会打折扣，只是单就篇章形成情感，情感贯穿或情感递进就有点连接不上。

从中庸之道看教育智慧

本周我阅读了两篇关于教育智慧的文章，有一篇文章指出我们目前在教育智慧方面的教育困境有如下几个方面：

（1）目标与手段的困惑。教师的手段要服务于目标，而现实中，教师教学对手段、方法的寻求远胜于对目的的思考，成为命令或任务的执行者。

（2）内在目标和外在目标的困惑。内在目标是行为自身所具有的目的，外在目标是行为之外的目的，如功利性目的。外在目标的过分追求会导致内在目标的偏离。

（3）整体和部分的困惑。教育中的部分指自身的教育学科和工作任务，整体性指整个教学环境、教学任务。只关注局部，缺少整体意识或缺少整体性的指导，教师就会成为恶的“合谋者”，非人性的“压迫者”。

（4）原则与情境的困境。教育实践智慧关心的是何时何地以何种方式达到教育行为所本有的善。坚守原则与顺应情境必需要做到平衡，既不能只是强调原则，也不能放弃教育的本质，做些边边角角的教育实验。

根据其叙述，本人认为教育智慧应该做到“中庸”二字。《中庸》开篇便说“喜、怒、哀、乐之未发，谓之中。发而皆中节，谓之和。中也者，天下之大本也。和也者，天下之达道也。致中和，天地位焉，万物育焉”。中和即中庸，不偏不倚，符合常理、合乎法度。

从中庸之道看，我们的教育智慧应把握哪些方向呢?

（1）知识、技能的强化与教育质性的中庸。知识即美德，知识的积累可以增加我们向善的自觉性，可是知识本身并不能确保恶的消失，教师技能的强调使这种技能成为工具性或程序化。这两者的过分强调都会导致对教育质性的东西：价值、审美、公正、意义、道德等的培养。“天命之谓性；率性之谓道；修道之谓教。道也者，不可须臾离也；可离，非道也。”离开道，教学的真正意义也就丢失了。

（2）知与行的中庸。马克思认为实践是认识的基础，认识对实践具有反作用。实践相对于认识是决定性的，但又没有忽略认识的重要性。明朝思想家王阳明提出的“知行合一”与马克思的观点异曲同工，不管是“知难行易”还是“知易行难”，如果缺失知或行的一方都是不明智的。教师明大道，修大道，要坚守原则，要有崇高的教育理想、信仰与追求，要有关于教育的“知”。在做的过程中，要以知为指导，同时还要考虑到教育的具体情境，不要把知识技能的专业化成为自己的累赘，不要让理想、信仰成为自己的教条，要在具体情境中彰显自己的教学智慧。

（3）教学规范化与教师个性的中庸。教学要规范化，这样有利于量化考评，也有利于教师的自身约束，可是教师德性的修养与自我完善多数是在关注自我的过程中实现的。教育智慧要努力关注教师的自我感受、自我理解、德性，要通过感悟、反思，重新建构内部认识，形成关于事物本质的个性化观念。“道之不行也，我知之矣，知者过之，愚者不及也。”过分强调规范，愚者多为，达不到教育智慧；过分强调教育个性，聪明者所为，亦非智慧。

（4）小作为与大视野的中庸。小作为不是说教师作为小，而是强调关注，关注于自己的教学，关注于自己的德行，不要过分去强调教学以外的东西。“不谋全局者不足以谋一域。”大视野是说对教育的认识、对教育的具体运行要有综合思维，要把自身学科纳入到整个课程中去考量。教师要心有大道，行而专注。

“中庸其至矣乎！民鲜能久矣。”教育上做到中庸之道，真正做到教育智慧是很难的。“好学近乎知，力行近乎仁，知耻近乎勇。”只要我们去竭尽所能，起码我们“近乎”了，就神清气爽了。

导师点评：从这篇“体会”看，读者是将所读文章内化为自己的认知结构了，提出教育智慧就是做到“中庸”的独特见解，并进行了论证阐释。我还没有看到这种提法，可以延伸开去。若能举出“中庸”的实例来反映教育智慧就可以成文了。

变式训练，举一反三，提升试卷讲评效率

试卷讲评在二轮复习中的地位不言而喻。二轮复习侧重知识的前挂后连，形成知识的体系，注重知识的系统性，通过题目训练来检验学生掌握及运用知识的情况，所以，训练的针对性、系统性及准确性就显得尤为重要。在试卷讲评过程中，除了一般规范外（如知识的层次化、语言规范化、要点综合与针对性等），更加侧重讲评试卷过程中的变式训练，举一反三。

政治主观题，材料一变或问题一变都会变成答案迥异的另一道主观题。所以我经常告诉学生政治学好的最高境界是“见人说人话，见鬼说鬼话”，即根据不同的问法和材料选择不同的思考模式、要点布局和语言组织，即使同一材料，

考查同一知识点，不同的问法，答案也都会不同。所以我特别注重让学生分析问法和材料的关联，并总结出根据材料和问法的关联按思维方式将主观题分为发散类型和抽象归纳类型。发散类型即问题的答案从材料中找不出直接的关键词或层次，材料只给出了主旨或相关背景。发散类型又分为课本知识层次型和问题逻辑层次型。第一种适合比较大的范围，问题没有太多的隐含性、限制性，而近几年高考题以此种材料更多出现了关联题，注重逻辑考查，问题中有众多关键词或限制词，此类题型一定要注重知识的边界性，概括的精准性。归纳抽象类型即答案从材料中来，必须与材料对应且要将材料抽象成课本语言或时政语言。所以在试卷讲授过程中我特别注重对两种类型的变式训练。比如，2015年全国文综卷2第38题第二问“运用经济生活知识，分析当前对小微企业实施税收优惠的理由”，此题为发散类型，而且问题具有层次性，需要根据回答“为什么”类型的题目找到逻辑切入点。在上课的时候，我在材料里加入了诸如失业率、基尼系数的信息，那么这个题如果问题不变，答案中必然要有就业、社会公平、民生等核心词汇，类型就变成归纳抽象类型了。通过这样的变式训练，学生解决主观题的灵活性增强，对问题的理解及与材料的关联体会更加深刻，对知识的实质及边界性把握也更加深入。

注重知识点之间的变式训练。学生对一些知识点的内涵、外延存在误区，要么把知识点扩大或缩小，要么张冠李戴，文不对题。比如材料说一个政策不断与时俱进所体现的哲学道理是发展的普遍性或发展的实质。很多学生却以为是量变与质变的辩证关系。与时俱进强调随着时间、条件的变化而变化，侧重“变化”二字，学生将变化等同于量变，当然量变有变化的意味在里面，但是“量变”与“与时俱进”变化的原因是有本质区别的。又如“保持经济高速增长”，学生单纯以为正确，没有理解到转方式、调结构与经济增长速度之间的关系。这说明学生在一些知识上存在误区，对知识的实质和适用范围不清楚、不熟练。所以要通过习题的讲解将这些知识细化，并通过题目的变式如删减或添加条件来领会知识的内涵及每个知识点之间的区别及联系，这样对知识点的举一反三既比较了知识的异同，知识涵盖量增多，也在这种比较中让学生体会到各自知识的内涵和外延，对知识理解的准确性增强，课堂效率自然提升。

以上两点我在讲述过程中比较注重，但是在一些问题上照顾不足。比如对学生知识检查力度不严格，学生记忆层面比较薄弱；对学生文字阅读及体会能力训练不足；对学生自我学习能力培养不足等，这些都需要想办法努力提升。

做教育的前瞻者

——读《陶行知文集1919年》有感

周末闲着没事，便想翻几页书看看。最近我一直在阅读杜威的《民主主义与教育》，可是由于翻译的原因，阅读甚是艰难，不适合当时的阅读情绪。于是我翻阅了之前买的《陶行知文集》，看了下目录，一个敏感的年份，一个熟悉的说法——1919，教学合一 ——引起了本人的兴趣，读罢，对陶先生的敬佩之情难以言表。

陶先生阐述了第一流的教育家的标准是敢探未发明的真理，敢入未开化的边疆。敢探未发明的真理，即创造精神；敢入未开化的边疆，即开辟精神。只要达到一个标准，便可算为第一流的教育家，便值得我们敬佩。陶先生有出国留学经历且师从大家，创新理念众多，如知行合一、生活教育等，此等的创造精神唯有望其项背。本是大师，却没有处高阁，谈空话，是致力于平民教育，开设乡村学堂，此等开辟精神唯有顶礼膜拜。

在《教学合一》这篇文章里，陶先生指出了教学合一的三个理由：一是先生的责任在教学生学；二是先生教的法子必须根据学的法子；三是先生须一面教一面学。这样的观点即使放在当下的教育，依然不过时，并且适用性很强。

在第一个标准里，陶先生把教书先生分为三类：只会教书、教学生、教学生学。只会教学，是书架子字纸篓的制造家，书上有什么就教什么，缺乏了自主性和创造性，还是教书本；教学生，从书本转移到学生，根据学生的需要去传授知识，但时间有限，在新理层出不穷的情况下，只教学生知识或技能效果有限；教学生学，做传授技艺的渔翁，让学生根据先生传授的获取知识的经验，学会自得。这些与我们新课改的要求很相似，发挥学生的主体作用，为学生的终身发展奠基，也就是要让学生具备再学习的能力，用陶先生的话就是让学生具备自得的能力。

教的法子必须根据学的法子。这一点也是我们常提常新的一个教学问题。之前的我们教什么，学生学什么，我们怎么教，学生怎么学。而现在提出要根据学情，教法服务于学法。虽然提了无数遍，大家都知道，但是在具体的实行中很多教师又会陷入自说自话的境地，一个问题教师讲了无数遍，学生还是错，原因可以在此想想。“怎么学就须怎样教；学得多教得多，学得少教得少；学得快教得快，学得慢教得慢”，没什么大道理，通俗易懂，可我们如何贯彻呢?

教学相长。教师除了教书之外，还要研究学问，要常常更新自己的知识。互联网时代，几本旧教科书包办一切的时代早就过去了。孔子说“学而不厌，诲人不倦”，通常我们都是分开解读，可是从孔子的教师身份出发，可以这么理解这句话：只有不断学习，才会做到在教书上不疲倦。只是教一些陈谷子烂芝麻的知识，学生没兴趣，教师也没成就感，所以我们必须要时刻更新自我知识的构成。比如作为一名政治教师，我要关注大政方针，把握政策、试题走向；研究教育专著、论文，更新教育理念，完善教育实践；阅读报纸、网页新闻，更新课堂事例，提高学生兴趣。

陶先生的教育思想博大精深，而且文章阅读起来通俗易懂，今天的接触似乎给我开启了一扇门。日后我要坚持阅读陶先生的文章，领略大师风采，感悟大教育家的情怀，吸收民主开化的教育理念，培养自身的创造性，努力朝着开辟者奔跑。

李英瑜专集

李英瑜，1988年2月生，湖南张家界人。2006年进入东北师范大学地理科学专业学习四年，2010年7月进入黔江中学工作至今。

他认认真真做人，兢兢业业做事。坚持“以校为家、以学生为本”的教育理念，积极探索新课程条件下的课堂教学模式，设计的课堂教学案例在2013年、2016年获得了黔江区第二届、第三届优质课大赛一等奖，2016年参加重庆市“中教启星杯”高中地理新课程优质课大赛获二等奖。积极从事课题研究，主持重庆市高中促进计划一般课题一项，地理精品课程主研一项。系黔江中学庞友海名师工作室第一期学员，现为黔江区刘贵陶名师工作室成员。

座右铭：从大三林荫道边苦苦追寻未来理想的彷徨，到八年工作历程中日益坚定的教书育人信念，孩子们给我的帮助和感动一直都是最重要的。所以，我教书不哄领导，不哄同行，只哄孩子们!

失败中学习，反思中成长

应庞老师和工作室的要求，今天下午我上了一堂工作室内部的研究、交流课。现就课堂设计和课后反思两个方面总结这堂课的得失。

一、课堂设计

该内容是地理必修三《区域可持续发展》的第一章第一节，在此之前，学生已经学习了必修一《自然地理》和必修二《人文地理》，基本掌握了自然地理中各要素“地气水土生”和人文地理中“人口、城市、经济（工业、农业）”等要素的形成、特征，并对“可持续发展”这一人地思想有了比较系统的学习。

在此之后，学生还需要学习掌握区域可持续发展中五个方面的内容——从区域开发中的生态问题、流域的综合开发治理、区域农业的可持续发展、区域工业可持续发展以及区域工业化城市化。根据我的教学计划，还需要在两个班进行区域地理（世界地理+中国地理）的综合复习。

因此，这一节内容在教材内容上就应该具有一个承上启下的作用，需要学生将已经学习的自然和人文地理原理以区域为依托有机地结合在一起，并从区域的两大特征入手，找出该区域的优势进行开发利用，劣势、问题进行改造、治理，最终达到区域的可持续发展。此外，在区域地理复习时也应该从上述思路入手，按区域进行分析比较、整理识记。

基于以上考虑，我在本节课设定的主要目标是通过一些案例引导学生理解区域可持续发展的一般分析思路，次要目标是利用地图册资料回顾整理已学的地理特征（尤其是经常考查的自然地理特征描述要点）。结合学生学情（复习班学生）以及先前在（2）班（应届班）的上课状况，我形成了本节课的教学设计。

二、教学设计

（1）简要指出区域的含义及意义。

（2）学生通过做自测题分析两个区域的区域地理特征（自然和人文），并引导学生得出做题的关键是“准定位”，然后根据已学知识进行区域特征的判断。

（3）在试题的基础上增加两个问题（两地的农业地域类型差异及原因、某地的农业可持续发展措施），通过学生分析，让学生感悟一地的发展方向需要考虑当地的区域地理条件。

（4）在学生做题的基础上得出区域可持续发展研究的一般思路［定位→区域特征（条件）→发展措施］。

（5）区域特征的具体内容（包括哪些特征，每个特征有哪些要点）。

（6）区域特征的研究方法：综合分析+比较差异

三、教学反思

通过课堂上的实践反馈和课后的教学反思，我总结出以下问题。

1. 教学设计方面

大体的设计思路应该没有大的问题，符合这一节的教学要求和自己设定的教学目标，也是通过这一堂公开课向学生提出要求，引起学生重视，有利于区域地理的自主复习，但细节上存在几个重要的问题。

（1）对自测题提出的两个问题应该多斟酌一下。提出“农业地域类型的差异”这一问题是因为农业地域类型就是自然地理条件和社会经济条件共同影响下形成的，再加上“对某地农业发展的可持续发展措施”这一问题，如果学生回答理想的话，后面思路的提出就水到渠成。但是根据学生的反馈信息分析，应该是问题不具体造成的。

（2）虽然感觉本堂课的内容很少，只有一个思路和一个研究内容，但考虑到整体设计，学生分析需要的时间比较长，导致学生没有分析透彻，教师的总结也不是很清晰，应该再精简一些，或者将问题更具体化，学生分析更能抓住要害，节省分析时间。

（3）学习区域特征具体内容（特征）时，教师可以带领学生集体学习，边回忆边补充并适当举例，毕竟这些都是识记内容，一来可以节省时间，二来可以帮助学生回忆考试中的易错点、描述方法，最后可以帮助基础差的学生记下要点。

总体在设计上面存在的问题应该是备课不充分造成的，教师应该再在学情和问题上面多下功夫。

2. 教学实施方面

本堂课教学实施上面存在较大问题。

（1）比较紧张。客观原因是听课教师绝大多数都是第一次听课，又有庞老师压阵，最近一段时间也没有较大规模人数参加的交流课；主观原因可能是备课不是很充分，有些教学材料没有一个一个去仔细斟酌，导致上课有些表达上出现问题，影响学生的学习状态以及教师的教学思路的连贯性。另外，班主任压阵，学生相对拘束，结果和教师相互影响。

（2）应对能力不是很好。当学生的回答不是很准确的时候，应该及时给予帮助，结果本节课没有做到，需要加强这方面的能力培养。

（3）出现教学失误。最后张琴同学回答的问题处理上有比较大的问题。正确的做法应该是鼓励该态度并且帮助分析其错误的原因。另外，这个题本来可以很好地佐证本节课的学习内容——通过对比河南省和黑龙江省的自然、人文特征（条件）来分析此题，但没有注意到。

四、改进措施

（1）坚持自己的一些不太同于教材和资料的思路，在其基础上适当取舍增添，但要注意在备课时多跟备课组交流。

（2）备课尽量充分些，尤其是在问题的取舍设置上，至少要做到选题能比较好地完成教学任务。

（3）加强专业知识和心理素质的培养。

地形解决局地气候的分布

——以西欧地中海气候的分布为例

都说自然地理是基础，而气候是自然地理五要素中的基础。无论是在学习还是做题应用中，掌握某地的气候对判断区域特征非常重要，学生经过对气候的反复理解和记忆一般能够掌握理想气候的分布以及大范围的气候分布，但对局地气候的判断上往往不够准确。现就2015年四川一诊卷中的一组试题谈谈我对“地形在局地气候中的作用”的一点点认识。

例题：图1为欧洲南部波河流域图，读图回答1～2题。

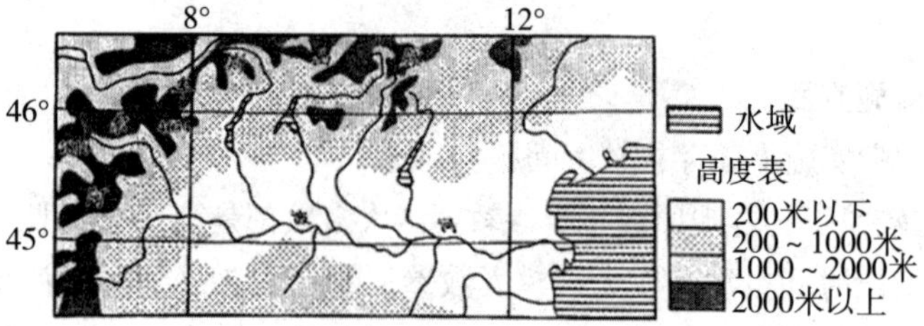

图1　欧洲南部波河流域图

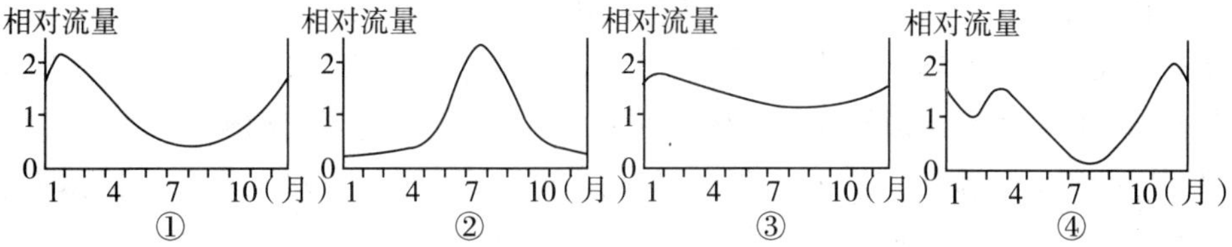

图2　波河年径流量变化

1. 图2中，能正确表示波河年径流量变化的是（　　）。

A. ①图　　B. ②图　　C. ③图　　D. ④图

2. 波河流域没有大面积种植水稻的主要自然原因是（　　）。

A. 平原面积小　　B. 热量条件差　　C. 雨热不同期　　D. 土壤贫瘠

本题中波河流域为地中海气候，并伴随着春季阿尔卑斯山脉的季节性积雪补给，故1题答案选D；地中海气候区最大的特征是雨热不同期，对农业影响很大，故2题选C。

该题的关键是需要学生对波河流域的气候进行判断，经过了解，学生对欧洲西部的大范围的气候还是比较熟悉的，“地中海附近的是地中海气候，以北的40°～60°是典型的温带海洋性气候，靠近俄罗斯的内部地区属于大陆性气候”。所以在解该题的时候学生们大多认为波河纬度这么高，就应该属于温带海洋性气候，而且2题中也有海洋性气候对农业的不利影响——“热量条件差”。

而且我们在教学时也只是说地中海气候在欧洲的分布比较高，但具体是多高也没有明确的数值，因此学生这道题的错误率很高。那么，这局地的气候到底应该怎么判断呢？

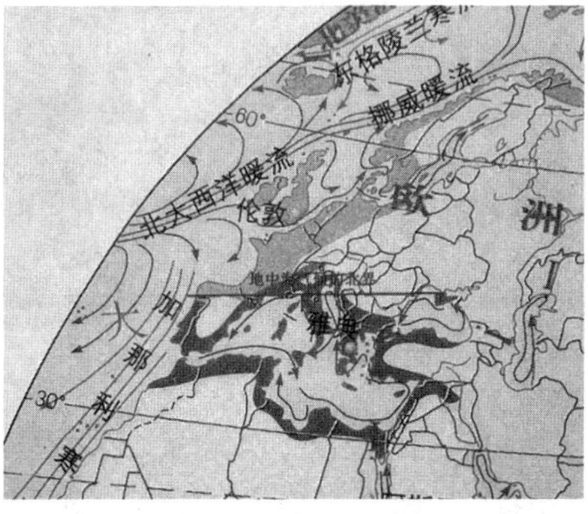

图3　地中海气候在欧洲分布图

首先，我带着学生观察地中海气候在欧洲分布的界限，发现从伊比利亚半岛到巴尔干，最后到黑海北侧的索契地区纬度越来越高。如图4所示（摘自于学生用地图册22页）。

我对此的解释是地形对副高和西风的影响程度是不同的。地中海气候和温带海洋性气候界限的纬度高低取决于西风和副高对当地的影响大小。在伊比利亚半岛西部地区，由于地形对西风阻挡作用小，再加上海洋性气团和暖流的影响，使得西风控制下的温带海洋性气候纬度较低。而伊比利亚半岛以东地区，由于阿尔卑斯山脉的存在，影响当地西风的势力不可避免的受到地形阻挡而减弱，且自西向东越发明显。而副高的形成源自垂直方向上的下沉气流，受山脉阻挡的影响较小，随着西风势力逐渐减弱导致副高的势力在此区域自西向东逐渐相对增强。西风渐弱、副高渐强导致海洋性气候和地中海气候的界限也逐步北移。直到索契两者界线约为50° N，超过地中海气候理想分布30–40° 约有10个纬度。

然后基于地形可能影响气候区的分布，我又带着学生仔细观察地图册中的欧洲西部的局地气候与地形图，通过对比分析发现，在地中海沿岸的地中海气候分布跟阿尔卑斯山脉的分布基本保持一致，非常契合的分布在阿尔卑斯山脉的南侧（伊比利亚半岛上由于中部是高原山地，与阿尔卑斯山脉影响一致），通过比较分析进一步确定了该地的地中海气候的具体分布。

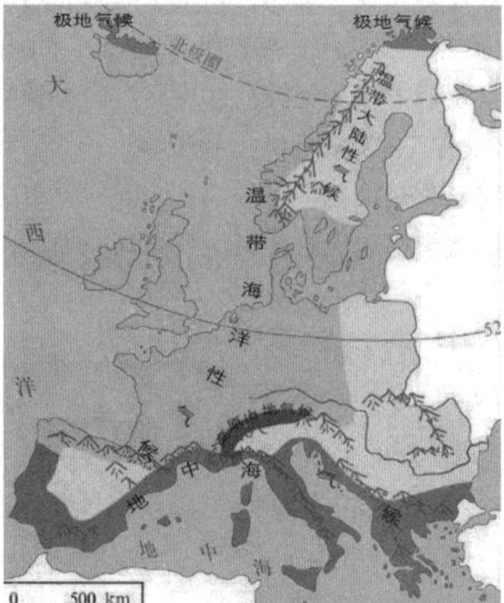

图4　欧洲西部的局地气候与地形图

最后，我们对比了斯堪的纳维亚山脉两侧的气候，发现此地温带海洋性气候和大陆性气候的分界也是跟山脉保持一致。通过回忆，我国的秦岭、美洲西部、澳洲东部的气候都跟高大山脉分布一致，基本上认证了山脉在局地气候中的作用。

通过以上案例的分析，学生基本上领会了地形对局地气候的分界意义，在此基础上我要求学生在做题时要养成注重地形对陆地局部气候的影响的习惯，帮助自己应对比较容易混淆的局地气候。

浅谈地理教学中的案例选择策略

案例教学在地理教学中具有非常重要的地位。地理课程标准中大多数标准均明确要求“以××为例，说明××对××的影响”，且教材必修三核心的第二章教材内容均以案例展现，重要地位由此可见一斑。

结合这几年的教学所感所悟，我越来越觉得以前的案例教学只是教学开展的工具，其实，案例不仅仅是达到教学目标的一种途径，与教学中的地理原理更是抽象与表象的关系，是教学的灵与肉。学生通过掌握一个案例的学习过程，比单纯掌握字数更少的地理原理更深刻、持久，就像辨认一具人类骨架和一个人一样。

基于此，怎么用好案例进行有效教学，应当成为地理教师的重要研究内容。结合几年的教学实践，我谈谈自己对地理教学案例选择的几点体会。

一、选取学生最熟悉的（身边的）教学案例

运用学生的生活实际解决地理问题原本就是地理课程标准所要求的，也是地理教育的本质，从生活中来，到生活中去。在教学中合理有效地利用生活实际的案例进行教学可以极大地提高学生的学习兴趣，并且能真实地引导学生关注生活实际，并将所学地理原理应用于生活实际。

案例一：必修二《城市空间结构——城市功能区的分化》课，需要学生掌握在城市从小到大的发展过程中城市功能区逐步开始分化，从小城市的工商住混杂在一起到大城市的三大功能区的分离。正常的教学方法虽能理解，但不够透彻且略显枯燥。

因学生已经学习了城市三大功能区的空间分布为：商业居于中心地带，周围为住宅区，最外围为工业区，因此我在教学时引导学生“回忆黔江城的功能区分布，能不能找到上述特征”，较好地引导了学生的学习兴趣。黔江城大多数学生是非常熟悉的，不细想好像确实是三大功能区各自分工比较明显，但仔细思考起来却发现黔江城区的功能区应混杂在一起，并非是按商住工分布。教师应激发学生分析思考的兴趣，并引导学生分析在城市变大的过程中，是哪个功能区首先向外移动，得出是住宅区（玫瑰湾、伴山国际、山台山等）在往外移，可以较好地完成教学任务。

案例二：地质构造和构造地貌的形成对学生来说比较抽象，每次在学习背斜和断层对地貌的影响时，我都会带着学生一起分析仰头山地貌的形成过程，学生

非常感兴趣，都趴在窗户观察仰头山的地貌形态，试图推测其形成过程。

案例三：必修二《农业区位》这一节，我在去年区里赛课时引用濯水蒲花河农业示范区的农业发展进行教学，较好地抓住了当时上课学生的注意力，整堂课学生讨论非常激烈（学生全都抢着要说，以致课没上完）。当时刘老师也认为彻底激发了学生的兴趣（见图1）。

由此可见，利用学生最熟悉的生活实际进行教学，可以最大化地抓住学生兴趣，取得教学效果的提升。

【蒲花河的启示】

蒲花河农业综合开发园区位于黔江区濯水镇，总面积500亩，总投资480多万元。在区农综办及相关部门的全力支持下，园区于2002年5月完成排灌、道路等基础设施建设。渝湘高速公路的修建，使得蒲花河的农产品走出黔江，销往重庆等众多周边城市。

十几年的发展，蒲花河农业开发区从一个落后的乡村发展成为黔江区重要的现代农业生产基地之一。

小组讨论：哪些得天独厚的优势让蒲花河成为黔江重要的现代农业生产基地?

（提示：可以结合图片信息和生活常识哦！）

张先生应该选择什么样的地方投资呢?

图1　蒲花河的启示

二、选取学生初中区域地理所学的地理案例

我认为学生的认知总是在原有基础知识上的升华，而且初中的区域地理本身就是高考的重要考查部分。虽说黔江地区的初中地理学习效果不是很好，但总的来说学生还是对各国的区域地理有一定的印象。如果将初中的区域地理和高中所学原理有机结合，无论对初中区域地理的进一步升华还是对原理的更好把握都大有裨益。

案例四：自然地理环境的整体性是高中地理的重要原理，在高考体现非常广泛，但原理的理论性比较强。如果割裂开来分别说出各要素间的具体关系，学生虽能理解，但并不能很好地把握整个自然地理环境间的整体性，也不能很好地理解某区域间的整体性。我在学习这一块的时候，将区域地理中“中亚”部分作为案例进行学习，并将整体性的范围扩大到整个地理环境（包含自然和人文地理环境），将此作为复习区域地理的一般方法，效果还可以（有一个学生用此方法分析归纳出所有区域地理的脉络，见图2）。

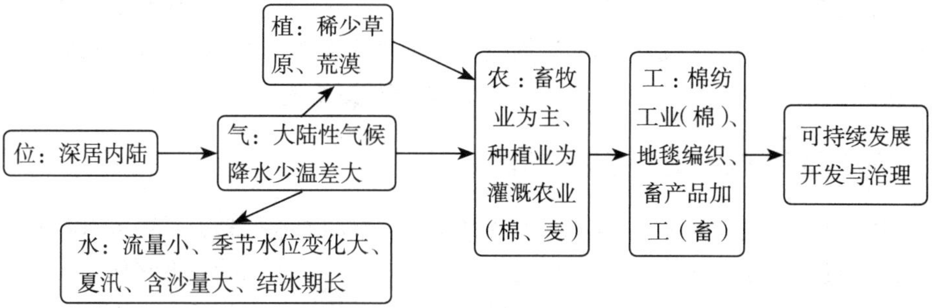

图2 所有区域地理的脉络

三、选取与学生认知看似矛盾的案例

教学中利用与学生认知看似矛盾的案例进行教学，往往容易引起学生的认知冲突，继而引发学生对问题本质的思考和探索，加深对地理原理的理解。

案例五：为什么降水多的地区水资源反而不足？

某岛国人口约500万（2009年），经济发达，淡水资源严重不足。该国国土面积约640平方千米，其中主岛面积约540平方千米，地形单调，平均海拔不足15米，岛上河流最长不足16千米。图3为该国主岛及位置示意图，图4为对应的气候资料。

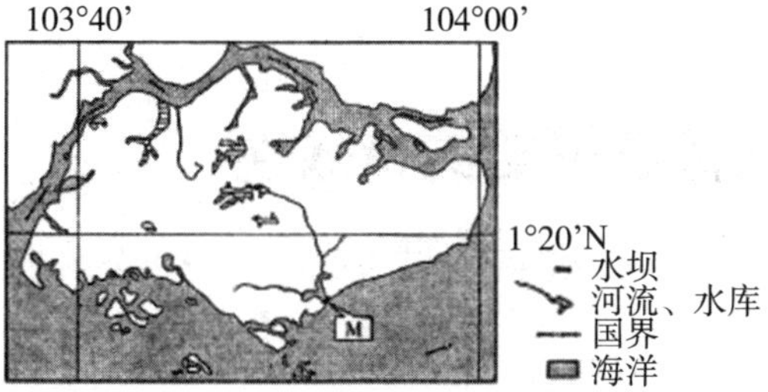

图3 岛国的地理位置

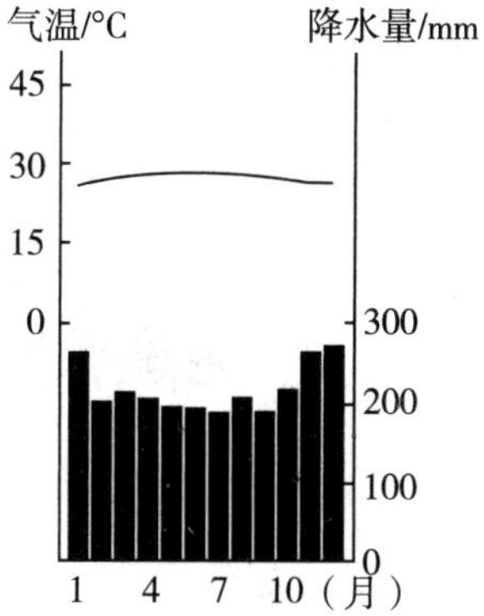

图4 气候资料

分析该国淡水资源严重不足的主要原因。

根据图3、图4信息，可以判定该地为新加坡，且当地气候为热带雨林气候。据学生所学经验，热带雨林气候是世界上降水最多的气候，缺水的地方不应该是在降水较少的西北地区（经验）吗？为什么终年多雨的雨林地区还会缺水呢？学生的认知经验和案例发生强烈的冲突，继而在教师的引导下，可以分析得出河流的集水面积、长度等也影响着水资源的多少，而人口众多、经济发达、污染严重等社会经济因素则加剧了缺水程度。

除此之外，在自然地理教学中有些难以理解的部分采用“矛盾案例”教学可以极大地提高学生对问题理解的深刻程度，如“季风的出现使得亚洲东部成为北纬30° 的干旱带里的绿洲”“青藏高原光照最强但夏季最冷”等问题。

四、选取多组交互性较强的案例

教学中一个案例往往不能充分地解释一个完整的地理原理，采用多组有差异但交互性强的案例进行教学，更能凸显问题的本质，通过归纳众多案例的共同性和其中的差异性，也更能培养学生的发现、分析和解决问题的能力，也能在其中培养学生的知识迁移能力。

案例六：围绕同一主题，选编多个交互性较强的案例。

土地荒漠化是中国最重要的环境问题，西北地区的沙漠化、南方地区的红漠化、西南地区的石漠化，包括三北地区广泛存在的盐碱化均属于荒漠化的范畴。学习土地荒漠化不应该仅仅研究最突出的西北沙漠化问题（人教、地图册以此为例），更应该引导在分析掌握其基础上将视角放宽到整个中国的土地荒漠化，找出各地荒漠化形成原因、造成的危害和防治措施上的共性和特性。

综上，高中地理案例选编时可以根据教学内容和教学难度的不同，采用不同的思路和案例进行教学。本文旨在唤醒自身在教学中的案例教学意识，为后期的教学案例总结归类提供方法指导，而这中间最重要的是在平时养成案例收集的习惯和应用意识。

地理教师个人备课策略的有效性

——以必修三备课及教学过程为例

备课是为了明确教师上课的思路，是对课堂教学的预设。作为教学工作的首要一环，有效备课是优化课堂教学的前提和基础。一节课的优劣在很大程度上取决于课前教师的准备工作，认真备课是包括相当有经验的教师在内的所有教师都应该重视的一环。如何进行有效备课呢？经过我自身教学的实践以及多次听评课的反思，结合地理教学学科特点，我认为教师在个人备课时应该注意以下几点策略。

一、备课准备阶段：确立教学目标

1. 统筹安排，构建本学期整体的教学计划

地理教材的编排总是按照人的认知规律和编排人员的设计意图，前文的知识和能力的培养始终是为后文的学习做铺垫的，教师在备课时应该明确本学期教学内容在高中教材中的作用和地位，弄清每一章节应该在知识、技能和思维方面达成的目标，以便学生更轻松地学，教师更明白地教。

例如，地理必修三第一节内容为“区域和区域差异比较”，弄清区域之间存在的差异，是研究必修三《区域可持续发展》的前提。在本节内容的教学目标设定上，不仅仅是让学生掌握中国三大自然区的自然特征和中国三大经济地带的社会经济特征的差异，还需要学生掌握比较区域差异的内容和方法，更深层次的教学目标可以延伸为这些有差异的特征信息可以从哪些地方，通过什么方法获取。

在现行高中教学任务的前提下，高一、高二的教学很大程度上是为了高三更轻松地复习。根据考纲要求，将高三学生应具备的知识、能力要求穿插补充在高一、高二相关阶段，是目前的教学常态。如何保障教材基础知识与补充考纲知识的共同完成，就需要教师在教学安排时要站在整体的高度进行科学调度。

地理教学中“自然要素特征的描述”是高考中的基础考点，也是学生研究问题的落脚点。但整个高中必、选修教材均未有明确呈现，而必修三教学时教学任务相对较轻，所以在进行必修三教学时，可以根据教材内容的相关性将“位置特征”“地形特征”“水文特征”“气候特征”分散在“区域差异”“黄土高原”“田纳西流域”及“东北农业”内容中。

2. 立足教材，明确每堂课的教学目标

文理兼备的学科性质要求每堂地理课的教学目标都应该分为知识性和能力性，地理教师应在充分理解课程标准、教材内容和相关（高考）试题的基础上将教材内容进行归类，哪些属于知识性目标应该在理解基础上识记，哪些属于能力性目标应该予以掌握运用。

《田纳西河》一课的课程标准要求“以某流域为例，分析该流域开发的地理条件，了解该流域开发建设的基本内容，以及综合治理的对策措施”。这就要求教师在备课时不仅要将田纳西河具体开发条件、内容及措施作为知识性目标进行设计，并应以田纳西河为例，掌握其他流域（长江、黄河等）的开发治理的研究内容和方法作为本节内容的能力目标。

除此之外，教师还应该根据教材内容与学情之间的差距，将知识本身比较灵活抽象而学生了解较少的新旧知识间跨度大而综合性强的知识，确定为本节课的教学难点，以期在之后的教学设计时运用相关教学方法解决。

二、备课实施阶段：形成教学设计

教学设计是备课最为深入、具体的一步，是教师为认真教学而准备的具体方案，也是教师个性化教学的体现。

1. 以教材为基础，准备多样的教学素材

相对于其他资料，教材以其容易获得、可操作性强以及方便学生回顾复习等特性，成为教学设计的基础素材。但由于教材过于精练以及某些资料在时间上比较滞后等原因，不能够满足教学设计的需要，因此在备课时教师应根据教学内容的需要获取多种多样的教学素材。

例如，在《中国黄土高原水土流失的治理》中对于“黄土易侵蚀性”这一特征，教材给出的是一幅“山西绥德的黄土剖面”图，图中并不能直观地看出黄土由于颗粒细小而容易侵蚀。在教学设计时我采用了学生较为熟悉的“安塞腰鼓”图，图中因鼓手跳动而扬起的黄土非常直观地展示了黄土容易侵蚀这一特征，也取得了不错的教学反馈。

2. 综合教学资源，确定教学方法

教学方法的确立应该综合考虑教学目标、教学素材、学生学情和教师特点等多种教学资源。地理教学设计尤其应该注意运用多样的教学素材、教学方法来培养学生总结归纳与推理演绎两大基本能力，以适应新时代、新高考对高中学生的要求。

所有的教学方法只有一个目的，即让学生更高效的完成当堂学习目标。所以，确定教学方法的最根本的要求是了解自己的学生；了解学生原有的知识基础、能力水平，找出学情与教学目标的差距，确定合适的教学方法，搭桥铺路；了解学生的学习、思维习惯，找出学生与教学素材的契合点，确定合适的教学方法引水入渠；了解师生思维习惯的短板，针对性地改变习惯性的思维定式。

例如，在《东北农业可持续发展》一课教学中，由于石柱中学的地理教师在（18）班听课，为了使课堂准备更充分，我利用上午第四节课在（12）班进行了“演练”。但由于对学生能力估计过高而导致效果不佳，所以利用中午的时间对教学设计进行了较大幅度的修改，将教学容量减少一半，但在每个知识点都进行了相应的扩展，且每个地理要素都坚持让学生找出其特征后再对其进行分析、发散，以适应此阶段学生的认知水平，结果在教师准备不充分，而（18）班基础较（12）班差等不利因素下，教学反馈反而更好。

3. 略案与详案同等重要

详案是对整个教学流程的详细计划，包括教师在课堂中的语言设计。因其准备“充分”，一直都是各学校对新任教师的教案要求，也是很多教师一直坚持的。但我认为，地理学科因为文理兼备的特征，对知识点和教师语言的“详”容易导致教师忽略各知识点间的“理”，而略案则更能够“抽丝剥茧”透析此“理”。而且略案更精简，开放度更高，更便于地理教师在备课时随机应变。

例如《中国江苏工业化与城市化》是许多地理教师备课时都觉得头疼的一课，因其前后内容“感觉”相关性不大，即便是“江苏省工业化和城市化过程中存在的问题与对策措施”这一知识内部的“问题”和“对策”都不能形成对应关系。我在与教研组长张老师的交流中，张老师一句“我不能理解江苏的这个工业化和城市化过程”瞬间盘活了我对这节内容的设计思路，我是不是能够用江苏的工业化与城市化的相对关系解释江苏工业化和城市化所做的各样措施呢？于是快速写下新的教学思路。

4. 重点知识、承转必须完整呈现

不管最终的选择是“详案”还是“略案”，重要知识点和承转必须完整地以文字呈现。重要知识点的总结归纳是对一堂课师生共同探究学习的升华，是知识点从抽象到具象、零散到集中的转化，而设置承转的目的就是为了使教学环节更加流畅，简洁而又准确的承转内容可以迅速转换学生的思维情境。如果在这两点上准备不充分，只停留在头脑或口头上，导致上课过程中总结、转承不够准确、简洁，会极大地影响教学的有效性和观赏性，挫伤学生学习的积极性。

例如，在《中国黄土高原水土流失的治理》一课中总结黄土高原水土流失的根本原因（人口增长过快导致对资源索取量超过承载力）时，我在备课时过于乐观，并未准确呈现在备课本中（甚至都没有在备课时完整地形成该内容），导致在教学过程中不得不“灵机一动”让学生自行总结该结论。虽然此次失误影响不太大，但下一次还会有“灵机一动”吗？答案是不确定的。

教学设计是一门艺术，也是别人看不见的“苦活”。无数教师潜下心去认真钻研、打磨，因为他们相信，没有任何一个“擅于随机应变的人”能够永远随机应变，只有“有备才能无患”。

基于学科核心素养培育的教学设计探索

——以中图版《中国黄土高原水土流失的治理》为例

地理核心素养的培育是深化地理课程改革的新指向，高中地理的最终目标是培养高中生的地理核心素养。学科核心素养是当前教育工作者的研究热点，但目前研究的热点主要集中在核心素养的内涵以及课程结构的构建等理论高度，对地理实际教学设计方面研究比较少。本文以我使用的中图版教材必修三《中国黄土高原的水土流失的治理》为例，谈谈在实际教学设计时怎样渗透学科核心素养。

地理学科核心素养包括“人地协调观”“综合思维”“区域认知”“地理实践力”四大核心内涵，这些核心素养的培育如何在具体教学中得以实施呢？对于一线教师来说，不仅要加强自身对核心素养的理解和研究，最重要的是要坚持去实施基于课程标准的地理教学，深度挖掘教材，整合符合学生认知水平及认知兴趣的网络和生活素材，综合设计出有层次，凸显核心素养培育的教学设计。

一、激发人性中的温情，形成协调的人地观念

人地协调观念的培养是指通过地理学习，培养学生形成科学的自然、人口、资源、环境和发展观。与其他三大能力素养相比，人地协调观侧重于对学生的核心品格进行培育，指导学生重新审视自身的行为，形成正确的世界观和价值观。但事实是很多学生在课堂和试题中对各种环境问题的原因、措施分析得比较彻底，却在实际生活中连节约水电、不乱扔垃圾等小事都做不好。可见，协调的人地观念并没有深入学生的内心深处。

如何在实际教学中将正确的人地协调观内化成学生的品格素养，我认为可以在教学设计时持续地将学生带入真实、震撼的场景，利用学生人性中的温情，自觉地形成对环境、未来的强烈责任感。

表1　人地观念活动设计

学生活动设计	核心素养培育意图
（1）学生查阅“黄土高原当地居民的生活状况”（包含人均收入、生活质量和生存环境）	通过一首《黄土高坡》让学生知道、了解黄土高原，让他们在查阅（调查）资料的过程中，深刻地感受到当地居民在生活的方方面面都如此“贫困”，他们会不自觉地发问，黄土高原为什么为如此贫困？背后的原因是什么？我们能为之做些什么？
（2）提供黄土高原自然环境的演变过程、人类活动对黄土高原水土流失的影响以及水土流失对当地自然环境和人类活动的影响文字、图表材料，学生阅读分析材料，完成相应的问题	通过分析自然环境演变过程，对比分析人类活动破坏前后的自然环境和人类活动差异，理解“自然地理环境是人类生存、发展的基础”，明白只有在坚持“人地协调”观念的基础上，适度、合理地利用自然环境、资源。而当我们一味地以“人定胜天”的态度去改造、破坏自然环境，必然会受到自然界的“惩罚”，继而让学生深刻的懂得“尊重自然规律”，辩证地看待“人与自然”的关系，加深学生对于“人地观念”的意识。通过两者比较，学生可以清楚地看到人地之间是相互影响、相互制约的

续 表

学生活动设计	核心素养培育意图
（3）布置课后延伸作业，以学生所处地区的实际情况（城区以周边污染问题、农村以生态问题）为研究内容，提供学生研究问题的方向与步骤，要求学生以组为单位查阅资料、实地走访感悟，找出人类活动与自然环境间的相互影响关系	学生有了“人地协调”意识和态度之后，再将他们置于多个真实的情境中去强化，这种意识和态度才能在学生的心中落地生根，而且只有通过在新情境下的学生的表现反馈，我们才能去判断学生是否形成了真正的正确的人地观念素养

二、综合分析，在区域认知的基础上抽象归纳

区域性和综合性是地理学科两大特征，是基于地理学科“研究地球表面的地理环境中各种自然现象和人文现象，以及它们之间的相互关系”的学科本质决定的（地理环境的构成要素复杂多样，不同的区域具有不同的自然和人文特征）。由此而来的综合思维和区域认知必然成为学生在分析、理解自然地理事物分布、运动规律和人地关系的核心能力素养。

不同特征的自然、人文地理要素总是依托于不同尺度的区域分布而存在，也正是因为区域本身的复杂性，更需要学生会用综合的眼光分析地理问题。是以在进行区域认知和综合思维的素养培育时往往可以放在一起来讨论，对此进行的教学设计旨在通过持续不断的培养，学生可以在区域认知的基础上将该区域的各地理要素作为统一的整体进行分析，并在分析后抽象归纳，以期获得属于学生自己的区域问题研究方法。

表2　区域问题研究方法

学生活动设计	核心素养培育意图
（1）学生阅读教材、地理图册相关文字图形素材，找到、写出构成自然地理环境各要素的特征并思考各特征的相互关系	地理环境构成的各要素不是彼此孤立的，而是作为整体的一部分，与其他要素相互联系、相互制约、统一发展的。教学时可先引导学生找出各要素的特征，在完成基本区域特征认知的基础上结合所学自然地理基础原理对其特征进行全面综合分析，归纳总结该环境形成发展的整体性
（2）学生对照黄土高原的自然特征结构图，思考如果当地植被遭到（进一步的）破坏，其他的自然地理要素应该怎么变化？又会给位于下游的华北平原有什么影响？	运用整体性原理综合分析地理问题最重要的一点就是某一要素的变化会导致其他要素乃至整体环境的变化。黄土高原的植被的减少，会直接导致地面更易侵蚀，继而导致水与土壤的流失，地貌、气候、水文各要素均会随之变化，这样的连锁反应不仅带来整个自然地理系统的退化，亦会导致当地的人类活动的变化。由于地理要素间的关联性，黄土高原的水土流失也会导致其下游地区的华北平原出现洪涝等自然灾害。通过完成该设计，可以培养学生从各要素相互影响的角度综合分析地理问题

续 表

学生活动设计	核心素养培育意图
（3）给出泾河和渭河相关的自然地理特征以及水土流失对比资料，引导学生分析在黄土高原内部为什么会出现这种差异，并继续引导学生分析在更小的一个流域内部，其陡坡缓坡、塬面以及沟谷地带各自的水土流失情形有什么不同？	区域是具有一定范围内的地理空间，它是按照一定指标划分的，根据划分指标的不同，其在空间上的大小尺度也会不同。在教学设计时应注意引导学生形成“将地理事物或问题置于相应的区域空间内分析解决”的思维习惯。尺度不同，研究对象的详略程度也会不同，得出的结论亦会不同。对于黄土高原的水土流失，作为我国重要的地形区，将其置于全国的大尺度，与其他的地形区相比较，它的水土流失程度全国之最。但将尺度缩小到黄土高原内部的各个区域，因其区域不同，构成区域地理环境的要素存在明显差异，其水土流失的严重程度自然不同，乃至在确定水土流失的防治措施时需要放在微小尺度上来进行，确定不同的防治措施。通过对尺度转换后的分析，可以让学生养成运用尺度思想解决问题的习惯

三、真实反馈，在实践过程中达成核心素养培育目标

地理是一门以实践为基础的学科，其研究对象是人类与自然相处过程中与人类生活息息相关的地理事物，其因地而异、因时而异的特点需要学生在新的现实情境下解决实际问题，况且也只有在新的情境下进行实践，其他三个地理核心素养才能得以检验。

然而在学校安全教育和高考“指挥棒”的影响下，地理的实地考察活动无法开展，没有实地实践的机会怎么办？教师可以通过课堂唤醒学生成长经历中的自然和社会现象作为素材，或者利用易得的材料做课堂演示实验或实验录制视频，亦可利用学生上学放学途中、假期外出的机会，布置学生感兴趣、便于操作的作业。总之，尽量模拟学生的真实生活经历，充分利用可利用的机会进行实践力的培养，如在突破水土流失的影响因素时可以设计以下教学。

表3　核心素养培育目标设计

学生活动设计
（1）利用玻璃箱、泥沙及带草皮的土壤和水瓶模拟有无植被对水土流失强度影响的实验（或提前录制成微课）
（2）在课堂中引导学生回忆本区域河流在强降雨前后的河水清澈度的区别用以解释降水强度对水土流失的影响

核心素养的培育并非能一蹴而就，而是需要广大的教育工作者不断地对其理论与实际操作进行深入研究，并且坚持以课程标准为指导，以课程内容的性质为基础，找准课程内容与核心素养的契合点，合理地设计符合学生核心品质和能力的教学设计。

模式教学还是演绎教学

——高中区域地理复习的策略选择

因工作室内部就我一个地理学科的教师，评课的时候大家只能当作门外汉说说作为听众的反思和感想，在学科内容上的点评反思锻炼的不到位。应对这个问题，庞老师专门提出在一轮听课之后陪我做一次专门的地理听课，在此先感谢庞老师的关心。

听完这堂课，我有很多感触。舒老师的这堂课是一堂准备充分的随堂课，基本上可以代表我们学校地理教师在高二时期复习初中知识《区域地理》的一般方法。我想先说说对本堂课的一些实际想法，再写写我对区域地理复习时教学方法选择上的看法。

一、本堂课的看法

（1）整体感觉。本堂课从澳大利亚半机械化的“剪羊毛”引入本堂课的主角“澳大利亚”，然后依托教材、地图册和PPT开始本课的学习内容——澳大利亚的自然地理特征和人文地理特征。基本上是采用的学习区域地理常用的模式：从自然地理特征的位置特征开始，逐一学习“位、地、气、水、土、生”，期间简要梳理各要素的关系，之后是农业、工业、城市、人口等人文地理特征。

结构明确，线索清晰。学生基本上知道下一步将要学习哪部分内容，而且内容翔实，课堂容量很大，除了教材上的内容，还补充了许多相关的知识。

（2）一些细节上的亮点。这里面最吸引我的地方是学习气候的时候舒老师一句“同学们，把你们的校牌拿出来”。“把你们的校牌拿出来？”我以为要用校牌做尺子来比东西两侧的气候的纬度分布差异呢……没想到是清一色的气候理想模式图，这可真是万万没想到啊。气候的理想分布非常重要，虽然看起来很简单但学生很容易忘，把气候理想模式图贴在校牌上，那么每次吃饭排队的时候都可以拿出校牌看一看气候的分布，多好的想法啊。另外，舒老师的板画一直是很好的，美观的板画能够让学生的学习心情愉悦不少，不过这个我可学不来，一般都是用PPT来弥补。

（3）我觉得也存在一些问题，如内容太翔实，加上教师在梳理知识时也强调得不是非常明显，导致学生抓不住学习的重点；容量太大，导致学生整节课都在“理解—未理解”这一边缘徘徊；时间紧，又得看PPT地图册，还需要抄写教师补充的知识，导致学生的注意力、精神状态在后半节课是被教师拖着走的。我注意观察了一下学生的状态，绝大部分学生在刚上课的时候精神非常饱满，到后来就有点跟不上了，只能抄抄笔记了。

“校牌”可以用得更好些。“校牌”（理想气候分布图）有两点很重要，一是要学生记住理想气候的分布，二是需要学生能够对理想气候的成因进行分析。要不然死记硬背，在处理实际问题时其实是很不够用的。基于这一点想法，我在课后分别问了两个学生这么一个问题：“西风带降水多还是少，信风带降水多还是少，副高降水多还是少？”结果这两个学生竟然一个问题都回答不出来。应该说副高少雨这一个是非常容易的知识点，结果学生还是不知道，说明学生还是不能理解“校牌”的形成。

所以我觉得应该在“校牌”上加上降水的特征，“副高—下沉—少雨”“西风—海到陆—多雨”“信风—陆到海—少雨”，这样学生经过反复的观察、思考，就会逐渐明白“校牌”的意义。

二、对整个区域地理复习方法选择的思考

正如前面所说，舒老师的这节课采用的是区域地理教学上最常用的“结构式教学”，基本上是按照自然地理特征和人文地理特征一点一点罗列下来，各要素间较为独立，然后每点再稍作解释。

结构式教学固然有它的优点，因为是教学的常用模式，而且自高一的必修一开始学生就开始熟悉用所谓的“地气水土生”来分析自然地理特征。学生对所学知识思路非常清晰，知道要掌握哪些方面的知识，下一部分知识是要学习什么，与教材的内容设置也比较契合。

但这种结构式教学一般是以陈述的语气，顺向思维来概括区域地理特征（自然+人文）的，对学生逻辑思维的品质培养不够充分，而且由于是以概括为主的教学手段，对学生的思维抓力不够，容易引起学生的思维倦怠。如果该区域的特征不是很奇特，教学手段不够丰富，学生很难保证整堂课的吸引力。

基于以上考虑，我觉得在进行结构式教学的时候应该注意以下几点：

（1）抓住教学重点（区域的重点特征），尽量减少课堂上的容量，给予学生在重点知识学习时足够的时间，让学生不至于觉得是被教师拖着走的，保证上课的轻松度。

（2）采用多种学习活动。可以设置一些学生自己的观察、推理、归纳的活动设计，尽量让学生自己动手画经纬网，勾画重要的地理事物，将识记类的教学内容交给学生自己解决。

（3）突出气候在区域地理中的核心地位，逐步养成学生用整体性的观点解释区域地理特征的形成。

做学生的领路人

——评《伟大的抗日战争》

其实听庞老师的课，向庞老师请教，早在前几年的时候我就有这个想法，但当时的工作重心是在本学科的教学研究上，再加上又怕又懒，只是在当时旁听了一些教研会的讨论，希望以后多多向庞老师学习。

本课开头就学生反馈的“声音大小、进度问题、笔记”三个问题进行了回应，我是非常赞同的。第一，高一学生经过了这么久，对本学科的学习有了很多认识，也有了自己的疑惑，这时候进行学习方法的指导，可能比刚开学就进行更有说服力（这点是我以后应该借鉴的），但是不是可以稍微提前一两周进行呢？第二，我赞同上课不带麦克风，因为我喜欢的上课声音应该是抑扬顿挫的，平铺直叙的声音容易引起学生的精神懈怠。第三，进度与笔记的问题，无论是为了高考，还是为了培养学生的学习观，理解知识、掌握学习知识的方法永远是最重要的。“赶进度的人永远在赶进度的路上。”

“伟大的抗日战争”，慷慨激昂的7个字开始了本节课的新课学习，我在震撼中写下“慷慨激昂（语速、语调）”几字点评。我总觉得，只有真正认识抗日战争伟大的人才可以说得这么理直气壮，说得这么斩钉截铁！不带丝毫的迟疑。我当时真的震惊了，相信学生也跟我一样明白了一个道理：这“伟大的抗日战争”不再是书上的一个标题，不再是我们平时的一句戏谑，是全民族，是前辈对我们的付出，我们的爱。

“西安事变”的处理，庞老师将问题抛给学生，要求学生自己分析并通过班级合作的形式完成本内容的学习。这是我们也经常采取的教学方式，但我注意到一个细节，庞老师一是要求学生自己先写下来；二是在学生分析的时候提供了分析思路，让学生们都能形成自己的观点并培养了他们的文字处理能力；三是在处理误说“把毛泽东抓了”时比较机智。

综上，我觉得本堂课最值得学习的地方有以下几点：

（1）对学生价值观的培养。教育承担的不仅仅是知识、技能的传授，更多的应该是培养对社会有用的，走在对的路上的人。而教师，应该成为前面的领路人。

（2）深厚的专业知识。课后我跟周老师交流，周老师评价“庞老师的课是站在一个更高层次的课”。专业的知识储备，往往是教师上课底气的来源。

（3）演讲般的激情。

（4）对自己学科的热爱，对学生的爱。庞老师对工作的态度大家是有目共睹的，单单花在备课上的时间比很多新教师还多，我觉得这才是上述所有优点的源泉。

但是就我自己的理解，我觉得本堂课以下几点可以商榷一下：

（1）我觉得学习反馈可以稍微再早点，在学生真正学习一个月后做这件事是不是更好呢？

（2）我觉得本堂课可以用PPT辅以教学，如一些补充知识的呈现，尤其是最后在黑板上手写的附表，用PPT展示的话更节省时间，也更清晰。

（3）我觉得学生自己看书的时间是不是太短了？不知道是不是在课后布置下去的，考虑到高一科目众多，会不会存在有些学生根本就没看，上课边讲边看的话是不是有点跟不上？

（4）在分析“西安事变”思路的时候，用写分析文章做了类比，我在想学生是不是对这个有点陌生，不知道庞老师是不是借这个机会鞭策我们？

适合学生才是最好的教学方法

——评《社会主义道路建设的初期探索》

我一直觉得教师的教法没有最好的，只有最适合的。每个学生都在自己的成长过程中形成了自己的学习、思维习惯，每一类班级也是如此。只有抓住了学生的具体学情，并辅以他们的能力范围之内的教学才是有效的。所以教法无所谓高明不高明，手段无所谓丰富不丰富，只做学生需要的。一堂课能抓住学生的兴趣与注意力，并能达成一定的三维目标即可。

基于这个考虑，我想从教学基点选择、教学设计实施和教学反馈三个方面说说我对这堂课的一些看法：

（2）班是普通班，而且我也在该班级任教地理，学情也比较了解。即使在学校的几个普通班里，他们的总体实力也只是排在中间位置，而且尖子生比较少，可能要排在靠后位置。基于这一教学学情，在教学中应该将教学基点放低。周老师这一点把握得很好，从课本知识入手，多留时间给学生阅读教材，保证了大多数学生能有所得，而且今年高三每个学科只有两节晚自习的辅导，指望用讲思路的辅导课形式再把教材梳理一遍几乎是不可能的。

在教学设计方面整体上来讲思路清晰，符合历史学科和教学要求，有助于培养学生对待历史问题的学习思路——即从“背景、内容、特点和评价”四个方面进行分析。正如上次《做学生的领路人》中提到，现在的历史学科不仅仅是让学生记住史实，更多的是让学生理解每件历史事件背后的原因及影响。

周老师在这几个环节试图引导学生从教材逐步总结出上述四方面内容，并能够在其中形成联系，这一点值得我去学习。但从学生反馈来看，可以改进一些环节达到效果的提升。

一、问题具体化

我在学习“战时共产主义政策”的时候，总感觉我只是知道现在是在找“背景”找“内容”，但是具体找啥我是没太弄得清楚（当然可能通过以前的学习，学生已经知道找什么了）。我觉得既然是高三，最重要的不就是让学生会做题吗？这一大段一大段的材料，为什么不可以变成一个个鲜活的材料，让学生模拟就是在做材料分析题呢?

二、能力培养的常态化

周老师在引导学生学习“背景、内容和特点”三个问题的时候都采用了“学生看书+老师和学生集体总结”的模式，其实我觉得这点可以改进下，因为这些东西都是书上可以找到或者是直接从书上内容总结得到的，比较简单。那么抽一两个学生来具体回答效果应该更好，辅以教师的点评，既提高了学生的积极性（或检查了学生的学习效果/态度），也避免了不会总结的学生在大家集体作答的时候甚至都没听清楚答案是什么。建议周老师以后可以用这些简单的问题抽查有些基础不好的学生来回答，可以增强他们的自信心。集体回答确实有时候对后面学生是灾难，必要的时候可以在学生答完后再准确地简述一遍。

在这一问一答、经常问经常答的培养下，学生归纳材料的能力可以得到提升。

三、思路清晰化

我刚才重新看我写的听课笔记，结合自身的教学习惯，我觉得其实每次不一定要从背景——内容的顺序进行分析，有时候从内容入手分析产生的背景也未尝不可，正好还可以培养学生的逆向思维。当然不代表其他的课就没有使用这一方法，妄自揣测了。

四、学案侧重呈现

我和刘承委老师浏览了一下学生的学案，发现讲的内容基本上都在学案上予以呈现了，那么是不是可以换另外一种方式，把重点放在串联这四个知识点上面来呢?

我在这节课后回去问了授课班级的学生，他们说今天状态不好是个意外，确实，听课对授课者和学生都是个挑战，而且他们发现还有其他学科的教师，好多人都弄不清楚是怎么回事。这对我们几个都是挑战，所以这几节课其实都是有别于平时教学的。问题和优点都可能不同于平常教学，希望以后听课常态化后，学生和我们都能反映出平常的问题，方便我们改善教学。

导师点评：常言说，“内行看门道，外行看热闹”。但英瑜这个“外行”不仅看到了“门道”，还提出了真知灼见的“门道”，如问题具体化、能力常态化、打破常规等，这些都应是历史课的基本方法。当然也不仅仅是历史课，各科都可以尝试。

高三地理二轮复习策略与计划

——由外出听课所想到的

地理二轮复习在一诊考试前就开始进行了，但由于前面两个专题的特殊性，实质上今年开学后才真正进入二轮复习。这几年的高三让我越来越感觉对二轮复习的不知所措，按照我最初的想法（2013级），我对高三复习三个阶段侧重点的展望是一轮夯实基础，二轮构筑框架与知识间的联系比较，三轮是立足考题掌握应试技巧。而现实是前两天的二轮复习就是对重点知识的重现，没有达到我自己设定的目标。

昨天听了周老师《中国古代经济》的一堂二轮复习课，我感受颇多，结合自身的教学困惑以及这次去江津听课的所感所悟，谈谈我对二轮复习的看法，请各位同行多帮助指教！

一、江津听课及点评的收获

我代表学校参加了在江津田家炳中学举行的《重庆市高三地理二轮复习研讨会》，会期半天，内容主要是两堂二轮复习研究课及反思点评。

第一节课是江津中学（当地最好的中学）李永鸿老师（教龄约10年）的《思维建构——地理环境的整体性》，根据标题本堂课教师旨在培养学生的思维能力。

“地理环境的整体性”一词并未出现在各种教材中，教材中出现的是“自然地理环境的整体性”，缺少人类活动和自然地理环境之间的关系。而在本堂课中，教师希望将整体性的范围扩大至整个地理环境。

本堂课教师的设计意图是高考考查的一个重要方面，地理思维的培养，整体性的思维在高考解题中具有重要的指导意义，而且整体性不仅仅只是自然环境的整体性，很多人文环境的地理问题也需要用整体性的眼光看待、解题。

所以本堂课先从地理环境的概念入手，区别人文地理环境和自然地理环境，掌握自然地理环境和人文地理环境的要素构成，再展示2014年全国课标二卷的一道大题（全题26分），通过简单的分析让学生认识到其实这些题都可以用整体性的原理去解题的。

整堂课就是以这一道大题为线索，从认识重要性到掌握地理原理，再到应用地理原理解题，整个思路非常完整且符合学生的认知规律，设计意图非常好，得到了现场所有专家、教师的一致肯定。渝中区教研员评价该堂课“理念很新，并且教学从点到面再到点，设计意图非常好”。但是，根据现场学生（该学校最好的学生）的反馈，大部分教师、专家都认为该堂课未达到教师的教学目标。教科所张文革认为“他不知道这节课的思维构建是在哪儿构建的”“对待问题的研究不够深入，未能追根究底、对比研究”。

我当时准备的发言稿是：“李老师的想法跟我不谋而合，当时我在区内赛课时也是准备的整体性，也不仅仅是自然地理环境的整体性，而是我所谓的泛整体性（地理环境的整体性）。我也是知道整体性最难讲、最重要，但是我就是要讲，而且就是要这么讲。后虽未成行，但我在一轮复习这一章节的时候，在自己所教两个班试验过，实验的结果也是如此，学生虽然懂了整体性的原理及重要性，但就是只是（貌似）懂了，未能掌握。在学生能力、基础以及教材、辅导资料不足的情况下，一些重要的思维能力的培养应该怎么去攻克呢？”

第二堂课是重庆市求精中学冯广辉老师的《农业区位》，整堂课的教学以学案例题为线索，在做题中回忆、呈现基础知识。只是在处理中有两大特色，一是非常强调学生在审题、提取材料时抓关键词的能力。在很多题的解题过程中通常一道题有三个学生分别从“审题抓关键词、回忆本题的知识点、结合分析”三个方面进行分析完成本题。二是“打破地理答题时的框架，通过情境的创设，创造一种无形的地理框架”。即培养学生因地制宜、因题制宜、因材料制宜的能力，防止学生答题时出现思维定式。

各位教师、专家也都肯定了这一堂课，渝中区教研员表示“冯老师的课实用、实在、有效率、有效果”，张文革老师表示“本堂课考题的研究（农业的考查方向）针对性强”。

通过我主观的感受，不管是强调思维的建构还是落实基础知识，这两堂课都非常强调与试题间的联系，即不管是教什么内容，反正就是要教会学生做题，且做题时应充分地挖掘试题及材料信息。

渝中区教研员在评价两堂课之前还表达了他对二轮复习课采用课型的看法。他认为复习课型分为知识梳理型（对应中差生）、能力培养型（对应优生）以及融合能力与知识三种。当然这里面最好的是第三种，但是针对本班学情，怎么调整知识与能力之间的平衡呢？

二、由周老师《中国古代的经济》想到的

周老师的这一节课是在完全不知情的情况下进行的一堂课堂教学，虽说准备不够充分，可能效果不好，反映的问题比较多，但是这才是我们听课的意义所在。从常规教学中发现问题—反思自身—解决问题以达到教学水平的提高。

本堂课基本上对应的是上面提到的“知识梳理模式”。与教学学情比较符合，二班虽然比较努力，但是多数学生的基础、能力都比较差。我认为二轮复习也就是抓住三条线：一是知识结构的梳理，二是重点、易错点知识的突破，三是应试解题方法指导。

周老师这三个环节都具备，但是都不够彻底。第一是知识结构梳理上应该是简洁完整，不拖泥带水，让学生知道本节具体应该掌握哪些方面的内容，这些内容之间的主要联系（也是学生自我检测哪些知识比较模糊、陌生的环节）。第二是重点、易错点的突破。（至少）应该指出哪些知识是重点，哪些知识点最容易，怎么又错了。至少让学生下来自己看书的时候有所侧重。第三做题上的方法指导，我觉得周老师做得很好，就是展示台那地方太耽误时间。可否用PPT或者直接让学生看着资料书来进行分析呢？

我建议：

（1）是不是在知识梳理上应该在黑板上有结构图，或者利用资料中的图。

（2）是不是在重点、易错点的突出方面有所暗示，比如提高自己的音量（周老师太温文尔雅了，感觉一堂课很少有语气上的变化），或者直接说这就是重点，这地方就是喜欢这么错。

（3）是不是上课时少看教材等教学材料，感觉这两次听课都比较喜欢埋头看书，会不会影响自己的思路导致上课的流畅性？还有就是对学生的启发和监管有影响吗？

导师点评：

（1）“整个思路非常完整且符合学生的认知规律，设计意图非常的好，得到了现场所有专家、教师的一致肯定。渝中区教研员评价该堂课‘理念很新，并且教学从点到面再到点，设计意图非常好’。但是，根据现场学生（该学校最好的学生）的反馈，大部分教师、专家都认为该堂课未达到教师的教学目标。”这中

间为什么会有如此大的反差？说明理念与现实是有差距的，如何缩短差距？这是值得思考的，这完全可以形成一篇独立的个案分析文章，英瑜可以试试。

（2）对这节课的建议很好。我说过，虽然学科不同，不能从专业的角度进行评析，但各学科的“理”是相同的。英瑜的评析再一次证明了这一点。